U0504482

　　本成果受到中国人民大学 2020 年度"中央高校建设世界一流大学（学科）和特色发展引导专项资金"支持

Supported by the 2020 Fund for Building World-Class Universities (Disciplines) of Renmin University of China

人大哲学文丛

第二辑

A Great Transformation:
American Presidential
Elections Since 1945

大转向：战后美国选举政治变迁研究

钟智锋 / 著

中国社会科学出版社

图书在版编目 (CIP) 数据

大转向：战后美国选举政治变迁研究 / 钟智锋著. ——
北京：中国社会科学出版社, 2022.11
(人大哲学文丛)
ISBN 978 - 7 - 5227 - 0025 - 0

Ⅰ. ①大… Ⅱ. ①钟… Ⅲ. ①选举制度—研究—美国—
现代 Ⅳ. ①D771.224

中国版本图书馆 CIP 数据核字 (2022) 第 054828 号

出 版 人	赵剑英
责任编辑	赵 丽
责任校对	李 莉
责任印制	张雪娇

出　　版	中国社会科学出版社
社　　址	北京鼓楼西大街甲 158 号
邮　　编	100720
网　　址	http://www.csspw.cn
发 行 部	010 - 84083685
门 市 部	010 - 84029450
经　　销	新华书店及其他书店

印　　刷	北京君升印刷有限公司
装　　订	廊坊市广阳区广增装订厂
版　　次	2022 年 11 月第 1 版
印　　次	2022 年 11 月第 1 次印刷

开　　本	650 × 960　1/16
印　　张	19.5
插　　页	2
字　　数	270 千字
定　　价	118.00 元

凡购买中国社会科学出版社图书,如有质量问题请与本社营销中心联系调换
电话:010 - 84083683

中国人民大学哲学文丛编委会

总　序

　　中国人民大学哲学院创办于 1956 年，它的前身可追溯至 1937 年创建的陕北公学的哲学教育。1950 年中国人民大学命名组建了马列主义基础教研室哲学组，被誉为新中国哲学教育的"工作母机"。中国人民大学哲学院是国内哲学院系中规模最大、学科配备齐全、人才培养体系完善的哲学院系，是国家文科基础学科（哲学）人才培养和科学研究的重要基地，也是中国人民大学"双一流"建设的重点单位。人大哲学院为新中国哲学发展和哲学思想研究的进步做出了不可磨灭的贡献，始终站在哲学发展的前沿。

　　人大哲学院拥有年龄梯队完整、学科齐全、实力出众的学术共同体。在人大哲学院的发展历程中，一代代学者兢兢业业，勤勉求实，贡献了一大批精品学术著作和科研成果，他们不但在学术界赢得了极高的声誉，同时也获得了积极的社会反响，成绩有目共睹。

　　近年来，随着人大哲学院人才队伍的充实完善与学科建设水平的逐步提升，优秀的学术新著不断涌现，并期待着与学界和读者见面。为展现人大哲学院近年来在各个专业方向中取得的丰硕成果，人大哲学院策划了这套《中国人民大学哲学文丛》（简称《文丛》），借助中国社会科学出版社这一优秀的学术出版平台，以丛书的形式陆续出版这些优秀的学术新著。

　　《文丛》所收录的著作都经过了严格的学术审查和遴选。作者们来自人大哲学院的各个研究方向，并以中青年学者为创作主体。他们既有各相关领域颇具影响力的专家和学者，同时也有正在崭露头角的学界新秀。这些著作集中反映了人大哲学院的研究传统、学术实力和前沿进展。

哲学作为一门重要的人文基础学科，不但对人类永恒的经典思想问题进行着深入研究，同时也一直积极而热烈地回应着国家发展与时代变迁所提出的新问题、新挑战。当前，中国社会的发展日新月异，这既为中国学术思想的推进提供了难得的机遇，也提出了诸多新的理论问题。而与国际学术界交流与合作的日趋深入，则为中国学术的发展与进步贡献了有益的参照和经验。人大哲学院不但始终坚持对经典哲学著作和哲学问题的持续研究和推进，并积极展开与国际学术界的对话与合作，与此同时也保持着对中国社会现实的关注和思考。因此，我们不仅需要坚守已有的研究传统，同时还要对新的思想问题和社会形势贡献自己的回答。有鉴于此，《文丛》所收录的作品既有传统的哲学史研究，以及对经典著作的整理与诠释工作，同时也有结合当前中国社会状况而进行的理论研究与前沿探索。相信《文丛》的出版不但能够全面展现人大哲学院的最新学术研究成果，同时也有助于推进中国哲学研究 的发展与进步。

《文丛》的出版受到了中国人民大学"中央高校建设世界一流大学（学科）和特色发展引导专项资金"的支持，在此深表感谢。

《中国人民大学哲学文丛》编委会

2019 年 3 月 1 日

目　　录

前　言

　　选举作为一种反映民意，产生政治领导人，进而塑造内政、外交的政治制度，是一扇观看国家与社会互动、政治制度运作的重要窗口。[①] 大国的选举一直为各国政界、学界和民众所关注，其中又以四年一度的美国总统选举最令人瞩目。选举研究是美国政治学研究最为重要的组成部分之一，学界已建立了哥伦比亚学派、密歇根学派和理性选择学派三大理论范式，并发展出一个非常成熟的选举研究领域。[②] 鉴于选举是民主制度的核心，而总统选举又是美国政治动员和社会化的核心环节，以选举为切入点可以更好地观看战后美国政治的变迁。理解战后美国选举政治变迁的方向、动因与影响对理解美国乃至全球政治变迁都有重要帮助。

　　战后，美国经历了快速的社会变迁。这重塑了美国的阶级、种族和宗教结构。为了赢得选举，民主、共和两党在政纲和形象上也做了较大的调整。这些均使得美国选举政治发生了重大转向。这些现实的变化既催生出新的研究议题，也对学界既有的理论提出了挑战。已有的研究多为单次选举的实证分析，对战后选

---

　　① 王希：《序言》，载［美］L. 桑迪·梅塞尔《美国政党与选举》，陆赟译，译林出版社 2017 年版，第 1—3 页。

　　② 对三个理论范式的详细述评详见第一章。斯坦福大学美国民主研究中心、密歇根大学的政治学研究中心、威斯康星大学麦迪逊分校的选举研究中心是美国大选研究的核心机构。*Journal of Elections*，*Public Opinion and Parties*，*Electoral Studies* 和台湾政治大学选举研究中心的《选举研究》是选举研究的重要期刊。

举变迁进行系统把握的研究仍非常少见。仅有的研究也大多数重视利益博弈，却忽视认同分野。这种视角上的局限性使这些研究未能有效把握战后美国选举变迁的核心层面。此外，学界在选举政治变迁的方向上也存在诸多分歧，出现了有关政治极化（political polarization）、政治再结盟（political realignment）① 以及阶级政治与认同政治走向的学术争论。本书力图使用最新的选举调查数据，建构具有包容性的群体投票模型，通过历史分析和个案比较的研究方法，从竞选过程、投票模式和选举地理等方面分析战后美国选举政治变迁的方向、原因和影响，从而推进学界在这个领域的研究。

一 研究背景

战后，在全球化、信息化、世俗化的综合作用下，美国社会

---

① 政治极化描述的是选民或政治组织在政治立场与行为模式上往两个端点移动的过程。结盟（alignment）是指社会团体与政治组织在共同理念和目标的基础上所建立的合作关系。在选举上，它描述的是特定的选民跟特定的政党所建立的同盟关系。政治再结盟（political realignment）是政治学家用来描述选民在政党认同和投票模式上所发生的显著的、持久的转向。这往往会带来政党的兴衰，并开启一个新的政治时代。学者也常用政党重组（party realignment 或 partisan realignment）这个概念来描述这些现象。参见谢韬：《从大选看美国的历史周期、政党重组和区域主义》，《美国研究》2012 年第 4 期。但是，也有学者用政治再结盟这个概念，如复旦大学的张家栋教授，具体论述参见张家栋：《美国政治再结盟及其实现条件》，《美国问题研究》2008 年第 1 期。笔者认为政治再结盟这个概念要优于政党重组。因为政党重组既可以指代政党政纲和机构的调整，也可以指代政党选民基础的变迁。但 realignment 这个词主要指的是后者。因此，政党重组这个词存在语义不清这个缺陷。此外，政治再结盟这个概念不仅能反映选民党派忠诚转移，还能够反映地区再结盟（regional realignment）、意识形态再结盟（ideological realignment）等更广范围内的政治转向，更符合战后美国政治变迁的现实。最后，政党重组这个概念只适合描述那些以政党选举来产生政治领袖的国家的政治变迁，难以描述政党制度不发达国家的政治变迁。但是，政治再结盟没有这种局限性。例如，政治再结盟可以用来描述阿富汗民众从支持穆罕默德·阿什拉夫·加尼（Mohammad Ashraf Ghani）政府到支持塔利班组织的政治转向。有关政治再结盟理论和政治极化的系统介绍参见本书第一章第二节。

在种族、阶层和宗教方面均发生了显著的变化。1965 年《移民与国籍法》的修改，打破了昔日以欧洲移民和基督宗教为主的移民模式，使美国的种族和宗教变得更加多元。非裔、[①] 西班牙裔及其他少数族裔的选民比例已由战后的 10% 上升到 2016 年的 30%。[②] 随着信息化的发展，美国的阶层结构也发生了显著的变化。截至 2000 年，美国工人阶级的比例已下降到 18%，而中产阶级和中上阶级的份额则上升到 74%。虽然贫富差距在加大，但工人阶级的衰落和中产阶级的兴起，反而缓解了阶级冲突（class struggle），使得阶级因素的影响力显著下降。

美国的宗教格局也发生了较大的变化。福音派的崛起、天主教的转向和无宗教隶属群体的迅速壮大，是战后美国宗教三个最显著的变迁。主流教派的衰落和福音派的兴起使美国基督教的重心发生了转移。社会地位的提升，外加梵蒂冈第二次大公会议的影响，天主教已经在政治上崛起，且发生了重大转向。20 世纪 60 年代的反文化运动加剧了美国社会的世俗化，催生出一个人数众多、没有宗教隶属的群体（从 20 世纪 70 年代初的 3% 增加到 2014 年的 23%）。[③] 美国最高法院的推波助澜，特别是有关公立学校里的祷告、堕胎和同性恋问题的司法判决，也进一步加剧了美国社会的世俗化。世俗化推动美国宗教发生了一次影响深远的重塑。宗教间的差异和敌意已大大减少，但宗教内部自由与保守派别之间的张力却不断增大。各宗派内部均因社会文化和政治议题的分野而分成"自由派"（progressive）和"保守派"（orthodox）两大阵营。宗教的重塑使得同一宗派内部自由与保守的

---

①　尽管学界也常用"黑人"来指称这个群体，但笔者觉得非裔这个从族裔来源而非肤色来区分美国选民可能更加客观，能够避免一些研究所带有的种族主义色彩。事实上，当西班牙裔选民比例大幅度上升后，沿用昔日用黑人和白人区分美国选民的方法已不再准确，因为西班牙裔选民也有许多白人。

②　数据来源于美国联邦统计局和 2016 年 CNN 所做的票站调查。

③　数据来源于皮尤研究所所做的宗教调查，详见 https://www.pewforum.org/2015/11/03/u－s－public－becoming－less－religious/，2019 年 12 月 20 日下载。

对立已经慢慢超过了宗派之间的对立。① 传统的新教—天主教—犹太教三分的视角已难以把握战后宗教政治的复杂动态。② 随着同性恋、堕胎等议题渐渐被政治化，美国以前一直比较远离政治的保守宗教团体也纷纷走出教堂的四墙，通过游说国会、发表声明和游行抗议等方式表达自己的政治意愿，成为备受关注的"基督教新右翼"（New Christian Right）。③ 20 世纪 70 年代以来，由基要派转变而来的福音派不仅产生了卡特这个自称为"重生基督徒（born again Christian，后面简称'重生派'）"的民主党总统，还帮助来自共和党的里根④、小布什和特朗普分别登上总统的宝

---

① 宗教重塑的概念由普林斯顿大学的罗伯特·伍斯诺首先提出，具体论述参见 Robert Wuthnow, *The Restructuring of American Religion*, Princeton：Princeton University Press, 1988。

② 新教—天主教—犹太教的三元宗教模式由威尔·赫伯格（Will Herberg）提出。在其经典著作《新教、天主教和犹太教》中，赫伯格指出这三种宗教是美国的主要宗教。由于这三种宗教存在不同的移民来源、不同的社会化方式，并由不同的宗教组织保持着它们的特性，使得它们在美国政治生活中有着显著的区别。具体论述参见 Will Herberg, *Protestant, Catholic, Jew*；*An Essay in American Religious Sociology*, Garden City, N. Y., Doubleday, 1955。

③ 有关宗教新右翼的兴起和影响可参阅以下著作：Steve Bruce, *The Rise and Fall of the New Christian Right：Conservative Protestant Politics in America*, 1978 – 1988, New York：Oxford University Press, 1990；John C. Green, Mark J. Rozell, and Clyde Wilcox, eds., *The Christian Right in American Politics：Marching to the Millennium*, Washington, D. C.：Georgetown University Press, 2003。之前，美国基要派曾因斯科普斯案（Scopes Trial）而来的纷扰而退出了公共领域，失去了公共影响力。斯科普斯案又被称为猴子审判。它是基要派与现代派之间所发生的一场司法诉讼，争论的焦点在于进化论是否应在公立学校讲授。这个诉讼的背景是田纳西州颁布法令，禁止在课堂上讲授进化论。一位叫作约翰·斯科普斯的高中老师因在课堂上讲授进化论而被控告。田纳西州最高法院判决斯科普斯败诉。基要派虽然赢得了诉讼，但是媒体却一边倒地把基要派描述成非理性、不宽容、反科学。面对充满敌意的媒体，基要派认为公共空间已经彻底世俗化。于是，他们开始逐步从公共媒体和公立学校撤出。有关斯科普斯案的进一步信息参见［美］爱德华·拉森：《众神之夏——"猴子审判"以及科学与宗教的论战》，语桥等译，江西教育出版社 2001 年版。

④ 罗纳德·里根是美国第 40 任总统，他主张充分发挥市场作用，削减政府开支，平衡预算。里根任内建立了一个经济保守主义者和文化保守主义的联盟。

座，以致奥巴马这位民主党候选人在竞选时也大打宗教牌。① 由于美国的宗教团体变得积极起来，美国的总统候选人也积极地进行调试，通过各种渠道释放自己的宗教信号。② 美国社会的裂变，宗教的公共化使宗教在美国政治生活的作用极大地提高，一场文化战争（culture war）已悄然兴起。③

在新的社会环境下，民主党与共和党为赢得美国选举，均调整了两党的政纲和形象。民主党逐渐变成一个以干预主义和文化自由主义为指导思想的政党，共和党则转变为一个以放任自流和文化保守主义为底色的政党。两党在社会道德议题上的分歧日益突出，逐步出现了"宗教的"共和党和"世俗的"民主党的分殊。用穷人党与富人党来形容民主、共和两党已不准确。这种政党调适也带动了选民的政治重组。在罗斯福新政后的很长一段时间内，④ 工人阶级和天主教徒基本上是民主党的铁杆选民。然而，在 2004 年大选时，大部分的天主教徒则抛弃了同为天主教徒的民主党候选人克里。在 2016 年的总统大选里，也有相当一部分工人转投共和党的候选人特朗普。现在，民主党的选

---

① 在本书里"重生派"指的并不是一种特定的宗派，而是一种文化现象。这些选民强调重生的经历和保守的价值观念。为了行文方便，笔者把他们称为重生派基督徒。

② 昔日，政治家往往不会在公共场合谈及私人性的宗教信仰。因为美国是一个有着多元宗教的国家，民众虽然期待选出一个"宗教的"总统，但不愿意总统在公共场合过于强调自己的宗教信仰，以免引起纷争。但是，最近因为公共话题跟信仰密切挂钩，总统候选人往往突出自己的信仰以吸引选民，选民也常常通过这些信号判断候选人的政策偏好。这使得打宗教牌成为一种比较普遍的策略。

③ 文化战争这个概念由詹姆斯·戴维森·亨特教授首先提出。在《文化战：一场控制家庭、艺术、教育、法律和政治的斗争》一书里，他指出美国民众围绕着政府和媒体的角色，科技、教育和艺术的目标，婚姻家庭的本质已出现了根本分歧。后来学界用"文化战争"来描述美国社会在社会文化议题上分裂和对抗的政治现象。对文化战争的详细分析参见 James Davison Hunter, *Culture Wars: The Struggle to Control the Family, Art, Education, Law, and Politics in America*, New York: Basic Books, 1992。

④ 富兰克林·罗斯福是美国第 32 任总统。他通过加大政府投资、发展社会保障体系来解决经济危机。学界把他任内所推出的一系列政策称为罗斯福新政。

民以少数族裔、世俗主义者、单身女性、年轻人、工人和专业人士为主，而共和党则以白人、保守教派、中产阶级和大企业主、中老年人和已婚人士为主。这样的结盟更多不是以物质利益和社会地位，而是以身份认同和价值理念为基础。以阶级区分为基础的新政联盟已经衰落，以意识形态为基础的保守主义者（包含了文化保守主义者和经济保守主义者）联盟正逐渐兴起。传统以阶级为基础的左右二分框架已不适合观看美国的选举景观。

社会的变迁，政党的调适，也推动了美国选举政治的变迁。首先，白宫的主人及其执政方式发生了较大的变化。1932—1968年，民主党基本上主导了美国的政坛。除了艾森豪威尔这个战争英雄为共和党赢回两届总统席位，民主党基本上主导了白宫与国会。一党主导、长期执政、统一政府（unified government）是昔日美国政治的常态。然而，1968年尼克松为共和党赢回了白宫，开启了一个保守主义的时代。在这个时代里，我们更多看到的是两党对峙、分裂政府（divided government）和白宫频繁易主。① 其次，在选举地理上，两党的地区基础发生了较大的改变，南部与中西部基本上成为共和党的根据地，而东北部和太平洋沿岸各州则成为民主党的营垒。除此之外，一统河山的格局也被红蓝对峙的局面所取代。分裂政府、红蓝对峙都显示了美国政治已发生极化。美国政治的对抗性和波动性在加大。这对多元社会的和谐

---

① 分裂政府与统一政府相对，描述的是联邦政府因与国会分别由不同的政党所掌握的状态。学界关于分裂政府有以下两种定义：结构性定义和行为性定义。前者指不同的政府分支被不同的党派所控制，后者指的是不同的政府分支的分裂、对峙现象。具体论述见 Robert Elgie, "What is Divided Government", in Robert Elgie, ed., *Divided Government in Comparative Perspective*, Oxford, Oxford University Press, 2001, pp. 1 - 20。本书采用结构性定义，当白宫和国会的一院或两院分别被不同的政党所掌握时，笔者就会认为分裂政府已经出现。笔者认为结构性定义更有区分度。因为冲突是政策制定常有的现象，如果采取行为性定义，我们就难以把政治常态与显著的结构性变迁区分开来。事实上，在同一政党掌握所有分支的情况下，也会出现党内不同立场（温和与激进）、不同风格领袖间的冲突。

共存，公共政策的制定与执行，民主制度的有效运作，乃至全球政治的演变均带来重大影响。

二　学术争论

　　综上，二战之后，美国的社会已发生了显著的变迁，两党为赢得选举也做了重要调整，最终使美国的选举政治发生了根本性的变化。然而，现有的研究往往采用传统的分析框架，未能及时更新分析工具，采用新近数据。例如，学者虽然注意到宗教团体的影响力，然而沿用的仍是过时的新教—天主教—犹太教三分视角，却没有注意到宗教团体已围绕自由与保守这条意识形态分界线进行了重组。最近，皮尤研究中心（Pew Research Center）和亨利研究所（Henry Institute）等机构收集了许多有关宗教与选举的数据，但这些新的数据仍没有被很好地使用。此外，已有的研究对当前选举政治的变迁原因及趋势仍争论不休。学界对选民是否跟民主、共和两党进行了政治再结盟，美国的选民是否已发生了政治极化，塑造选举模式的主要因素的相对影响力是否已发生了变化等议题仍存在争论。这三场争论可以简称为再结盟争论、选民极化争论和主导因素变迁争论。对于政治再结盟，学者在战后政治再结盟的真实性和变迁方向上存在争论。[①]　在选民极化的

---

　　① 这场争论的主要议题有两个：一个是政治再结盟是否存在，另一个是这次再结盟带来了民主党的主导还是共和党的主导，相关论述参见 Everett C. Ladd, "Like Waiting for Godot: The Uselessness of Realignment for Understanding Change in Contemporary American Politics", in Byron E. Shafer, ed. , *The End of Realignment? Interpreting American Electoral Eras*, Wisconsin: Wisconsin University Press, 1991, pp. 24 – 36; David G. Lawrence, *The Collapse of the Democratic Presidential Majority: Realignment, Dealignment, and Electoral Change: From Franklin Roosevelt to Bill Clinton*, Boulder: Westview Press, 1996; Kevin P. Phillips, *The Emerging Republican Majority*, New Rochelle, N. Y. : Arlington House, 1969; 强舸《"奥巴马选民" VS "特朗普选民"：关键性选举与美国政党选民联盟重组》，《复旦大学学报》2018 年第 1 期，第 155—167 页。

争论里，学界在极化的范围与动力机制方面存在争论。[①] 对于主导因素是否已经发生变化这个议题，有的学者认为阶级因素的影响力已被宗教和种族等认同因素所取代，阶级冲突已让位给文化战争；[②] 有的学者则认为阶级因素的影响并没有下降，而只是发生了改变。[③] 总之，学界在战后美国选举政治变迁的方向与原因方面充满了争论。缺乏一个综合的视角，研究方法上的不同（文化分析 v. 统计分析），以及对数据不同的操作化方式使得这些争论一直未能得到一个妥善的解决。与之相比，中国的美国大选研究大多数是政治评论式的研究，重点分析某次大选的选举模式及其对中美关系的影响，鲜有把投票模式分析与历史

[①] 有关赞成极化论的文献请看 Geoffrey C. Layman, *The Great Divide: Religious and Cultural Conflict in American Party Politics*, New York: Columbia University Press, 2001; Geoffrey C. Layman and Thomas M. Carsey, "Party Polarization and Conflict Extension´in the American Electorate", *American Journal of Political Science*, Vol. 46, 2002, pp. 786 – 802; Geoffrey C. Layman, T. M. Carsey and J. M. Horowitz, "Party Polarization in American Politics: Characteristics, Causes, and Consequences", *Annual Review of Political Science*, Vol. 9, 2006, pp. 83 – 110; Gary C. Jacobson, "Party Polarization in National Politics: The Electoral Connection", In Jon Bond and Richard Fleisher, ed., *Polarized Politics: Congress and the President in a Partisan Era*, Washington: Congressional Quarterly Press, 2000, pp. 9 – 30; Alan I. Abramowitz and Kyle L. Saunders, "Is Polarization a Myth?" *The Journal of Politics*, Vol. 70, 2008, pp. 542 – 555; 武建强：《难以妥协的政治——不断加深的美国政党极化现象分析》，《东岳论丛》2016 年第 3 期；徐理响：《竞争型政治：美国政治极化的呈现与思考》，《社会科学研究》2019 年第 6 期。有关反对极化论的文献请看 Morris P. Fiorina and S. J. Abrams, "Political Polarization in the American Public", *Annual Review of Political Science*, Vol. 11, 2008, pp. 563 – 588; Morris P. Fiorina, Samuel J. Abrams and Jeremy C. Pope, *Culture War? The Myth of a Polarized America*, 2nd ed., New York: Pearson Longman, 2006.

[②] 马克·布鲁尔和杰弗·斯通尼卡斯强调宗教对阶级的取代效应，而阿兰·阿布拉莫维茨则强调种族对阶级的取代作用，具体论述参见 Mark D. Brewer and Jeffrey M. Stonecash, *Split: Class and Cultural Divides in American Politics*, Washington, D. C.: CQ Press, 2006; Alan I. Abramowitz, *The Great Alignment: Race, Party Transformation, and the Rise of Donald Trump*, New Haven: Yale University Press, 2018。

[③] 参见 Geoffrey Evans, ed., *The End of Class Politics? Class Voting in Comparative Context*, New York: Oxford University Press, 1999。

变迁分析结合起来。学者往往强调某一因素的影响，但对其他因素缺乏足够的重视与把握。这些研究未能有效地整合阶级、种族与宗教分析，因此未能对美国选举政治变迁的全貌给出一个精当的分析。

理解战后美国选举政治变迁的方向、动因与影响成为理解美国乃至战后全球变迁的关键所在。为了推进学界有关选举政治变迁的研究，笔者将使用最新的数据、建构符合现实变迁的分析模型，采取了历史分析和个案比较的研究方法，从竞选过程、投票模式和选举地理等方面分析战后美国选举政治变迁的方向、原因和影响。本书要回答的核心问题是：二战以来美国的选举政治发生了何种变迁？哪些因素借着何种机制塑造了战后美国选举政治的变迁？美国选举政治的变迁将对美国的内政和外交产生何种影响？最近几次大选更多体现为一种阶级的冲突还是文化的战争？阶级因素和认同因素哪一类因素能更好地解释美国总统选举的模式及其变迁趋势？①

为了回答这些问题，笔者建立了两个模型，采取了定性研究与定量研究相结合的分析方法。笔者选取了 2000 年、2004 年和 2008 年的总统选举作为个案，系统分析了它们的竞选进程、选举地理和投票模式。阶级政治与认同政治的关系与走向是本书的核心关注。在这三个选年里，笔者既会关注身份认同（宗教和种族）因素和阶级因素的影响力，也会关注选举背景和选举景观（包括选举地理和投票模式）的互动模式，即身份认同因素和阶级因素的作用在何种条件下会凸显或下降？笔者将通过对大选背景和议题的分析来识别因素发挥作用的条件，通过竞选过程、选举地理和投票模式这三个方面去分析诸因素的影响力，并借着联列表和多元聚类分析去概括选举模式，识别主要

---

① 笔者需要指出的是，选举结果是由很多因素塑造的，一个因素难以解释所有的差异。这里所说的因素或者模型的解释力是一种相对的解释力。如果一个因素（或模型）比其他因素（模型）能解释更多的差异，那么这个因素（或模型）的解释力就更强。

影响因素。

三 研究方法

（一）个案选择依据

笔者选取了 2000 年至 2008 年的三次美国总统选举作为个案，比较分析不同因素对选举模式的塑造。为了更立体地呈现美国总统选举的概况与模式，笔者将把竞选过程和选举地理纳入本书的个案分析中。至于选举地理，笔者将把选民在红蓝州、拉锯州和摇摆州的投票状况纳入分析中。

笔者之所以选择 2000 年、2004 年和 2008 年的总统选举作为研究个案，其理由主要如下：

这三次选举是 2000 年以来三次重要的转折性选举，对它们进行比较分析不仅有助于我们概括当下美国选举政治的基本模式，还有助于我们把握其变迁趋势，理解罗斯福新政和里根革命的遗产如何塑造了当下美国选举政治的走向。此外，对这三次选举进行比较分析有助于我们理解政党轮替是如何实现的，进而帮助我们理解里根以后政治再结盟的动因和趋向。最后，这三次选举有着非常不同的背景和议题。2000 年，美国的经济状况良好，民主党在任总统克林顿虽因性丑闻而遭受弹劾，但他仍是非常受欢迎的总统。这一年没有压倒性的议题，也没有凸显的因素，属于一般选年。2004 年，美国的经济状况已出现下滑迹象，人们对在任总统的评价也出现分化。他的支持者肯定他在反恐战争中所取得的成就，反对他的人则批评他那种先发制人的外交政策给美国国土安全带来隐患。这一年除了反恐战争备受关注外，道德议题也开始凸显，宗教团体的政治动员变得非常显著，是一个价值观选年。2008 年，在全球金融危机的冲击下，经济议题成为压倒性的议题，是一个经济选年。在任总统小布什在经济和外交上都备受质疑，成为历史上最不受欢迎的总统之一。由于这一年由年轻的非裔政治家奥巴马与年老的麦凯恩角逐总统宝座，种族因素和代际因素变得非常突出。通过对这三次选举的比较分析能够帮助我们检验背景因素（经济形势、在任总统状况、候选人状况）与投票模式的因果关系，并在不同的情境下（一般选年、价值观选年和经济选年）比较阶级冲突和文化战争这两个模型的解释力。笔者将用数据说明尽管这三次选举在选举背景和选举结果方面存在较大差异，但事实上它们在投票模式上基本相似。就此而言，相同法比相异法更能解释当下美国选举政治的基本态势。①

笔者把总统选举分成两个阶段：两党的预选和全国的大选，关注诸因素对竞选过程的塑造。② 笔者之所以研究竞选过程，是因为这几次选举都是得票非常接近的选举，竞选动员起到了较大的作用。因此，对选举过程的分析显得尤其必要。我们也只有在一个过程中才能把握各种因素的作用和动态。此外，把因素放在选举过程中分析，并与议题联系在一起，也有助于我们更好地了解因素发挥作用的条件。

在大选的不同阶段，诸因素对选举动态的影响是不一样的。预选主要是党内选举，候选人在立场上的差异要远少于大选。政党认同这个指标基本上不起作用。候选人募集到的资金、候选人的媒体覆盖率、候选人在爱荷华的政党基层会议（Caucus）和新罕布什尔的初选（Primary）的结果会最终影响到提名的结果，

---

① 相异法和相同法是英国著名政治哲学家约翰·斯图亚特·密尔提出来的比较分析的两种方法。前者强调尽管个案间存在较大差异，但因为有一个关键性因素相同，最后结果相同。后者则认为尽管个案间存在较大的相似度，但因为存在一个相异的关键性因素，最后结果不同。

② 在媒体报道和学术论文里，预选和初选是两个经常混用的概念。在本书里，笔者把这两个概念做了细微的区分，预选与全国大选（General Election）相对，指各州产生总统候选人的投票过程，包含了政党基层会议和初选。初选则特指各州直接通过选民投票产生候选人的选举方式。

而且往往会体现出一种领先效应。[①] 尽管两党的全国大会的重要性在下降，候选人越来越由选民来决定，但我们仍不能忽略党内骨干和重点地区政党基层会议（如爱荷华）的重要性。在秋季的角逐中，竞选的激烈程度往往要大于预选。虽然政党认同一定程度上会随着选情而改变，但政党认同仍是一个非常关键的指标。一些基本的因素，如经济状况、候选人的支持率等往往成为预测选举结果的重要指标。

笔者之所以要研究选举地理，是因为区域是影响美国选举政治的一个重要变量。二战以降美国选举政治的变迁是与地区忠诚的转变紧密联系在一起的。在分析美国选举时，只分析全国加总的情况，而不考虑地区的情况，我们会很容易陷入统计分析中的层次谬误（ecological fallacy）。[②]

为了更好地分析美国的选举地理，笔者把美国的州划分为红蓝州（两党基地）、摇摆州（忠诚转移的州）和拉锯州（在最近选举里胜出比例低于5%或者在大选当年民调差距低于5%的州）三类。[③] 在拉锯州和摇摆州，笔者将分析忠诚的稳定程度，从而获知忠诚转移如何推动候选人的获胜和选举政治的变迁。此外，笔者还将分析这些州的得票情况，以比较阶级因素和认同因素对选举地理的解释力。

---

① 领先效应指的是当候选人赢得了爱荷华政党基层会议和新罕布什尔州的初选时，他们就能够顺利地借势赢得预选。

② 层次谬误经常出现在人口研究之中，Ecological fallacy 这名词最先见于 William S. Robinson 在 1950 年的文章。这种谬误出现在用整体数据推论个体数据的过程中，犯的是以全概偏的错误。例如，在加总数据中我们发现高收入的人高比例地选择了共和党，便认为高收入者会更倾向于共和党。但事实可能是大部分高收入的人都居住在某些州，这些州的人无论贫富都高比例地选择了共和党。于是，不是贫富而是人们居住的地理区位决定了人们的投票倾向。有关层次谬误的论述参见 W. S. Robinson, "Ecological Correlations and the Behavior of Individuals", *American Sociological Review*, Vol. 15, 1950, pp. 351 – 357。

③ 尽管有的学者把摇摆州和拉锯州等同起来，但笔者认为它们仍有细微的不同。拉锯州主要强调竞选的激烈程度，而摇摆州强调的是州的忠诚程度。

（二）概念界定与操作化

本书的核心概念有以下几个：社会分裂、群体投票（如阶级投票、种族投票和宗教投票）、投票差距、政治极化、阶级冲突和文化战争和选举政治。

社会分裂（social cleavage）指的是人们因利益与价值、地位与身份的不同而裂变成不同的团体。社会裂变不是对社会的简单分割。社会分裂需满足以下条件：分裂必须源自社会身份（如阶级、宗教与种族）；分裂的各个群体必须有自己的团体意识，并依据团体身份而行动；这些团体必须有组织和行动来表达他们的身份。

群体投票是指选民们依据其所在群体的身份归属和群体利益进行投票的行为。笔者将通过群体内的相似性和群体间的差异性来衡量群体投票的状况。本书主要关注以下三种群体投票：阶级投票、种族投票和宗教投票。当选民依据其所在阶级的身份归属和阶级利益进行投票时，我们把它称作阶级投票。当选民依据其种族身份进行投票时，我们把它称作种族投票。当选民依据其所在宗教的身份归属和价值认同进行投票时，我们把它称作宗教投票。笔者主要通过不同阶级、种族和宗教群体对两党候选人投票差距的大小来衡量阶级投票、宗教投票和种族投票的状况。

投票差距指的是依据特定因素把选民划分为数个群体之后，这些群体对某一党派的投票状况的差异。通常做法是依据特定的因素把选民划分成两大群体，通过民主党或共和党在这两大群体的投票差异来衡量差距。为了表达的便利，笔者会把诸因素带来的投票差距简单地称作该因素的差距。例如因性别而来的投票差距会简称为性别差距。

政治极化指的是政治行为体的政治立场向两个意识形态端点靠近的过程。当选民和政党分裂成两个旗帜鲜明的阵营，当双方均持有极端立场并以对方为敌或对另外一方持非常负面的态度时，当对抗而非妥协成为政治行动的主要特征时，我们便可以认为政治极化已经出现。政治极化不是通过人数来衡量，而是通过两个阵营的差异程度以及对抗性程度来衡量。政治极化往往会迫使中间选民向两个端点移动，但不以之为必要条件。政治极化不仅增加了美国政治的对抗性，还使特定选民和政党的结盟稳固化，从而让冲突常态化。

阶级冲突和文化战争只是一个形象的比喻，并不是描述阶级、种族和宗教等因素在美国引起了流血的冲突。当政治的分裂围绕阶级因素而展开，当政治运动围绕阶级议题（经济、就业和社会保障等）而进行的时候，我们把之称为阶级冲突。与之类似，当政治的分裂围绕种族、宗教等认同因素而展开，当政治动员围绕种族议题和文化道德议题而进行的时候，我们把之称为文化战争。

选举政治是围绕美国总统选举而发生的一系列政治现象的统称。它包括竞选过程、投票模式、选举地理、两党的关系和政府的样式。为了更好地把握选举政治的变迁，笔者对选举政治的不同方面做了简单的类型划分。如在选举地理上，笔者划分为一统河山（即压倒性胜利，获胜者拿下大多数州）与红蓝对峙。在两党关系上，笔者划分为一党主导和两党均势、两党合作与两党对抗等类型。在政府样式上，笔者划分为统一政府和分裂政府。

至于核心因素的操作化方式，笔者通过如收入、职业和教育等测量社会地位的指标，以及选民的主观阶级认同来衡量阶级因素。笔者通过族裔来衡量种族因素。笔者通过宗教归属、宗教信仰（开放和保守程度）和宗教行为（教堂出席率）等方面来衡量宗教因素。[1]笔者把后两者概括成宗教传统主义，并认为宗教

---

① 对于宗教因素，学界有不同的分类方式。主要的分类方式有：①依照宗派划分，把宗教划分成犹太教、新教、天主教、其他宗教和无宗教隶属五大类。②依照意识形态和宗教性来划分，把宗教分成传统主义者、中间派和进步主义者三类。③根据实际的状况，把宗教划分为主流新教、福音派、黑人新教、罗马天主教、拉丁裔天主教、犹太教、其他宗教和无宗教隶属等。学者对宗教进行分析的时候还会把它切割成以下三个部分：一般民众、神职人员和总统候选人，并通过各宗派的投票分布，总统竞选阶段是如何利用宗教吸引选民，宗教团体是如何参与政治影响选举，宗教符号是如何在演说中体现等方面来分析选举中的宗教因素。

因素主要通过宗教传统和宗教传统主义发挥作用。①

（三）理论依据与主要假设②

本书主要依据的理论视角有以下两个：一个是密歇根学派的因果漏斗（funnel of causality）模型，另一个是西摩·马丁·李普塞特等学者建立的社会分裂与选举政治的分析框架。③密歇根学派的因果漏斗模型是选举研究的权威模型。这个模型综合考虑了各种社会人口因素，并以政党认同为核心，分析诸因素之间的因果联系和对选举结果的阶段性影响。李普塞特等人的分析框架强调社会分裂对选举政治的塑造作用，并通过政党冻结命题为政治再结盟提供了一个微观机制。这个框架既有助于分析每个选举年的投票模式，也有助于分析选举政治的变化趋向。

依据社会分裂与群体投票的相关理论，笔者建构了两个模型去识别阶级冲突与文化战争的状况。一个是依据收入、教育和职业等因素而建构出来的阶级投票模型。另一个是依据种族和宗教等因素而建构出来的种族/宗教投票模型。④

本书对于三次选举的时代背景和两个模型发挥作用的方式存在以下几个假设：

有关时代背景的假设。一个基本的假设是：从 2000 年到 2008 年的选举都是在新政时代和里根时代遗产影响下的选举。文化战争和阶级冲突都会有所体现，阶级因素与种族和宗教等认同因素都会影响选举。但是种族、宗教因素要比阶级因素更有影响力，文化战争要比阶级冲突更加明显。为了检验这个假设，笔

---

① 宗教传统主义描述的是人们的宗教观念和宗教参与状况。一般通过人们对圣经的权威性，对上帝、复活、永生和神迹的态度，以及个人宗教参与的程度来衡量。对圣经无误和神迹等教义相信程度越高，对宗教生活参与程度越高，人们的宗教传统主义得分也会越高。

② 有关这些假设建立的依据以及更详细的内容参见本书第二章。

③ 对这两个理论视角的详细论述请看本书的第一章第一节和第二章第二节。

④ 有关这两个模型建构的理论依据与方法详见本书第二章第二节。

者将从历史的视角去分析身份认同因素和阶级因素的变迁，并选取个案去分析这些因素在具体的情景中是如何发挥作用的。笔者将在第三章和第八章进行历史分析，在第四章、第五章、第六章和第七章进行个案分析。

有关两个模型发挥作用的方式的假设。笔者把投票看成是一个群体行为，影响投票的因素是通过影响社会分群来实现的。笔者建立了阶级假设、种族假设和宗教假设这三大假设，其内容如下：共和党的得票率与选民的经济社会地位（即阶级地位，通过教育、职业和收入等变量来衡量）成正比；共和党的得票率与选民中少数族裔的比例成反比；共和党的得票率与选民的宗派、保守程度（通过宗教传统和教堂出席率来衡量）成正比。

此外，因素的显著性是与议题和候选人的状况联系在一起的。于是，笔者又建立了以下三个可供检验的情景交互假设：阶级投票的明显程度与经济和社保议题的突出程度成正比；种族投票的明显程度与种族议题的突出程度成正比；宗教投票的明显程度与道德议题的突出程度成正比。

（四）数据来源及分析方法

笔者使用到的数据主要有密歇根大学的全国大选数据（American National Election Studies，ANES）、格兰马里研究中心（Glenmary Research Center）2010 年的宗教堂会和成员数据（Religious Congregations and Membership Study）①、加尔文学院亨利研究所 2008 年的宗教与公共生活数据（National Survey of Religion and Public Life）、比利斯研究所（Bliss Institute）全国宗教和政治数据（National Survey of Religion and Politics）、皮尤研究中心宗教与选举的相关数据，以及 CNN 和盖洛普等机构所作的

---

① 堂会（Congregation）类似于国内的宗教场所，但是与强调地点的宗教场所相比，堂会更强调会众的含义。堂会这个概念指代的是围绕着固定地点周期性聚集的信众群体。有关堂会概念的辨析，以及美国堂会的基本情况参见 Mark Chaves，*Congregations in America*，Cambridge：Harvard University Press，2004。

民意调查（含选前调查和票站调查，exit poll）。① 全国大选数据是美国选举研究最权威的数据，它系统收集了选民社会人口（social demography）、政党认同、政策评估和投票意愿等关键信息。这个数据由密歇根大学调查研究中心（Survey Research Center）自1948年起收集，至今已收集到2019年的数据。② 宗教堂会和成员数据又被称为美国宗教普查（U. S. Religion Census），自1952年开始收集，基本上每隔10年会普查一次。它是美国宗教状况的权威数据，能较好反映美国的宗派构成及变迁状况。③宗教与公共生活数据和全国宗教与政治数据是有关宗教与美国选举的权威数据，它们由美国政治学会下专门从事政教关系研究的学者，如乔治城大学的克莱德·威尔科克斯（Clyde Wilcox）、加尔文学院的柯文·斯密特（Corwin Smidt）和亚利桑那大学的约翰·格林（John Green）收集。这些数据弥补了常规大选数据对宗教变量测量的不足。④ 此外，这些数据还把焦点放在了宗教的政治动员上，能较好反映最近宗教团体政治参与状况的变迁。皮尤研究中心也在各个选年做了许多民意调查，能及时反映宗教选民的态度和投票模式。CNN和盖洛普等机构所做的民意调查能较好反映民意在竞选动员下的变化，其大样本的票站调查则能准确反映选民实际的投票模式。本书采用的统计技术包括：描述统计、相关分析、因子分析和多元聚类分析。

笔者通过投票差距和多元聚类分析（multiple classification analysis）的Beta系数来分析因素的影响力，比较模型的解释力。

---

　　① 票站调查是民意调查机构在票站出口对则投完票的选民所做的调查，它能准确反映选民的投票情况。

　　② 有关这个数据库的具体情况参见其官方网站 https：∥electionstudies. org。

　　③ 有关这个数据库的更详尽的情况参见其官方网站 http：∥www. usreligioncensus. org。

　　④ 有关这些数据的基本状况可以参见 http：∥www. thearda. com／Archive／Files／Descriptions／NSRPL. asp 和 https：∥www. pewforum. org／2004／09／09／religion－and－the－2004－election－a－pre－election－analysis。

笔者将依据阶级、宗教和种族等因素对选民进行社会分群，通过分析不同群体的投票差距来观察不同因素的影响力。笔者把因素影响方向的一致性和因素影响力的大小作为检验模型解释力的两个指标。换言之，因素的区分度越大（用投票差距测量），因素的影响方向越一致（用联列表呈现），因素的影响力越大（用Beta 系数测量），模型的解释力就越强。

（五）本书的篇章安排

除了前言和结语，本书的正文部分由八章组成。第一章为本书的文献回顾部分。笔者不仅概览了美国选举研究的核心议题与主要范式，还聚集于变迁这个主题，梳理了学界有关美国选举政治变迁的核心争论。第二章为本书的核心方法论部分。笔者在这一章里将先对社会分层（阶级分层、宗教分层和种族分层），以及阶级、种族与宗教因素影响选举的文献进行归纳，然后在此基础上建构出阶级投票模型与种族/宗教投票模型。最后，笔者交代了本书所采用的视角与主要分析思路，以便为第三和第八章的历史分析，第四到第七章的个案研究做铺垫。

第三章为本书的背景分析部分。在这一章里，笔者分析了战后美国的社会变迁、政党调适和选举政治的变迁，以便为后面四章的个案分析提供一个历史框架。笔者将把二战后作为分析的起点，把新政时代和里根时代作为两个关键的时代参照。笔者还建构了一个社会变迁影响选举政治变迁的因果模型。

第四章、第五章、第六章和第七章是本书的核心部分。在第四章、第五章和第六章里，笔者对 2000 年、2004 年和 2008 年的总统选举进行了详细的分析。在每一章里，笔者都先对选年背景和关键议题做了简要的概括，然后从竞选进程（包括预选和大选）、选举地理（包括全国的情况、拉锯州和摇摆州的情况）和投票模式（不同变量分群下的群体投票模式以及不同差距的大小）等三个方面详细分析了该选年的基本状况。除此之外，笔者还重点比较了两个模型的解释力，分析了该选年在美国选举史上的地位。鉴于已有的研究大多把美国大选看成是一种不同阶层的利益之争，过于强调经济议题和阶级因素，却忽视了种族和宗教等认同因素，因而未能有效呈现美国总统选举政治的历史变迁；为了纠正这种视角的偏差，笔者把叙事的重点放在了种族和宗教等认同因素上。在这三章里，笔者也重点关注了宗教这个被忽视的关键因素的恒与变。例如，笔者要分析在 2000 年这个一般选年里宗教是否基本上不起作用？在 2004 年这个"价值观的选年"里宗教的作用是否凸显？在 2008 年这个经济选年里宗教的作用是否已经消退？需要指出的是，叙述上对宗教因素的侧重并不意味着笔者对其他因素的忽视。在这三章里，笔者均通过联列表和多元聚类分析系统呈现了各主要因素对选举的影响。

在第七章里，笔者围绕大选背景、竞选过程、选举地理和投票模式对三次大选进行了系统比较。笔者不仅重点分析了阶级、种族和宗教等核心因素在三个选年的恒与变，还检验了三个情景交互假设的有效性。

在第八章里，笔者对 2008 年以后的三次大选进行了简要的分析，重点关注了阶级投票、宗教投票和种族投票在最近三次大选的变迁趋势，并对美国的选举政治的走向做了展望。

在结语部分，除总结前面各章的核心观点，回答本书的核心问题之外，笔者还讨论了一些本书所引出的现实问题与理论问题。笔者以现代化、社会分裂和政治秩序为关键词，重点分析了社会变迁与政治演化、多元社会的和谐共存，以及民主宪政的有效运作等问题。

四　创新之处

本书涉及的是选举研究的三个核心部分：社会分裂与选举政治、选举和政党制度变迁，以及投票模式分析。但是正如笔者将在第一章和第二章的相关文献综述所展现的，学者们对这些话题充满了争论。笔者期待通过细致的历史分析和个案研究来推进这些学术的讨论。本书期待的学术贡献主要体现在以下三个方面：

一是推进政治再结盟的研究。学界对于"新政时代之后美国是否存在一个政治再结盟？""如果再结盟存在，那又如何解释分裂政府和两党的频繁更替？"等问题一直存在争论。笔者用最新的大选数据推进了这场争论。笔者在后边的论述中将展示一个真实的政治再结盟存在于20世纪60年代以降的选举，并在里根总统任内达至高潮。里根之后的选举均为过渡性选举，种族因素、宗教因素和阶级因素共同塑造了选举的结果，但认同模型的解释力要强于阶级模型。克林顿和奥巴马的当选既没有终结保守主义的时代，也未能复兴新政时代。笔者还认为我们应该放弃政党主导这个具有局限性的分析框架，以便能够理解变化了的现实。笔者认为是忠诚转移，以及政党与社会团体的稳定结盟才是政治再结盟的关键。笔者也认为虽然最近几次的选举都有着过渡性和波动的特点，但是1968年以来的政治再结盟并没在克林顿任内终结，奥巴马和特朗普的当选也没有开创一个新的政治再结盟。

二是推进有关社会分裂与选举政治的研究。在这个论题中，有的学者认为社会分裂因素的影响力依然显著，另一些学者则认为议题政治已取代了社会分裂因素的地位。此外，学界也在阶级因素的去向上存在争论。有的学者认为阶级因素的地位已经被认同因素所取代，另一些学者则认为阶级因素的影响力并没有下降，只是发生了改变。笔者通过阶级模型和认同模型推进了这场学术争论。

三是推进了有关政治极化的讨论。对于美国是否已经极化，一场文化战是否正在美国上演，学者们也存在争论。有的学者认为美国存在政治极化和文化战，一些学者则认为美国选民没有极化，文化战只局限在精英里。笔者通过多元的数据分析推进了这场讨论。

本书的创新之处主要体现在以下几个方面：（1）研究视角和方法的创新。本书突破了传统选举研究单一的分析视角，建构了阶级投票模型和种族/宗教投票模型，并把历史分析与个案比较有机整合起来。本书通过对美国大选中两条交织在一起的脉络——价值—认同问题与阶级—利益问题的互动与互制的复杂情形的科学化的说明，展现了美国选举政治的复杂模式和基本动态。（2）研究材料选用上的创新。采用多元的数据库和多元的概念操作方法是本书一个核心的创新。这避免了已有研究依赖单一数据和单一操作化带来的偏差。（3）本书综合使用政治学和宗教社会学的分析方法，通过量化分析技术，对美国选举研究的争论问题，作出了一个系统的回应。相比于国内以制度研究和选举评析为主要特征的美国选举研究，本书是一个系统使用选举数据的定量研究。本书不仅在观点上做出了突破，在叙述逻辑上也做了创新。

第一章　美国选举研究学术史概要

　　美国的选举既是美国政治过程的重要环节，也是政治学者研究的焦点所在。选举研究是西方政治学研究最为成熟的学科分支之一。这些研究既有理论的探索，也有实证的分析。选举制度研究、竞选和政治动员和投票模式研究是选举研究的三根支柱。选举制度研究关注选举制度（两党还是多党，比例代表制还是单名选区制等）的运作和演变。竞选和政治动员的研究把焦点放在一个具体的选举过程中，去分析候选人的竞选策略、组织网络和动员模式。动员过程中的组织、网络、符号和话语往往成为竞选分析的重点。投票模式研究专注于投票结果，往往通过调查数据的统计来归纳投票模式，进而识别出影响结果的核心因素。这些研究的核心论题主要有：人们为什么去投票？什么因素通过何种机制影响了人们的投票？人们的投票呈现出什么样的模式？人们投票模式的变迁又如何变革了既有的政治秩序？

　　选举研究起源于西方国家，外文的选举研究相当成熟，也相当精细。由于中美关系的重要性和美国政治制度在西方所具有的典范性意义，美国研究也成为了中国政治学研究的重点之一。四年一度的美国总统选举常会吸引学界的注意力，并产出很多对选举过程进行描述、评论和预测的文章和"现场报道型"的书籍。[①]

---

　　① 这类著作主要有：房宁、王文《2012 美国大选观摩日记》，中国社会科学出版社 2013 年版；房宁：《"政治正确性"之争——2016 年美国总统大选研究报告》，中国社会科学出版社 2017 年版；黄平、郑秉文主编：《2016 年大选与美国（转下页注）

在中文世界里，美国选举研究的重镇在内地，港台地区也有比较成熟的选举研究。华语学者对美国的选举制度②、影响选举的核心因素③、特定选年的选举态势，④ 以及选举的走向均做了一定的研究和译介。⑤ 但坦率而言，在理论范式和研究议题上，中文世界的美国选举研究多受西方学界的影响。国内重议题、重当下的美国选举研究容易造成一种短视：或者把变迁归因为短期的因素，没有意识到当下的变迁是长期历史演进累积所致；或者夸大变迁的程度与范围，过于拔高变迁的意义，而未能意识到这只

（接上页注①）内外政策走向》，中国社会科学出版社 2017 年版；余万里：《美国政治风向标：2008 总统大选现场观察》，新世界出版社 2008 年版。

　　② 李庆四的研究介绍了美国的国会选举制度，赵心树的著作对选举制度的基本内容做了深度的介绍，张宝树和张立平的著作对美国的政党制度做了介绍，林宏宇的著作对美国选举制度的基本内容做了系统介绍。具体论述参见：李庆四《美国国会与美国外交》，人民出版社 2007 年版；赵心树《选举的困境》，四川人民出版社 2008 年版；林宏宇《美国总统选举政治研究》，天津人民出版社 2017 年版；张宝树《美国政党与选举制度：以一九八四年美国大选为实例》，商务印书馆 1986 年版；张立平《美国政党与选举政治》，中国社会科学出版社 2002 年版。

　　③ 徐以骅的研究重点分析了宗教对美国内政外交的影响，具体论述参见：徐以骅《试析 2004 年美国总统选举中的宗教因素》，《美国问题研究》2005 年第 4 期，第 401—426 页；徐以骅《宗教在当前美国政治与外交中的影响》，《国际问题研究》2009 年第 2 期，第 33—38 页；徐以骅《后冷战时期的宗教与美国政治和外交》，上海人民出版社 2014 年版。

　　④ 彭文正、雷飞龙、刘正山、黄平等学者分别分析了 1992 年、2000 年、2008 年和 2016 年的大选，具体分析参见：彭文正 "Bandwagon, Underdog, and Strategic Voting: A Case Study of the 1992 U. S. Presidential Election"，《选举研究》1996 年第 2 期，第 33—70 页；雷飞龙《二千年美国总统选举及其缺失析述》，《选举研究》2001 年第 1 期，第 1—23 页；刘正山《2008 年总统大选竞选期间政党支持者选择性接触媒体倾向的分析》，《选举研究》2009 年第 1 期，第 67—110 页；黄平和郑秉文主编《2016 年大选与美国内外政策走向》，中国社会科学出版社 2017 年版。

　　⑤ 右翼特别是宗教右翼的兴起是学者们重点关注的议题，具体论述参见：梅嘉《美国宗教右翼的崛起及其影响》，《当代世界》1995 年第 10 期，第 31—33 页；张惠玲《新基督教右翼与当代美国政治》，上海人民出版社 2017 年版；薛勇《右翼帝国的生成——总统大选与美国政治的走向》，广西师范大学出版社 2004 年版。

是短期的波动。①

　　需要指出的是中文世界的选举研究长项不在于美国选举研究，而在于地域选举研究。这些具有知识增量的研究也因此带有比较鲜明的地域特色。② 例如，内地学者研究比较多的是基层选举，③ 台湾地区的研究关注较多的是台湾地区的大选以及县市选举，香港地区的选举研究关注较多的是香港立法会的选举。④ 与港台相比，欧美的华人学者反而比较少研究西方的选举。这可能是因为选举是西方学者研究的强项，华人学者在这个领域缺乏优势，而又有更重要的中国研究可以开展。仅有的选举研究也主要是对西方选举制度的介绍与选情的分析。因此，在本书中，笔者不会另辟一节对中文世界的美国选举研究进行梳理，而会把中文和英文的研究融汇起来进行述评。

　　在这一章里，笔者将先简要介绍美国选举研究的核心议题与主要范式。接着，笔者将聚集于变迁这个主题，梳理学界有关美国选举政治变迁的核心争论，以便为接下来的历史分析与个案研

---

① 很多学者均把特朗普的当选看成是美国历史的转折点，相关论述参见：付随鑫《从"里根联盟"到"特朗普联盟"：美国共和党的兴盛与危机》，《当代世界》2018 年第 12 期，第 41—44 页；周鑫宇、邹虹瑾《特朗普当选的冲击与美国共和党的内外政策转型》，《美国问题研究》2017 年第 2 期，第 27—45 页。但事实上，特朗普联盟中的宗教选民和底层白人选民已在尼克松和里根时代赢得，特朗普只是进一步巩固了这样的联盟，并没有取得太大的突破。

② 中国基层选举对中国政治变迁的影响也是西方学者的重点研究议题。加州大学伯克利分校的政治学教授欧博文和哈佛大学费正清中国研究中心的赵穗生教授曾把这个主题的英文论文汇集成册，具体内容详见 Kevin J. O. Brien and Suisheng Zhao, eds., *Grassroots Elections in China*, London: Routledge, 2010。

③ 有关村委会选举的主要文献有徐勇：《乡村治理与中国政治》，中国社会科学出版社 2003 年版；肖唐镖：《多维视角中的村民直选：对 15 个村委会选举的观察研究》，中国社会科学出版社 2001 年版。

④ 有关台湾选举的基本情况可参考黄纪主编：《台湾选举与民主化调查（TEDS）方法论之回顾与前瞻》，五南 2013 年版。有关香港回归后的立法会选举情况参见 Stan Hok, Wui Wong, *Electoral Politics in Post – 1997 Hong Kong: Protest, Patronage, and the Media*, London: Springer, 2015。

究提供一个学术的脉络。①

一 研究主题与理论范式

选举研究是政治学最为成熟的分支之一。选举研究涉及广泛的主题，要在有限的篇幅内做一个全面的梳理是非常困难的。为了展现一幅基本的图画，本部分将围绕人们投票的原因、模式及其影响因素，选举变迁（主要指政党的轮替和再结盟）的轨迹与根源等核心问题，并以学派和时间为顺序对选举研究做一个简要的梳理。

（一）主要议题

人们为何以及如何投票是选举研究的最核心议题。在这个议题上，学界存在个体投票还是群体投票，回顾性投票（retrospective voting，指选民根据候选人过去的业绩来投票）还是展望式投票（prospective voting，指选民根据候选人对未来的承诺来投票），依照利益还是遵从价值理念进行投票等争论。有的学者强调选民的独立性，认为选民是依据个体的利益与价值而非群体身份而进行投票的。② 这些学者往往用群体内的投票差异来佐证其观点。有的学者则认为选民更多依照群体身份和利益进

① 笔者把国内外的研究合在一起进行文献梳理。值得强调的是，尽管美国选举一直为国内学界所重视，但与国外研究相比仍存在较大差距。国内更多是描述与评论式的研究，使用抽样调查数据进行系统分析的研究仍相当缺乏。已有的中文研究更多是对选举过程的描述、评论，以及对美国内政外交走势的预测。这些研究一般也会列举出影响选举的一些突出因素，并预测中美关系的走向。但这些研究突出不足是：重外交而轻内政，重当下而轻历史，重现象而轻数据，强调观点而忽视方法。

② 这种研究视角的文献主要有 Paul Felix Lazarsfeld, Bernard Berelson, and Hazel Gaudet, *The People's Choice: How the Voter Makes Up His Mind in a Presidential Campaign*, New York: Columbia University Press, 1948；［美］安东尼·唐斯：《民主的经济理论》，姚洋等译，上海人民出版社 2005 年版。

行投票。①

　　什么因素塑造了投票模式是选举研究的一个重要议题。学界往往通过建构模型分析调查数据的方法来识别影响选举的核心因素。主要的因果模型有：安格斯·坎贝尔等人的因果漏斗模型、贵格利·马尔库斯等人的递归模型、本杰明·佩奇等人的互惠模型，以及约翰·辛普斯等人的民主市场模型。

　　坎贝尔等人的因果漏斗模型（参见图 1—1）强调因素影响的阶段性以及政党认同的关键性。在这个模型里，轴线是时间，漏斗口是选民个人的社会背景（种族、地区、宗教、教育、职业、阶级和性别）及其父母的社会背景（阶级和政党认同）。他们认为这些会影响到选民的政党认同和意识形态朝向，政党认同会进一步影响人们对议题、经济形势和候选人的评估，而意识形态朝向会影响到人们对候选人政策的评估。这些评估加上竞选的因素最终影响到选民的投票。② 这是选举研究的主流模型。但是，这个模型的主要缺陷是没有考虑到不同选举年的相互影响。马尔库斯等人的递归模型纳入了选年这个时间维度，强调前后选年的因果联系。③ 他们认为以前的投票经历会影响到当下的投票。例如，如果某选民上次投了共和党的票，而共和党的政策让其满意的话，那么在当下的投票里，他很可能会继续投共和党的票。反之，他就会改投民主党的票。与坎贝尔的模型相比，马尔库斯的模型能更好地解释摇摆选民的现象。但无论是坎贝尔还是马尔库斯的模型均是单向度的，它们忽视了政党认同、议题立场

---

① 强调群体投票的核心文献有 Angus Campbell, Philip E. Converse, Warren E. Miller and Donald E. Stokes, *The American Voter*, New York: John Wiley & Sons, 1960; David Butler and Donald Stokes, *Political Change in Britain: Forces Shaping Electoral Choice*, New York: St. Martin's Press, 1969。

② 因果漏斗的核心文献有 Angus Campbell, Philip E. Converse, Warren E. Miller and Donald E. Stokes, *The American Voter*, New York: John Wiley & Sons, 1960。

③ 递归模型的主要内容参见 Gregory B. Markus and Philip E. Converse, "A Dynamic Simultaneous Equation Model of Electoral Choice", *American Political Science Review*, Vol. 73, 1979, pp. 1055 – 1070。

和候选人评估的相互影响。

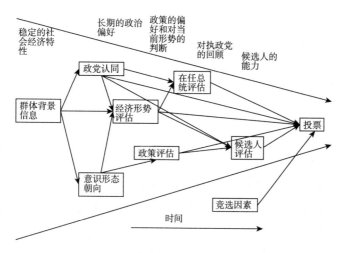

图 1—1　密歇根学派的因果漏斗模型

　　针对这些递归模型的单向性问题，佩奇等人提出了一个包含政党认同、议题立场和候选人评估三角关系的互惠模型，强调三者的相互影响。① 例如，一个卡里斯玛候选人的出现会强化人们的政党认同，并对其偏好的政策有更积极的评估。不过，这个模型仍没有纳入地区与制度这两个重要因素。现实中我们常常看到南部州和北部州的共和党选民在政党认同的强烈程度上有着显著差别。采取"赢者通吃"投票制度的州要比采取比例代表制的州更容易形成边界清晰的政党认同。但鉴于学界在投票分析时忽视地区维度和投票规则，辛普斯等学者把选区、任期和选举规则纳入因果分析中，建立了一个动态模型。② 他们认为社会人口的变化和选区的调整会影响到当地的政党认同。在任者的情况、候

---

　　① 互惠模型的主要内容参见 Benjamin I. Page and Calvin C. Jones, "Reciprocal Effects of Policy Preferences, Party Loyalties and the Vote", *American Political Science Review*, Vol. 73, 1979, pp. 1071 – 1089。

　　② 这个动态模型把选举看成是民主市场内的一场博弈，重点分析各种行为体的互动。具体内容参见 John Samples and Michael P. McDonald, eds., *The Marketplace of Democracy：Electoral Competition and American Politics*, Washington, D. C.：Brookings Institution Press and Cato Institute, 2006, pp. 13 – 18。

选人的类型、竞选资金状况都会影响到选举的结果。理查德·劳等人在上述模型的基础上建立了一个综合模型。[①] 他们认为人们的投票行为既受到候选人竞选的因素的影响，也受到投票者本人的群体特征和投票动机的型塑。他们从一个认知的角度入手，分析了各种因素的关联机制以及实际的影响（正面的强化还是负面的抵消）。他们认为年龄、性别、受教育程度、收入、政党形象和意识形态不只是影响到决策过程的某一环节，而是广泛地影响到整个过程。媒体和政治动员影响着选民所获取的信息，竞选过程也在不断地强化或修正选民已有的记忆。在某种程度上，投票不是被预先决定的，而是在选举过程中各种因素复杂互动的结果。

除了研究投票动机、因素之间的因果联系，选举和政治秩序的关系也是选举研究的一个重要方面。这个领域的研究主要关注以下两大问题：包含选举制度在内的政治秩序如何影响到投票，以及选举如何改变政治秩序。理性选择和制度主义是理解这两者互动关系的两种重要分析框架。一个基本的命题是：政治秩序作为一种游戏规则塑造着人们的策略选择，而人们的策略选择又变革着既有的游戏规则。莫里斯·杜瓦杰指出单一选区制会导致两党制的出现，比例代表制则会导致多党制的出现。[②] 共和党候选人巴里·戈德华特（Barry Goldwater）在他的竞选演说中所强调的"不是一种回声，而是一种选择"也反映了人们的选择的确极大地塑造着美国政治的走向。概括而言，学界的分析框架主要有以下两类：一类强调选举制度对政党体系的塑造，[③] 另一类则

---

① Richard R. Lau and David P. Redlawsk, *How Voters Decide*, New York: Cambridge University Press, 2006.

② Maurice Duverger, *Political Parties, Their Organization and Activity in the Modern State*, New York: Wiley, 1954.

③ 采取这种理论视角的主要文献有 Maurice Duverger, *Political Parties, Their Organization and Activity in the Modern State*, New York: Wiley, 1954；［意］G. 萨托利：《政党与政党体制》，王明进译，商务印书馆 2006 年版。

强调社会分裂（借着群体投票）对政党体系的塑造。① 前者更多用于进行国际比较，关注比较多的是政党制度类型以及政党的碎片化程度。后者更多用于分析一国内不同政党的形成，以及社会变迁对政治再结盟的影响。本书主要选择后一种视角来分析战后美国选举政治的变迁。

（二）核心范式

从选举研究的发展历史来看，早期的选举研究都是支离破碎和范围有限的，20世纪之前基本上没有规范的选举研究。托克维尔的经典著作只是在宽泛意义上提到了一些有关政治行为的原理。随着选举权的扩大，尤其是工人、农民、妇女和少数族裔获得了选举权，阶级、性别和族裔成为了早期选举研究讨论的焦点。但是这些研究更多是一些定性的分析，也就是工人阶级和妇女是否会投票以及怎么投票。马克思主义成为了这些研究的基本分析方法。哈罗德·古斯列的《欧洲人为何投票》是学界有关选举议题的早期研究。它通过对美国、法国、德国和英国的比较，分析了投票率为何在美国下降，而在欧洲则保持稳定。② 他认为美国的联邦分权制度、繁荣的经济以及缺乏阶级细分的两党制度使得美国的投票率在战后急速下降。他把制度和经济状况作为分析的焦点，并没有对选民的情况进行分析。乔治·加利和阿方索·普兰迪等学者分区域对意大利选民投票行为进行了分析。③ 这个研究对选民的性别、阶级和宗教进行精细的划分，把选举研究又往前推进了一步。但真正完善的定量研究，直到大规

①　采取这种理论视角的经典著作有 Seymour Martin Lipset and Stein Rokkan, *Party Systems and Voter Alignments*, New York: Free Press, 1967；［美］西摩·马丁·李普塞特：《政治人：政治的社会基础》，上海人民出版社2011年版。

②　Harold F. Gosnell, *Why Europe Vote*, Chicago: The University of Chicago Press, 1930.

③　Giorgio Galli and Alfonso Prandi, *Patterns of Political Participation in Italy*, New Haven: Yale University Press, 1970.

模民意调查技术被广泛使用时才真正出现。

年度数据库的出现，使得学者对人们投票的动因有了更好的了解。对于人们为什么会去投票，基本上可以分为以下两大类的解释：一些学者强调特定群体内的结构性因素，如年龄、性别、阶级或职业、宗教和意识形态，认为选举是群体心理依附的结果。① 换言之，由于社会化和群体的内部强化，选民会倾向于选择与自己群体相近的候选人（也就是选自己人）。政党认同便是描述这种关系的指标。另一些学者则强调的是个人的动机和理性的考量，群体的利益、个体的物质的收益、相关议题的兴趣以及把另外一个政党选下来都可能成为激励人们投票的动机。② 在这两大分析框架下，学界发展出三个经典范式：哥伦比亚学派的心理认知模型、密歇根学派的社会心理模型和唐斯等人开创的理性选择模型。

哥伦比亚学派兴起于 20 世纪 40 年代，可以说是现代选举研究的奠基者。这个学派的代表著作是保罗·拉斯菲尔德等学者编写的《人民的选择：选民如何在总统选战中做决定》和《投票：一项有关总统竞选过程中意见形成的研究》。③ 这两本著作也成为了通过民意调查研究选举行为的里程碑式的著作。《人民的选择》更多是从心理学的角度来分析，《投票》则带有更明显的社会学的味道。《人民的选择》关注媒体和竞选的作用，分析了从竞选开始到投票结束的选举过程。《投票》关注偏好的形成和决策过程，并分析了具体的投票模式。虽然分析内容有着不同，但

① Angus Campbell, Philip E. Converse, Warren E. Miller and Donald E. Stokes, *The American Voter*, New York: John Wiley & Sons, 1960.

② Jocelyn A. J. Evans, *Voters and Voting: An Introduction*, Thousand Oaks, Calif.: SAGE, 2004, p. 6.

③ Paul Felix Lazarsfeld, Bernard Berelson and Hazel Gaudet, *The People's Choice: How the Voter Makes Up His Mind in a Presidential Campaign*, New York: Columbia University Press, 1948; Bernard Berelson, Paul F. Lazarsfeld and William N. McPhee, *Voting: A Study of Opinion Formation in a Presidential Campaign*, Chicago: University of Chicago Press, 1954.

是两书的作者都有一个共同的地方，也就是把选举看成是一个购买行为，并在此框架下关注人们偏好形成的心理过程。他们均认为竞选影响下的选民态度决定了选举的结果，这也是哥伦比亚学派的核心假设。他们力图解释竞选将如何改变人们的态度，但是他们的研究并不支持他们的预设。他们发现竞选和媒体因素的影响是非常有限的。在这些因素发生了较大变动的选举里，人们的投票模式却几乎没有太大的变化。理论与事实的差距，导致了哥伦比亚学派地位的衰落，并推动了新范式的出现。

取代哥伦比亚学派的是密歇根学派。密歇根大学调查研究中心的全国大选数据也因此成为了最权威的数据来源之一。安格斯·坎贝尔等学者的《美国的选民》是这个学派的奠基之作。这是一本划时代的著作，自此民意调查和统计分析成为了选举研究的核心方法。除了这本著作，坎贝尔等学者的《选举与政治秩序》和大卫·巴特勒等人的《英国的政治变迁：塑造选民投票的诸因素》也是密歇根学派的重要代表作。[1] 密歇根学派建立了一个以政党认同为核心的社会心理模型（如图1—1所示）。[2]坎贝尔等学者区分长期的因素（如性别、种族、阶级、政党认同和意识形态）和短期的因素（如候选人、议题和竞选）。对他们而言，政党认同描述的是一个长时间的、稳定的心理归属。政党认同影响投票有一个基本的假定，也就是在没有出现重大反对信息，在候选人的优劣持平的情况下，人们会依据以往的政党忠诚

---

① Angus Campbell, Philip E. Converse, Warren E. Miller and Donald E. Stokes, *The American Voter*, New York: John Wiley & Sons, 1960; Angus Campbell, Philip E. Converse, Warren E. Miller and Donald E. Stokes, *Elections and the Political Order*, New York: John Wiley and Sons, 1966; David Butler and Donald Stokes, *Political Change in Britain: Forces Shaping Electoral Choice*, New York: St. Martin's Press, 1969.

② 密歇根学派的研究使政党认同成为选举预测的主要工具。但是政党认同是什么，学者们却充满了争论。坎贝尔强调政党认同的心理归属层面，但是布杰等则强调认同的社会群体维度，并认为是社会群体和意识形态立场而不是心理归属最终决定人们的投票。

去投票。① 莫里斯·菲奥里纳用政治记忆来分析这种群体归属的基础，强调政党认同反映的是人们对过去政党立场和绩效的记忆。② 他们用群体特征而非个人态度来解释人们的投票模式，用社会过程而非竞选过程来解释投票模式的形成。这种视角能较好地解释人们投票模式的稳定性。

随着美国现实的改变，尤其是 20 世纪 60—70 年代的社会变迁（越战、民权运动和反文化运动），很多学者开始对密歇根学派的命题提出挑战。从 60 年代到 70 年代，美国的投票率急速升高，两党的选民基础发生了较大的改变，独立选民开始增多，议题投票（issue voting）慢慢出现，候选人和媒体的重要性日益上升，而政党重要性却在下降。③ 在这样的背景下，人们开始质疑《美国的选民》里那种稳定的选民投票模式。一些关于"新的美国选民"和"美国选民的变迁"的著作也开始出现。例如，诺曼·聂等学者用新近数据分析了这些变迁。④ 其他学者也开始从对政党认同的思索转到对社会背景的分析，愈发注重其他干扰变量对选举的塑造（而不是决定）作用。这些著作提出了以下的修正性命题：政党认同的影响力在下降，议题的重要性在上升，

---

① V. O. Key, *The Responsible Electorate*: *Rationality in Presidential Voting*, 1936 – 1960, Cambridge: Belknap Press of Harvard University Press, 1966.

② Morris P. Fiorina, *Retrospective Voting in American National Elections*, New Haven: Yale University Press, 1981.

③ 对于政党作用为何下降，学界有两种不同的看法：不满论者和替代论者。持不满论的学者认为，政党作用的下降是由于政党政策的趋同和政治丑闻带来的犬儒主义，其背后反映的是选民的不满。相反，持替代论的学者则认为，政党作用下降并不源于政党政策的趋同，而是由于替代性因素的出现，其反映的是选民偏好的不确定性而不是选民的不满。但是政党影响的下降反映的是选民对政党的不满还是冷漠（dissatisfaction or indifference），独立选民反映的是选民的独立还是缺乏明确的偏好（independence or no preference）是一个有待进一步讨论的问题。具体分析参见 Martin P. Wattenberg, *The Decline of American Political Parties* 1952 – 1994, Cambridge, Mass.: Harvard University Press, 1998。

④ Norman H. Nie, Sidney Verba and John R. Petrocik, *The Changing American Voter*, Cambridge, Mass.: Harvard University Press, 1976.

政党认同不再是稳定不变的，而是会随着议题而改变。不过，这些研究未能推翻密歇根学派的命题。例如，在《新美国选民》里，学者们也采用了新的数据（1952—1992），但是他们发现美国选民没有多少变化，政党认同仍是预测选举的良好指标。[1]

随着议题选举研究的发展，一个新的研究范式——理性选择也在选举研究中慢慢兴起。理性选择学派的兴起挑战了密歇根学派的权威地位。理性选择学派认为密歇根学派强调政党认同却忽视理性考量是有问题的。这个学派以理性为起点，开创了一种新的理论范式。

理性选择学派在选举研究上的兴起得益于唐斯等人的开创性研究，这个学派主要的研究有：安东尼·唐斯的《民主的经济理论》、唐纳德·斯德克斯的《政党竞争的空间模型》、V. O. 基的《回应性选民》、杰拉尔德·克雷默的《美国选举行为的短期波动》和莫里斯·菲奥里纳的《美国大选的回顾性投票》。[2] 在理性人的假设下，这个学派把选举看成是跟其他决策一样的行为，认为人们通过偏好排序、偏好表达、成本收益衡量等一系列理性考量，进而进行投票。

安东尼·唐斯的《民主的经济理论》成为了理性选择选派的经典著作，但是这个理论的源头可以追溯到邓肯·布莱克的开创性研究。布莱克在其论文《理性群体的决策》中提出了一个中间选民定理（亦称中值定理），认为选民的政策偏好会呈正态

---

① Warren E. Miller and J. Merrill Shanks, *The New American Voter*, Cambridge: Harvard University Press, 1996.

② ［美］安东尼·唐斯:《民主的经济理论》，姚洋等译，上海人民出版社 2005 年版; Donald E. Stokes, "Spatial Models of Party Competition", *American Political Science Review*, Vol. 57, 1963, pp. 368 – 377; V. O. Key, *The Responsible Electorate: Rationality in Presidential Voting*, 1936 – 1960, Cambridge: Belknap Press of Harvard University Press, 1966; Gerald H. Kramer, "Short – term Fluctuations in U. S. Voting Behavior, 1896 – 1964", *American Political Science Review*, Vol. 65, 1971, pp. 131 – 143; Morris P. Fiorina, *Retrospective Voting in American National Elections*, New Haven: Yale University Press, 1981。

分布，候选人为了赢得选举会努力争取中间选民，最终导致候选人政纲的趋同。① 这个结论后来被唐斯的《民主的经济理论》所采纳，并因此而出名。除了中值定理，唐斯还提出一个理性选民不投票的命题。由于选民对选举结果几乎没有影响却为此付出代价，因此基于理性的考虑，选民会选择不去投票。② 后人研究发现这个命题基本上不太成立，因为美国的投票率还是非常高的。虽存在制度的障碍，但美国的投票率一般在 50% 以上，而且在某些选举中选民的投票率还会更高。于是后人引入其他变量去解释理性选民投票的现象，主要观点如下：选民进行投票不是为了主导选举过程，而是为了进行自我表达。选民投票不是一种基于工具理性的衡量，而是一种基于价值理性的衡量，因为选民把它看成是一种公民责任的完成，亦是一种符合社会期待的行为。尽管人们不能够左右选举结果，但是由于人们通过选举表达了自己的满意度和自己的偏好，因此获得了不一样的满足。

杰弗·布伦南和罗伦·诺马斯基区分了两种投票现象：一种是决定型，另一种是非决定型。前者指的是胜负直接取决于个人选择的投票，后者指的是胜负并不取决于个人选择的投票。总统选举属于后者。在不能左右选举结果的情况下，民众之所以仍参与投票，诺马斯基认为这是由于人们注重的是自我偏好的表达，而不是那不切实际地左右选举结果。③

经过这些修正，选举的理性考量已超越原来基于成本和收益的工具理性的计算，变成一种复杂的公民意愿的表达和社会责任的完成。于是选举的结果取决于候选人立场与选民意愿的一致性程度。理性选择的分析框架也越来越受到选举分析者的欢迎。

---

① Duncan Black, "On the Rationale of Group Decision – making", *Journal of Political Economy*, Vol. 56, 1948, pp. 23 – 34.

② ［美］安东尼·唐斯：《民主的经济理论》，姚洋等译，上海人民出版社 2005 年版，第 237—251 页。

③ Geoffrey Brennan and Loren Lomasky, *Democracy and Decision*, Cambridge：Cambridge University Press, 1993.

需要指出的是，这三个学派虽然是在修正前人的基础上演进的，但它们不是截然对立的。正如马克·琼斯所指出的，它们其实是回答了选举问题的不同方面：

> 理性选择模型揭示了为什么某些选民改变了他们的投票方向，政党认同学派［密歇根学派］解释了为什么多数选民没有改变他们的投票方向，而社会学模型［哥伦比亚学派］则解释了为什么选民在一段时间里会与特定政党认同起来。①

二　核心争论与待解问题

无论是中文的文献还是外文的文献，在选举研究的一些核心论题上仍充满着争论。在《有关投票行为的争论》一书中，理查德·尼米和赫伯特·威斯伯格把有关美国选举研究的主要争论总结为以下几个方面：政治参与是否已下降还是只是转换了方式？选民是否有足够的认知能力进行投票？什么因素决定了选举结果？政党认同的影响力是否已经下降？议题和候选人因素的影响力有否增加？美国选民是否发生了极化？再结盟还是去结盟（dealignment）能更好地描述当下美国选举政治的基本状况？② 笔者在此仅梳理几场与战后选举政治变迁密切相关的争论。

在战后选举政治变迁的方向和动因这个议题上，学界展开了再结盟争论、选民极化争论和主导因素变迁争论。在再结盟争论

---

① Mark P. Jones, "Electoral Institutions, Social Cleavages, and Candidate Competition in Presidential Elections", *Electoral Studies*, Vol. 23, 2004, p. 75.

② Richard G. Niemi and Herbert F. Weisberg, *Controversies in Voting Behaviour*, 5th edition, Washington, D. C.: CQ Press, 2010, pp. 16 – 18.

里，有的学者则认为战后美国并没有发生一次政治再结盟；[1] 有的学者认为战后美国已完成了从民主党主导到共和党主导的再结盟[2]；有的学者则认为战后的政治再结盟已经结束，美国正处于一个去结盟状态[3]或一个新的再结盟的形成过程中。[4]在选民极化的争论里，学界在极化的范围与动力机制方面存在争论。有关主导因素是否已经发生，学界争论的焦点在于阶级因素和认同因素的相对影响力，以及日益凸显的种族因素的性质，即应该把种族冲突纳入阶级冲突还是文化战争的框架下。下面，笔者将结合中外文献对这三场争论进行进一步的梳理。

先让我们梳理一下再结盟理论的争论。再结盟理论是一种用于分析显著政治变迁的理论。在美国的政治景观中，我们会经常看到两党轮替的景象。对于政党的轮替，学界有两种观点。一种观点认为政党轮替是由政党制度的内在动力所决定的，它只是周期性循环的反映。[5] 另一种观点则认为政党轮替是由外在因素塑造的，它将带来一个方向性的改变，并以重点选举为转向的标志。这种观点关注的是外在的宏观背景，认为政党轮替是由一些

---

① Everett C. Ladd, "Like Waiting for Godot: The Uselessness of Realignment for Understanding Change in Contemporary American Politics", in Byron E. Shafer, ed. , *The End of Realignment? Interpreting American Electoral Eras*, Wisconsin: Wisconsin University Press, 1991, pp. 24 – 36.

② David G. Lawrence, *The Collapse of the Democratic Presidential Majority: Realignment, Dealignment, and Electoral Change: From Franklin Roosevelt to Bill Clinton*, Boulder: Westview Press, 1996; Kevin P. Phillips, *The Emerging Republican Majority*, New Rochelle, N. Y. : Arlington House, 1969.

③ Martin P. Wattenberg, *The Decline of American Political Parties 1952 – 1994*, Cambridge, Mass. : Harvard University Press, 1998, pp. 171 – 180.

④ 强舸：《"奥巴马选民" VS "特朗普选民"：关键性选举与美国政党选民联盟重组》，《复旦大学学报》2018 年第 1 期，第 155—167 页；张家栋：《美国政治再结盟及其实现条件》，《美国问题研究》2008 年第 1 期，第 93—107 页。

⑤ 政治周期论的主要文献有 Peter H. Odegard and E. Allen Helms, *American Politics: A Study in Political Dynamics*, New York: Harper and Brothers, 1938; Arthur M. Schlesinger, *The Cycles of American History*, Boston: Houghton Mifflin, 1986。

相对比较稳定的宏观因素引发的，所以这往往会形成一种相对稳定的模式。这种理论多以行为主义的分析方法为基础，学界称为再结盟理论（realignment theory）。可以说，再结盟理论是对周期性循环理论的反叛。

再结盟理论的提出为的是解释1948年杜鲁门的获胜。当时的学者认为民主党之前的胜利只是共和党标准的（Republican norm）偏离，或者认为这只是两党周期性轮替的结果。他们认为1932年以来民主党的崛起得益于大萧条这个全国性的危机和罗斯福这个卡里斯玛的领袖。随着罗斯福的去世和美国经济的好转，美国政治的钟摆又会回到共和党那里。[1] 罗斯福在1938年的中期选举中失去国会也使一些学者认为共和党归回的曙光已经出现。但再结盟理论学者并不同意这些观点，他们认为30年代以来选民已围绕着阶层形成了一个根本性的政治再结盟。民主党的主导地位因这个新政联盟得以确立。[2] 由于这种根本性的转变是由一个稳固的联盟所促成，在这个联盟发生动摇之前，民主党的主导并不会随着罗斯福总统的去世而终结。杜鲁门的当选确证了这种分析视角的有效性。

政治评论家撒母耳·卢贝尔是首位对再结盟理论进行系统论述的学者。他的《美国政治的未来》成为了再结盟理论的奠基之作。卢贝尔认为杜鲁门的获胜确证了从共和党主导到民主党主导的政治再结盟。[3] 他用移民的增加、城市工人的崛起和非裔选民的壮大来解释民主党的崛起。他强调变迁而非延续，强调根本性的转向而非周期性的循环。换言之，他认为两党并不会自然地更替。从共和党主导到民主党主导不是钟摆规律使然，而是深刻

---

[1] Robert T. Bower, "Opinion Research and Historical Interpretation of Elections", *Public Opinion Quarterly*, Vol. 12, 1948, pp. 458 – 459; Irwin Ross, *The Loneliest Campaign: The Truman Victory of 1948*, New York: The New American Library, 1968.

[2] Harold F. Gosnel, *Champion Campaigner: Franklin D. Roosevelt*, New York: Macmillan, 1952.

[3] Samuel Lubell, *The Future of American Politics*, New York: Harper, 1952.

的社会变迁所致。社会的变迁往往会带来政治的转向，推动美国进入一个新的时代。他给美国政治研究带来了一种种族—文化视角（ethno - cultural），也就是从动态的社会变迁而非静态的制度框架来分析美国政治。当然，他太过强调政治主导这个概念，难以涵盖多元化的政治再结盟现象。① 例如，他的理论能很好地解释威廉·麦金利所开创的共和党的主导和罗斯福所缔造的民主党的主导，却难以解释尼克松和里根所带来的政治再结盟。②

后来，再结盟理论在 V. O. 基的努力下获得了重大的突破。基提出了用关键选举（critical election）这个概念来分析美国政治的变迁。他认为美国的内战、19 世纪 90 年代的危机和 1929—1933 年的经济大萧条都是导致政治再结盟的关键事件。③ 在他看来，1860 年林肯的当选，1896 年麦金利的获胜，以及 1932 年罗斯福的胜利都是关键选举的代表。后来，基通过一般性的再结盟（secular realignment）概念扩充了政治再结盟的理论，并认为党派转向可能是一系列选举累积的结果。④ 关键性的再结盟（critical realignment）和一般的再结盟成为后来学者分析再结盟的核心概念。前者描述的是一种显著的、持续的、根本性的选民重组，往往导致一个新时代的到来。后者描述的是一种相对较弱的、较微小的选民重组。这样的重组往往不是一次选举带来，而是多次选举累积的结果。此外，因为它的能量不如关键性的再结盟，它往往不太可能带来持续性的政党主导。

如果说基为再结盟理论提供了一个宏观版本，那么以安格

---

① Everett C. Ladd, Alexander P. Lamis, William Schneider, Philip Meyer and John K. White, "Symposium on the Work of Samuel Lubell", *PS: Political Science and Politics*, Vol. 23, 1990, pp. 184 – 191.

② 威廉·麦金利是美国第 25 任（第 29 届）总统。他主张设立保护性关税和维持金本位制度，发展美国工业，对外发动对西班牙的战争。

③ V. O. Key, "A Theory of Critical Elections", *Journal of Politics*, Vol. 17, 1955, pp. 3 – 18.

④ V. O. Key, "Secular Realignment and the Party System", *Journal of Politics*, Vol. 21, 1959, pp. 198 – 210.

斯·坎贝尔为代表的密歇根学派则通过政党认同这个概念为再结盟理论提供了一个微观基础。政党认同反映的是选民稳定的政治倾向。选民政党认同的显著转向或者某政党选民认同比例的大幅度上升往往会推动政治再结盟的出现。例如，大量选民从民主党转向共和党促成了麦金利的胜利，并带来了一个共和党主导的时代。移民和少数族裔的增长使得民主党选民的比例快速增加，推动了罗斯福新政时代的到来。

经过撒母耳·卢贝尔的突破、V. O. 基的提炼和安格斯·坎贝尔的贡献，再结盟理论基本成型。① 然而，20 世纪 60 年代后经常出现的分裂政府对再结盟理论提出了挑战。去结盟和回顾式的选举成为了再结盟理论之外的另一种选择。②之前的再结盟理论都以一党主导的统一政府为模式，麦金利带来的共和党主导时代和罗斯福带来的民主党时代都是重要参照。但是，1968 年以来，虽然共和党取代了民主党成为白宫的主人，但是共和党所建立的却是分裂的政府。部分学者开始怀疑再结盟理论的有效性，进而提出了替代性的理论命题。

拉德认为 1968 年以来的时期是一个与以往不同的历史时期。他指出卢贝尔以来的再结盟理论学者犯了一个错误，也就是把主导政党的改变看成是新时代的要件，而这是由于他们把新政时代看成规范模式所导致的。他认为不同的国家或者同一个国家不同的时期都可能出现区别于新政时代的独特模式。他用政党和选举体系的重大变革来替代以关键选年和新政模式为基础的再结盟理论。③

凯利认为再结盟理论是以一种强烈的党派联系为基础的，因

---

① Theodore Rosenof, *Realignment: The Theory That Changed the Way We Think about American Politics*, Lanham, Md. : Rowman & Littlefield Publishers, 2003, p. xiv.

② 这两个概念均强调选民的独立性，他们不会跟任何一个政党结盟，会根据对政党昔日执政绩效的回忆而进行投票。

③ Everett C. Ladd, *Transformations of the American Party System: Political Coalitions from the New Deal to the 1970s*, New York: Norton, 1975.

此它难以分析分裂投票的现象，即同一个选民在不同的选举里把选票投给了不同的政党。显然，在这种情况下，是选情而非选民的政党认同左右了选民的投票方向。于是，他提出用"波动的变化"（punctuated change）来取代这种以党派主导为基础的再结盟理论。[①]他指出分裂政府有着独特的制度特征和政策动力。它虽然与过去新政联盟模式很不一样，但是再结盟仍然存在。他认为具有确定的选民特征和政策议题的时代，被急速的变革时期所打断，并带来新的政治时代。于是，他用一个过渡时期的波动来解释"去结盟"，并把分裂政府看成是一种正常的再结盟。

还有一些学者批评有着行为主义朝向的再结盟理论家，并努力寻找一些更宽广的概念。例如，卡伦·奥伦和斯蒂芬·斯哥王纳克用体制这个概念来涵盖选民行为、意识形态归属和政策的变化。[②]大卫·普洛特克使用秩序这个概念来分析罗斯福所带来的再结盟。他指出民主党选民认同的不是一个党派，而是一些与政党联系在一起的新政理念、议题、政策和项目。他把这些看成是更宽广意义上的政治秩序一部分。[③]但是正如西奥多·罗森洛夫（Theodore Rosenof）所指出的，普洛特克所用的秩序与卢贝尔所使用的太阳比喻，其实描述的都是指主导性的政党。[④]

对于学者们的批判，再结盟理论家做出了有力的回应。对于分裂的政府，拜仁·薛华认为这只是旧模式内的变化。换言之，

---

① Sean Q. Kelly, "Punctuated Change and the Era of Divided Government", in Lawrence C. Dodd and Calvin Jillson, eds. , *New Perspectives on American Politics*, Washington, D. C. : Congressional Quarterly Press, 1994, pp. 13 – 21.

② Karen Orren and Stephen Skowronek, "Regimes and Regime Building in American Government: A Review of Literature on the 1940s", *Political Science Quarterly*, Vol. 113, 1998, pp. 689 – 702.

③ David Plotke, *Building a Democratic Political Order: Reshaping American Liberalism in the 1930s and 1940s*, New York: Cambridge University Press, 1996, pp. 71 – 72, pp. 189 – 192, pp. 216 – 219.

④ Theodore Rosenof, *Realignment: The Theory That Changed the Way We Think about American Politics*, Lanham, Md. : Rowman & Littlefield Publishers, 2003, 159.

分裂政府的出现并不意味着时代的转向，或者昔日政治再结盟的终结。① 大卫·劳伦斯用两个微型的再结盟（mini realignment）来解释分裂的政府。他指出一个是 20 世纪 40 年代的再结盟，另一个是 20 世纪 60 年代的再结盟。这些再结盟为共和党带来了总统选举的优势，然而后来的去结盟阻止了共和党把这些在白宫里的优势转化成国会上的优势。②

沃伦·米勒、沃特·伯纳姆和埃弗里特·拉德对再结盟理论作出了新的贡献。米勒等人的《新美国选民》把 1968—1988 年看作一个新的历史时代，并指出这个时代是由三个亚时代组成：60 年代的南部白人和共和党的一般性结盟、70 年代的去结盟和80 年代的有限度的全国性结盟。我们可以看到这次复杂的政治再结盟的范围是由南部的白人逐步扩大到全国的白人，这种具有草根基础的一般性的结盟是与共和党身份上的德性革命（virtual revolution，即共和党开始倡导道德议题）分不开的。但是共和党这种优势因老布什政府的问题而失去。这解释了 90 年代以来克林顿的获胜和分裂政府的出现。③

伯纳姆提出了一个再结盟理论的合题（synthesis），并为再结盟理论提供了一个动力机制。④ 他认为政党的分化（partisan

---

① Byron E. Shafer, "The Mid – Term Election of 1994: Upheaval in Search of A Framework", in Dean McSweeney and John E. Owens, eds., *The Republican Takeover of Congress*, New York: Saint Martin's Press, 1998, pp. 20 – 28.

② David G. Lawrence, *The Collapse of the Democratic Presidential Majority: Realignment, Dealignment, and Electoral Change: From Franklin Roosevelt to Bill Clinton*, Boulder: Westview Press, 1996, pp. 34 – 35, pp. 46 – 47, pp. 139 – 163.

③ Warren E. Miller and J. Merrill Shanks, *The New American Voter*, Cambridge: Harvard University Press, 1996, pp. 21 – 38.

④ Walter Dean Burnham, "Pattern Recognition and 'Doing' Political History: Art, Science, or Bootless Enterprise", in *The Dynamics of American Politics: Approaches and Interpretation*, eds., Lawrence C. Dodd and Calvin Jillson, pp. 59 – 82; Boulder: Westview Press, 1994。Walter Dean Burnham, "Realignment Lives: The 1994 Earthquake and Its Implications", in Colin Campbell and Bert A. Rockman, eds., *The Clinton Presidency: First Appraisals*, Chatham, N. J.: Chatham House, 1996, pp. 15 – 25.

decomposition）是再结盟的前奏。他提出一个"体制次序"（regime order）的概念，认为再结盟反映的是一个外生的、历史性的周期循环，反映的是动态的社会经济秩序和静态的宪政体系的内在张力。他指出虽然新政联盟主要是一个阶级上的再结盟，但是在不同的时间却有不同的表现。再结盟本身也不必然是党派再结盟（partisan realignment），而可能包括了更广泛政治景观的（political landscape）结构性再结盟。于是，1968 年的去结盟并不是真的去结盟，而只是党派忠诚度下降的结果。随之而来的是一种常态化的分裂政府。

　　至此，我们已简要梳理了政治再结盟理论从成型到遭遇挑战和修正的学术脉络。我们可以看到，理论是对现实抽象提炼的结果，现实的变化则又对理论提出新的挑战，并推动理论的进一步发展。再结盟理论的修正与发展是对 1968 年以来现实挑战的一种理论回应，其重点要回答以下现实情况带来的问题：政党主导行政和立法分支是不是政治再结盟的必然结果？如何理解分裂的政府？如何理解一种主导趋势下的波动？

　　罗森洛夫指出政治再结盟的历史分期是一件不太容易的事情，因为宏观因素改变往往会持续一段时间，这难以通过一个重点选举年来涵盖。① 比如 19 世纪 90 年代的经济衰退是一个非常显著的改变，但是这之前农业已经很不稳定，而本次衰退本身持续了五年（1893—1897），其影响在之后也持续了很长一段时间。所以，我们难以做一个硬性的切割，并人为地认定再结盟在哪个选年完成。同样，用再结盟理论分析罗斯福战胜胡福的时候，我们不能仅仅限制在选举年或者以选举年为中心的一段较短的时间。

　　我们可以看到经过修正和发展，再结盟理论最后并未否定循环的概念。学者反对的是一种内生的循环机制。他们关注的是宏观背景变化所带来的周期性的政治再结盟。再结盟也从一个相对

---

① Theodore Rosenof, *Realignment: the theory that changed the way we think about American politics*, Lanham, Md.: Rowman & Littlefield Publishers, 2003, pp. 166.

比较狭隘的党派再结盟扩大到一个广义上的政治再结盟。去结盟的现象被认为只是党派性下降的表现和新一轮政治再结盟的过渡，分裂的政府也最终被认为是政治再结盟的一种正常现象，而新政模式不再被认为是再结盟的标准模式。正如理查德·尼米和赫伯特·威斯伯格所指出"再结盟可以通过不同的形式出现，去结盟某种意义上构成了再结盟"。[1] 威廉·迈耶也强调那些用新概念替代再结盟理论的学者其实只是换了一件新衣，并没有带来多少新的内容。[2] 于是，面对新现实的挑战和学界的批评，再结盟理论并没有死掉，反而获得了新生。

让我们再看看政治极化争论。对于美国政治是否走向极化，学界也争论不休。大多数学者认为极化真实存在，并广泛存在于美国社会里。[3] 有些学者则认为极化只存在精英里，选民极化只是一个神话，因为大多数选民持有的是一种中间立场。[4] 这些学者也用独立选民（选民没有明确的政党认同）、分裂投票（在国会和总统选举中把选票投给不同的政党）和摇摆选民（在不同

---

[1]　Richard G. Niemi and Herbert F. Weisberg, "Dealignment and Realignment in Current Period", in Richard G. Niemi and Herbert F. Weisberg, eds., *Controversies in Voting Behavior*, Washington, D. C.: CQ Press, 2010, pp. 326 – 327.

[2]　William G. Mayer, "Changes in Elections and the Party System: 1992 in Historical Perspective", in Bryan D. Jones, ed., *The New American Politics: Reflections on Political Change and the Clinton Administration*, Boulder: Westview Press, 1995, pp. 26 – 29.

[3]　主要文献有 Geoffrey C. Layman, *The Great Divide: Religious and Cultural Conflict in American Party Politics*, New York: Columbia University Press, 2001; Geoffrey C. Layman, T. M. Carsey and J. M. Horowitz, "Party Polarization in American Politics: Characteristics, Causes, and Consequences", *Annual Review of Political Science*, Vol. 9, 2006, pp. 83 – 110; Alan I. Abramowitz and Kyle L. Saunders, "Is Polarization a Myth?", *The Journal of Politics*, Vol. 70, 2008, pp. 542 – 555; 徐理响:《竞争型政治：美国政治极化的呈现与思考》,《社会科学研究》2019 年第 6 期，第 16—23 页。

[4]　相关文献请看 Morris P. Fiorina and S. J. Abrams, "Political Polarization in the American Public", *Annual Review of Political Science*, Vol. 11, 2008, pp. 563 – 588; Morris P. Fiorina, Samuel J. Abrams and Jeremy C. Pope, *Culture War? The Myth of a Polarized America*, 2nd ed., New York: Pearson Longman, 2006。

选年里把选票投给不同的政党）等现象来反对政治极化，因为这些现象反映了选民还是理性和居中的。学界不仅在极化的范围这个议题上存在争论，他们在极化的动力机制上也存在分歧。有的学者认为极化是一个自下而上（bottom - up）的过程，底层民众的极化导致了精英的极化。① 有的学者则认为极化是一个自上而下（top - down）的过程，精英极化导致了民众极化。②

需要指出的是，政治极化的争论是与文化战争的争论紧密联系在一起的。那些认为文化战真实存在的学者也会认为政治极化存在，他们也往往会认为政治极化是由文化冲突所导致的。反之，反对文化战存在的学者也会否定政治极化的存在。有关文化战的争论始于詹姆斯·亨特在 1992 年出版的著作《文化的战争》一书。③ 他认为最近美国社会出现了一种根本的文化冲突，美国人在如何组织社会生活上存在根本分歧。他认为美国人已分化出两个极化的群体："正统派"（the orthodox）和"进步主义者"（the progressive）。他们在婚姻、家庭、教育、法律、监控、媒体和艺术等方面存在完全不同的道德远景。这种观念上的差异又因人们在公共空间的表达而被加剧和放大，导致了社会敌意和政治对抗。④ 他指出这种文化战源自围绕公共文化而进行的跨宗派结盟。这种结盟通过特殊目标组织（special purpose organizations）、

---

① James E. Campbell, *Polarized: Making Sense of a Divided America*, Princeton: Princeton University Press, 2016.

② Morris P. Fiorina and Samuel J. Abrams, *Disconnect: The Breakdown of Representation in American Politics*, Norman: University of Oklahoma Press, 2009.

③ 文化战不同于文明冲突，这种冲突不是来源于有着不同的宗教信仰的文明，尤其是伊斯兰等非基督教文明。相反这更多是宗教内部因着不同的道德远景而带来的根本分歧，是正统思想和"进步"思想的对立，它是以具体议题为中心的。这种分歧已经超越了神学教义和宗派传统的不同，更多是政治取向的分歧。对文化战的详细分析参见 James Davison Hunter, *Culture Wars: The Struggle to Control the Family, Art, Education, Law, and Politics in America*, New York: Basic Books, 1992。

④ James Davison Hunter, *Culture Wars: The Struggle to Control the Family, Art, Education, Law, and Politics in America*, New York: Basic Books, p. 34.

宗派（*denominations*）、政党和政府各大分支的连接而被制度化。① 之后学者围绕文化战是否存在展开了争论。文化战的支持者主要有约翰·肯尼思·怀特、托马斯·弗朗克和斯坦利·格林伯格。②持反对意见的主要有美国波士顿学院的阿兰·沃尔夫教授和斯坦福大学的菲奥里纳教授。沃尔夫通过样本为 200 人的个人访谈对亨特的命题进行了挑战。他认为就亨特描述的议题来看，美国民众并没有分裂，他们愿意接受社会的改变，并存在惊人的宽容。③ 菲奥里纳则认为"文化战"只是一种精英现象，大多数美国选民还是持中间立场。最后，皮尤研究中心于 2006 年组织了一次专门的讨论，并以亨特和沃尔夫的名义于 2006 年出版了《文化战真正存在吗?》作为这场争论的一个阶段性总结。④

再接着让我们看看主导因素变迁争论。有的学者认为阶级因素的影响力已经下降并被宗教和种族等认同因素所取代，阶级冲突也已让位给文化战争。⑤ 支持阶级因素影响力下降的学者主要

---

① James Davison Hunter, *Culture Wars*: *The Struggle to Control the Family*, *Education*, *Law*, *and Politics in America*, New York: Basic Books, pp. 290 - 291.

② 怀特和弗朗克分别从社会转型的视角和区域的视角分析了文化战的兴起及影响。格林伯格则重点分析了 2004 年的美国大选。他们均认为美国已经分裂为两个阵营。具体论述请看 Stanley B. Greenberg, *The Two Americas*: *Our Current Political Deadlock and How to Break It*, New York: St. Martin's, 2005; John Kenneth White, *Values Divide*: *American Politics and Culture in Transition*, New York: Chatham House Publishers/Seven Bridges Press, 2002; Thomas Frank, *What's the Matter with Kansas?*: *How Conservatives won the Heart of America*, New York: Metropolitan Books, 2004.

③ Alan Wolfe, *One Nation*, *after All*: *What the Middle - class Americans Really Think about*: *God*, *Country*, *Family*, *Racism*, *Welfare*, *Immigration*, *Homosexuality*, *Work*, *the Right*, *the Left*, *and Each Other*, New York: Viking, 1998.

④ James Davison Hunter and Alan Wolfe, *Is There a Culture War? A Dialogue on Values And American Public Life*, Washington, D. C.: Brookings Institution Press, 2006.

⑤ 马克·布鲁尔和杰弗·斯通尼卡斯强调宗教对阶级的取代效应，而阿兰·阿布拉莫维茨则强调种族对阶级的取代作用，具体论述参见 Mark D. Brewer and Jeffrey M. Stonecash, *Split*: *Class and Cultural Divides in American Politics*, Washington, D. C.: CQ Press, 2006; Alan I. Abramowitz, *The Great Alignment*: *Race*, *Party Transformation*, *and the Rise of Donald Trump*, New Haven: Yale University Press, 2018。

基于以下的理由：随着工业社会的发展，新的社会分裂取代原来以阶级为基础的社会分裂；随着物质福利的提高，人们会更多地从对物质的追求转向对精神价值的强调，经济议题的重要性也会因之下降；[①] 随着服务业的发展和教育的提高，蓝领工人的比例下降，工会逐渐衰落，阶级因素的影响力也随之下降；[②] 社会流动性的提高，工业化对旧社会控制（如家庭、社群和工作场所）的冲击，这给选民提供了更多的自由，使得他们可以依据个人的理性考虑而非群体的立场来进行政治选择。[③] 他们认为随着工人数量的下降和中产阶级的壮大，以及福利制度的扩张，阶级冲突已经大大减少。与此同时，随着种族政治的升温和文化冲突的加大，认同政治已经兴起。这些学者非常强调新宗教右翼对美国选举的影响力，并认为这是战后选举政治转向核心推动力。他们也认为种族政治背后是复杂的身份冲突而非简单的利益冲突。[④] 反方的学者则强调阶级因素的显著性，认为民主、共和两党依然是穷人和富人的代言人，两党竞争更多体现为阶级冲突。他们虽意识到社会变迁对阶级政治所带来的冲击，但他们认为阶级因素的影响并没有下降，而只是发生了改变。[⑤] 他们也强调随着贫富分

[①] 有关价值观变迁的核心文献有 Ronald Inglehart, *The Silent Revolution: Changing Values and Political Styles among Western Publics*, Princeton: Princeton University Press, 1977; Ronald Inglehart, *Modernization and Postmodernization: Cultural, Economic, and Political Change in 43 Societies*, Princeton: Princeton University Press, 1997; Ronald Inglehart, *Culture Shift in Advanced Industrial Society*, Princeton: Princeton University Press, 1990。

[②] P. Dunleavy, "The Political Implications of Sectional Cleavages and the Growth of State Employment", *Political Studies*, Vol. 28, 1980, pp. 364 – 383, pp. 527 – 549.

[③] R. J. Dalton, *Citizen Politics: Public Opinion and Political Parties in Advanced Industrial Democracies*, Chatham, N. J. : Chatham House, 1996.

[④] R. Huckfeldt and C. W. Kohfeld, *Race and the Decline of Class in American Politics*, Champaign: University of Illinois Press, 1989.

[⑤] 参见 Geoffrey Evans, ed. , *The End of Class Politics? Class Voting in Comparative Context*, New York: Oxford University Press, 1999; M. Hout, C. Brooks and J. Manza, "The Persistence of Classes in post – industrial Societies", *International Sociology*, Vol. 8, 1993, pp. 259 – 277。

化的加大，阶级因素的影响力不仅没有减少反而增加了。他们虽然也注意到新宗教右翼的兴起，但他们认为在世俗化的大趋势下，这个群体的影响力非常有限且每况愈下。有的学者还指出种族冲突背后其实是利益冲突而非文化冲突。

除这三大争论之外，学界还存在以下两个小的争论：一是选民变迁争论，二是政党认同变迁争论。社会变迁是否导致了选民变化，学界在此议题上存在争论。1960 年出版的《美国选民》成为了这场争论的起点。这本书把美国选民描述成一群消极且缺乏认知能力的民众。因为他们既对政治参与缺乏兴趣，也缺乏能力去把握政治议题，所以这些学者认为选民往往依照过去形成的政党认同而非根据对选情的理性评估后再进行投票。在他们看来，独立选民也不是一些具有独立思辨能力的选民，而是一群缺乏政治热情，觉得投票给谁都无所谓的选民。[1] V. O. 基对此提出质疑，认为美国选民是理性而负责任的。[2] 这些书出版之后，美国的社会和政治均发生了较大的变化，学者们对选民是否随之变化发生了争论。1976 年，诺曼·聂等学者出版了《变迁中的美国选民》，强调美国选民已发生显著变化。他们指出美国选民在政治的纯熟性和意识形态的思考方面有了长足的进步，更关注与候选人相关的议题，能够更好地理解政治，并理性投票。[3] 但是，埃里克·史密斯对此提出质疑，并用实证数据确证那时的选民对政治仍知之甚少，且很少关心并参与政治。于是，就此而言，美国的选民基本上没有改变。[4] 1996 年，米勒和香克斯出版

---

[1] Angus Campbell, Philip E. Converse, Warren E. Miller and Donald E. Stokes, *The American Voter*, New York: John Wiley & Sons, 1960.

[2] V. O. Key, *The Responsible Electorate: Rationality in Presidential Voting*, 1936 – 1960, Cambridge: Belknap Press of Harvard University Press, 1966.

[3] Norman H. Nie, Sidney Verba and John R. Petrocik, *The Changing American Voter*, Cambridge, Mass.: Harvard University Press, 1976.

[4] Eric R. A. N. Smith, *The Unchanging American Voter*, Berkeley: University of California Press, 1989.

了《新美国选民》，用新近的数据分析了美国选民的恒与变。[1]
在恒的方面，他们指出美国选民是大体稳定的，政党认同仍是预测投票的最好工具。在变的方面，他们指出随着新政联盟的动摇，独立选民和共和党选民的份额均有了一定的提高。此外，选民与两党也发生了显著的再结盟，单身女性、年轻人和无宗教隶属者更大比例地认同民主党，而已婚人士、中老年人和保守信徒则更倾向于选择共和党。对于政党认同的影响力是否在下降，学界也存在赞成论与反对论这两种观点。持赞成论的学者认为，随着政党的衰落和以候选人为中心的选举的兴起，政党认同的预测能力正在下降。人们投票选出的不再是政党，而是候选人和议题。短期的因素在选举过程中发挥越来越重要的作用，并导致了选民的分散化（electorate disaggregation）和分裂政府的出现。[2]
后来，密歇根学派的学者通过新近的数据否定了政党认同的重要性下降的命题。他们认为政党是政治朝向和认同的主要载体。政党认同是过去社会化的产物，反映的是长时间的、相对比较稳定的偏好，短期内不会轻易改变。例如，菲利普·康弗斯和贵格利·马库斯通过对比 20 世纪 70 年代的选举与 50 年代的选举，发现人们的政党认同基本上没有显著的改变。[3] 由迈克尔·刘易

① Warren E. Miller and J. Merrill Shanks, *The New American Voter*, Cambridge：Harvard University Press, 1996.

② 选民分散是沃尔特·迪安·伯纳姆在《关键选举与美国政治的主要源泉》一书中提出的概念，它描述的是党派性投票的下降。这意味着在同一地区特定政党候选人的胜出不代表该党其他候选人会胜出。在选举中政党不再是偏好聚集的主要载体，人们主要不是依据政党而是其他因素来投票。分裂的政府主要描述行政和立法机构分别有不同的政党占据的现象。分裂的政府不是一种常态，也不是制衡理念下的必然结果。新政联盟下，国会和白宫往往由民主党掌握。反越战、民权运动以来，随着南方州忠诚的转移，以及宗教新右翼与共和党的结盟，国会和白宫多为共和党掌握。分裂政府在 80 年代几乎成为一种常态，这使得政策产生变得困难，有时还会导致政府的僵局。具体论述参见 Walter Dean Burnham, *Critical Elections and the Mainsprings of American Politics*, New York：W. W. Norton & Company, 1970。

③ Philip E. Converse and Gregory B. Markus, "Plus ça Change …：The New CPS Election Study Panel", *American Political Science Review*, Vol. 73, 1979, pp. 32 – 49.

斯－巴克等编著的、基于 1500 个样本的研究成果《美国选民再研究》也发现政党认同仍很大程度上决定了美国选民的投票模式。①

三　小结

在这一章里，笔者围绕着核心议题、主要范式和基本争论对学界有关美国选举研究的文献进行了评述。人们投票的原因、影响投票模式的核心因素以及投票对政治秩序的影响是选举研究的核心议题。围绕着这些议题，学界产生了哥伦比亚学派的心理认知模型、密歇根学派的社会心理模型和唐斯等人开创的理性选择模型等三大理论范式。笔者发现虽然学界已对人们投票的原因、模式和影响等方面做了较多的研究，但是学界对战后美国选举政治变迁的主要层面仍存在诸多争论。这些争论包括：文化战争是否存在，并已取代了昔日的阶级冲突；美国选民是否已发生了政治极化；战后美国是否出现了一次政治再结盟，而这次再结盟又在往何种方向演化等。争论的推进不仅需要学者们采用更多元、更长时段的数据，选用更具包容性的模型以突破已有研究在数据上与方法论上的局限，也需要学者对战后美国的选举变迁（特别是 20 世纪 90 年代以来的变化）有一个更加全面和准确的把握。笔者期待通过本书的历史分析和个案比较来推进这些争论。

---

① Michael S. Lewis － Beck, Helmut Norpoth, William G. Jacoby and Herbert F. Weisberg, *The American Voter Revisited*, Ann Arbor: University of Michigan Press, 2008.

第二章 阶级冲突与文化战争：分析美国总统选举的两个概念模型

克林顿要强加给美国的议程：有需要就可以堕胎——这个最高法院的试金石，同性恋权利，对宗教学校的歧视，妇女参军——这些都是他所允诺的改变。但这不是美国所需要的改变。这也不是美国人民希望的改变。它更不是我们在一个宣告是上帝国度的地方可以忍受的改变……我的朋友，这次选举的意义远远超过谁得到什么。它关系到我们是谁的问题。它关乎我们的信仰。它关乎我们美国人所代表的价值。一场宗教战争正争夺着美国的灵魂。它是一种文化的战争，对美国的重要性不亚于当年的冷战。在这场争夺美国灵魂的战争里，克林顿和希拉里站在了另外一边，而老布什是站在我们这边的。因此，我们需要回到家里，与他并肩作战。

——1992 年共和党副总统候选人布坎南在 1992 年共和党全国会议的发言

我在南卡州一个小农村里长大。我的父亲一辈子都在磨坊工作……我的一生都为了那些与我有着一样成长背景的人而战斗。二十年来，我一直与孩子们和家庭一起与庞大的保健组织和保险公司抗争。当我到了参议院，我同样与华盛顿游说者抗争，为的是实现与《病人的权利法案》一样的目标。今晚我站在这里，愿与你们和克里一起工作，以使美国更强大。我们还有许多工作要做，因为我们仍然生活在一个有着两个不同美国的国度里。一个是已经实现了美国梦想衣食无忧的人的美国，一个是每天仍为着基本生计而挣扎的人的美国。现实不必是这个样子……我们可以建立一个美国。在这样的美国里，我们不再有两个卫生保健系统：一个是富裕的家庭可以用钱就买到，另外一个则需要普罗大众整天与保险公司、制药公司和保健组织绞尽脑汁。数以百万计的美国人根本没有健康保险。现实不必是这个样子。我们有一个计划……我们不应该在这个国家有两个公共学校系统：一个为最富裕的社区而设，一个为其他人而设。我们不能相信，一个孩子的教育质量应该由他们居住的地方或社区的富裕程度来决定。现实不必是这个样子。我们可以建立一个为所有孩子而设的学校制度，让他们有机会做他们能够做的。

——2004 年民主党副总统候选人约翰·爱德华在 2004 年民主党全国大会发言

从上面的引文我们可以看到，民主共和两党的副总统候选人对美国的问题有着不同的理解，他们也给出了完全不同的远景。在爱德华看来，美国存在一个根本的不平等，穷人必须与富人争夺资源的分配。于是，选举政治更多体现出阶级冲突的特征。但在布坎南看来，自由主义者要改变美国这个信仰上帝的国度。为此，人们应该联合起来从民主党那里把美国的灵魂抢回来。显然，一场文化的战争成为了布坎南演讲的基调。对美国问题的两种不同理解，对美国未来的两种不同允诺，都会让人们产生这样的疑问：这样的分歧是如何产生的？究竟是阶级冲突还是文化战争能更好地解释美国社会的分歧？

其实，学界对这些问题也充满着分歧。从上一章的文献回顾我们可以看到，在美国选举研究中，以下问题一直争论不休：美国是否存在极化？这样的极化是缘于文化的战争还是阶级的冲突？阶级因素的影响是否已经下降，并被宗教、种族等认同因素所取代？这些变化是否推动了一个政治再结盟的形成，而这样的结盟又以什么为基础？

　　过去，学者往往强调阶级的作用，却没有对宗教和种族等认同因素给予足够的重视。那些把宗教和种族纳入分析模型的研究也常常依据不甚准确的操作方法。现实上，我们看到随着新政联盟的动摇和美国社会的重塑，宗教的影响——借着社会议题、基督教新右翼的政治动员和政党的结盟——已经凸显出来。此外，过去人们常常把种族当成一个阶级变量处理，认为白人与少数族裔的冲突源自他们不一样的经济地位。然而，随着部分非裔精英社会地位的提升，以及部分底层白人的转向，我们会看到种族冲突已不再是一种简单的阶级冲突。如果把宗教、种族和阶级因素同时纳入美国选举变迁的讨论中，那么这些因素的变迁如何型塑了战后美国选举政治的变迁？基于阶级因素（收入、职业、教育和工会成员资格）建立的阶级模型和基于宗教和种族因素所建立起来的认同模型，哪一个能够更好地解释美国总统选举的差异？本部分将先对宗教、种族和阶级因素影响社会分群和政治行为的文献做一个简要的回顾，然后在此基础上建立模型，并给出检验模型的方法和标准。

　　战后美国的社会发生了深刻的变化。财富的增多，中产阶级的兴起和工人阶级比例的下降，工会组织的衰落，使得阶级因素的影响力在下降。1965 年《移民与国籍法》的修改，打破了昔日以欧洲移民和基督宗教为主的移民模式，使得美国在种族和宗教上变得更加多元。60 年代的反文化运动催生了一个日益显著的、没有宗教隶属的群体。美国的宗教也进行了一次影响深远的重塑，随着宗教间敌意的减弱，宗派传统的影响力已渐渐减弱，宗教渐渐地以社会文化和政治议题划分成"自由派"和"保守派"两个阵营。① 宗派内自由派与保守派两个阵营之间的差距也要大于不同宗派之间的差距。在种族上，更多非裔美国人通过

① Robert Wuthnow, *The Restructuring of American Religion*, Princeton: Princeton University Press, 1988.

1965 年的《选举权利法案》获得了选民资格。① 大量的西班牙裔的涌入，也使得西班牙裔选民的比例有了快速的增长。非裔与西班牙裔选民的增加改变了昔日白人主导的选民结构。美国选民的少数族裔化（minoritization）导致了白人选民的相对边缘化。

社会人口的变化也改变了美国的选举政治模式。罗斯福新政至 20 世纪 60 年代中期，美国的选举政治更多体现为阶级冲突模式，选民与政党均以阶级划线。工人阶级主要支持民主党，中产阶级和上层阶级则更多支持共和党。民主党以增加社会福利和国家干预为自己的核心政纲，扮演底层民众代言人的角色。共和党则倡导市场自由和降低税收，为资本和富人张本。不同宗教群体也分成不同阵营，新教更多支持共和党，而犹太教和天主教则大比例支持民主党。但不同宗教群体的政治分野主要不是源于价值观的分歧，而是社会地位（即多数派与少数派之间的阶级冲突）的分歧。然而，南方的转向推动了 1968 年尼克松的当选。这从根本上动摇了罗斯福建立的新政联盟，也使美国的选举政治模式从阶级冲突逐步转向文化战争。在这个转向中，宗教因素和种族因素的影响力有了较大的提高。

底层白人的转向和宗教右翼的兴起是动摇新政联盟的两个重要因素。② 底层白人的转向既有经济利益的原因，也有文化价值的原因。传统工业基地的衰落，而社会福利又更多向非裔和西班牙裔等少数族裔倾斜，使得白人产生一种相对剥夺感。性解放冲击了婚姻家庭结构，而其他族裔的涌入也冲击着原有的社区结构，加之犯罪率的上升，使得底层白人出现一种身份的焦虑，转向比较保守的共和党。宗教右翼的兴起主要源自美国

① 《选举权利法案》是民权运动的标志性立法，由林登·约翰逊于 1965 年签署生效。这个法案废除了很多州用以限制少数族裔投票的歧视性制度，如最低税收标准和识字率测试。

② 有关种族和性解放如何导致肯萨斯底层白人转向共和党请看 Thomas Frank, *What's the Matter with Kansas? How Conservatives won the Heart of America*, New York: Metropolitan Books, 2004, pp. 89 – 112, 179 – 190。

最高法院有关政教分离的系列司法判决，尤其是关于公立学校里祷告、堕胎和同性恋问题的判决。这些司法判决推动的是一个世俗化的趋向，不断挑战宗教的价值，渐渐把宗教推往公共舞台的边缘地位。随着同性恋、堕胎等议题渐渐被政治化，美国以前一直比较远离政治的基要派转变成积极参与政治的"基督教新右翼"。宗教右翼和政治右翼的结盟逐渐动摇了过去以阶级划界的新政联盟，用社会经济地位来解释政党认同和投票行为已经不再那么准确。越来越多的学者认为美国民众已经分裂，这种分裂源于两种完全对立的道德远景。民主、共和两党在社会道德议题上的分歧也日益增大，导致了"宗教的"共和党和"世俗的"民主党的二元对立。由于美国的宗教团体变得活跃起来，美国的总统候选人也积极地进行调适，通过各种渠道释放自己的宗教信号。

美国社会围绕着自由与保守而产生的裂变，宗教的公共化、种族因素的凸显使得身份认同因素在美国政治生活的作用极大地提高。在这样的现实背景下，很多学者虽然也把宗教与种族纳入他们的讨论中，但他们却未能根据现实变迁更新分析视角。事实上，在宗教与种族因素影响力提高的同时，这些因素的作用模式也发生了很大的改变。因为宗教的重塑，同一宗教内部自由与保守的对立已经慢慢超过了宗教之间的对立，并成为影响政治的核心模式。过去经典的新教—天主教—犹太教的三元宗教模式已难以解释美国的宗教政治现象。种族在过去更多以阶级政治的面貌出现，现在则更多体现为身份政治。本章将以新政时代和里根时代为参照建构出既反映现实变迁，也具有包容性的群体投票模型，以便在随后的章节进行历史分析和个案比较。

一 两个典型的时代：新政时代和里根时代

在上一章的文献回顾里，笔者分析了政治再结盟与关键选年的关系。笔者发现政治再结盟往往会导致一个新的时代的来临，而这些时代往往以著名的总统来代表。章首两段副总统候选人的全国发言让我们看到共和、民主两党对核心议题有着不同的看法，他们允诺的也是两个不同的远景。实际上，两党的形象、两党的票仓和选民联盟也有着很大的不同。如果我们要深究这种极化的历史源头，我们可以发现罗斯福总统和里根总统留下的政治遗产深深地影响了美国当下的政治走向。

新政时代由罗斯福总统所开创。20 世纪 30 年代的经济危机使得美国陷入了困境，罗斯福总统通过扩大政府投资，国有化私人企业，增强政府监管和增加社会福利的方式解决美国的危机。罗斯福总统建立了一个由农民、工会成员、少数群体（种族上和宗教上）、自由派分子和南方白人组成的联盟，由此确立了从 1932 年到 1968 年的民主党主导美国政坛的局面。除独特的南方，这个时代的政治是以阶级划界的。宗教的差距虽也体现在联盟构成里，但差距以地位而非意识形态朝向划界，实质是少数派和社会主流的对立。天主教、犹太教和福音派更多支持民主党，而主流教派则支持共和党。① 在这个时代的哲学里，市场是问题的来源，而政府是问题的出路。阶级身份和阶级利益强烈地影响了人们的政治行为，美国的总统的选举也表现为一种阶级的争斗。

跟罗斯福总统的新政相比，里根总统缔造了一个新保守主义的时代。② 可以说共和党的优势地位早在尼克松总统任内已经确立，里根总统只是巩固了前人的成果，并且使这个时代的特征更

---

① Andrew Kohut, John C. Green, Robert C. Toth and Scott Keeter, *The Diminishing Divide: Religion's Changing Role in American Politics*, Washington, D. C.: Brookings Institution Press, 2000, p. 2.

② 有关里根时代的特征参见 Steven F. Hayward, *The Age of Reagan: The Fall of the Old Liberal Order*, 1964 – 1980, New York: Crown Forum, 2001; Steven F. Hayward, *The Age of Reagan: The Conservative Counterrevolution*, 1980 – 1989, New York: Crown Forum, 2009; Sean Wilentz, *The Age of Reagan: A History*, 1974 – 2008, New York: Harper Collins, 2008.

加明显。与新政的阶级联盟不同，他建立的是一个由社会保守派和经济保守派组成的文化联盟。那些在社会议题上持保守看法，在经济议题上认为应该削减政府权力的人成为了共和党的重要支持力量。老布什和小布什的获胜都很大程度上源自这样的支持。在这个时代的哲学里，政府是问题的来源，市场才是问题的出路。价值理念和身份认同强烈地影响了人们的政治行为，美国总统的选举也表现为一种文化的战争。

表 2—1　　　　　　　　新政时代和里根时代的比较

	新政时代	里根时代
凸显的议题	经济与社会福利	文化和道德
社会分裂的主要来源	经济社会地位	文化和意识形态
民主党的主要联盟	工人阶级和少数群体	工人阶级、少数群体和自由主义者
民主党的形象	少数群体的代言人	自由派的代言人
政府的形态	一党长期主导	分裂的政府
基本的哲学	政府是问题的出路	政府是问题的来源
选举政治特征	阶级的冲突	文化的战争
政党结盟的动态	迅速达到高峰然后缓慢消退	缓慢达到高峰然后迅速消退
转折点	1932 年和 1968 年	1968 年和 1992 年

资料来源：笔者自制。

里根总统之后，美国的选举政治表现出一种反复的波动。借着里根总统的余威，老布什为共和党再赢得了一次选举。然而，老布什过后，克林顿却两度为民主党夺回白宫。但是，在其任内，民主党却失去了国会，并出现了政治的僵局。小布什的上台为共和党再次夺回两届的总统，但是国会却在他手上失去。当奥巴马大比例地赢得 2008 年的总统选举之后，他却在短短两年后的中期选举中失去了众议院。特朗普为共和党赢回了白宫，但却在中期选举中失去了众议院，并因白宫和国会的对峙出现了美国历史上最长的政府关门事件。我们难以用三权分立的制度设计来解释分裂政府的出现，因为三权分立的宪政制度一直没有改变，但麦金利以来的共和党主导的时代和罗斯福以来的民主党主导的时代均以统一政府为主要特征，而20世纪70年代以来美国政坛则经常出现分裂政府的局面。因此，我们不能从基本恒定的制度框架去寻找分裂政府的原因，反而应该从变动的历史背景去寻找。事实上，在三权分立的制度框架下，美国政治更多出现的是一党同时掌握白宫和国会的统一政府。① 这也比较好理解。既然选民选了某党的候选人当总统，一般情况下他们也会选同一党的议员来组成国会。这样的统一政府也更便于政策的通过。但是，70年代以来的两党极化导致选民分裂投票：他们在总统选举中把选票投给了一个党，却在国会选举中把选票投给了另外一个党。分裂投票是分裂政府的一个主要原因。②

里根之后的选举充满了起伏，种族因素、宗教因素和阶级因素都深深地影响了选举的进程。但是，在这些选举里，阶级因素

---

① 20世纪以来，美国也多次出现过分裂政府的现象。例如，在威廉·塔夫脱总统任内（1911—1913）、威尔逊总统任内（1919—1921）、胡佛总统任内（1931—1933）和艾森豪威尔总统任内（1955—1961），美国均出现过分裂政府。但这些分裂政府往往持续很短时间，没有显著改变美国的政治动态。事实上，罗斯福新政以来到80年代末，美国的国会基本上由民主党主导。艾森豪威尔总统任内的分裂政府之所以持续时间这么长，是因为他凭着其军事的魅力在冷战背景下赢得了两任总统。不过，虽然他能为共和党赢回白宫，但未能打破民主党对国会的主导，从而出现了一个持续时间较长的分裂政府时期。

② 除了分裂投票这个原因，分裂政府还有一些制度性的原因。例如，总统选举跟国会选举的时间不一致，使得赢得白宫的党派可能因不受欢迎的政策在随后的国会选举中落败。此外，参议员数量与人口数量无关使得参议院不像白宫和众议院那样较多受到民意的影响。最后，白宫和国会不一样的功能，使得具有冲突偏好（如既要共和党能提供的保守大法官，又要民主党能提供的高社会福利）的选民在总统和国会选举中把选票投给不一样的党派。有关分析政府的进一步分析，参见 Gary C. Jacobson, *The Electoral Origins of Divided Government*: *Competition in US House Elections*, *1946 - 1988*, Boulder, Colo.: Westview Press, 1990; Alan Ware, "Divided Government in the United States", in Robert Elgie, ed., *Divided Government in Comparative Perspective*, Oxford: Oxford University Press, 2001, pp. 21 - 39。

还是认同因素发挥了更大的作用？这些选举更多表现为一种阶级的争斗还是文化的战争？选举政治的走向是什么？要回答这些问题需要我们建构出一个能同时纳入各种因素的整合性框架。

二 社会分裂与群体投票

从上面对两个典型时代的分析中，我们可以看到，这两个时代有着很不一样的核心议题，社会分裂和政党联盟的来源也有着较大的区别。那么社会分裂在这两个时代中是如何影响到总统选举？我们可以通过什么样的分析框架来认识美国的选举政治？在这一部分里，笔者将在前人的基础上（主要是有关社会分裂与投票的文献），建立两个分析模型，去把握美国选举政治的现状和走向。

（一）经典文献和理论模型

李普塞特和罗坎的《政党体系和选民结盟》是研究社会分裂与选举政治的经典著作。[①] 在这本书里，他们指出四种社会分裂塑造了欧洲的政党制度和选举政治：中心—边缘、工人—资本家、国家—教会，以及城市—乡村。中心—边缘与国家—教会的分裂均源自民族国家的建构，这个建构过程既对地方权力带来了挑战，也对宗教权力造成冲击。中央集权激起了地方的反抗，从而引发中央与边缘的冲突。世俗国家的建构也引起了教会的反弹。工人—资本家与城市—乡村的分裂主要源自资本主义的发展。资本主义的发展既激起了乡村地主与城市资本家的利益冲突，也导致了工人与资本家的劳资冲突。这些社会分裂最终转化成政党对抗，催生出具有不同意识形态立场，代表不同群体利益的政党。[②]

---

① Seymour Martin Lipset and Stein Rokkan, *Party Systems and Voter Alignments*, New York: Free Press, 1967.

② Ibid., pp. 36 – 38.

他们还指出认为以下四个因素会使得政党制度冻结起来（freezing of political party）：①围绕着社会分裂的议题是决定性的；②新选民已被动员到选举政治中，他们短期内不会有较大的转向；③选举过程也有利于既有的政党保持它们的影响；④政党已经与社会整合起来。当然，这个命题也蕴含着政党"解冻"的可能。当社会围绕着新议题而重新分裂，当社会出现新选民时，这些会冲击原有的政党结盟结构，推动政党基础的重组，从而带来政治的再结盟。

　　从李普塞特和罗坎的经典分析中我们可以看到，阶级分裂和宗教分裂是主要的社会分裂，政党制度的稳定性取决于政党能否与这些分裂的社会群体结成稳固的联盟。后工业社会的出现和二战以降的文化变迁都需要我们在新的条件下检验这些经典的命题。很多学者认为阶级政治已经不是核心的政治景观。他们强调新的议题或意识形态的分裂已取代了原有的社会分裂。[①] 有些学者对此提出反驳，认为原有的阶级冲突依旧影响着当下的选举。[②] 有的则支持一种中庸的命题。例如在《分裂》一书里，马克·布鲁尔和杰弗·斯通尼卡斯认为，阶级的分裂是源于财富分配的不平等，主要分歧在于政府在社会再分配上应该扮演何种角色。文化的分裂源于不同的道德观念，主要分歧在于政府在道德议题上应该扮演什么样的角色。[③] 他们认为美国最近的选举反映的不是文化政治取代阶级政治，而是文化政治与阶级政治并存。

　　究竟哪一种观点更符合美国大选的事实？要推进这场学术争论，我们不仅需要建构一个能同时纳入认同因素（主要是宗教和

---

① M. Franklin, *The Decline of Class Voting in Britain: Changes in the Basis of Electoral Choice*, 1964 – 1983, Oxford: Oxford University Press, 1985; Ronald Inglehart, *Culture Shift in Advanced Industrial Society*, Princeton: Princeton University Press, 1990.

② Geoffrey Evans, ed., *The End of Class Politics? Class Voting in Comparative Context*, New York: Oxford University Press, 1999.

③ Mark D. Brewer and Jeffrey M. Stonecash, *Split: Class and Cultural Divides in American Politics*, Washington, D. C.: CQ Press, 2006, pp. xv – xiv.

种族）和阶级因素的整全模型，还需要进行更长时段的历史变迁分析和更细致的个案比较。因为一些微小的变迁唯有在长时段里才能呈现出比较清晰的趋势。唯有通过细致的比较分析我们才能比较好地控制干扰因素，从而对主导因素的作用有更清晰的把握。根据前人的研究，笔者建构了一个群体投票模型（参见图2—1）。在这个模型里，社会分裂因素导致社会分裂成不同的团体。这些团体会在特定的议题和背景下进行差异性投票。政党受到社会分裂的影响，但反过来它也会影响社会分裂和议题。例如，当阶级因素成为社会分裂的主导因素时，社会会分裂成穷富两个阶级，并催生出代表着两个阶级的政党。"富人党"会以减税为核心政纲，而"穷人党"则会以提高穷人的福利（如提高最低工资，为穷人提供教育和医疗补助）为自己的核心主张。税收和社会保障会成为竞选的核心议题。如果政治精英严格以党派立场制定政策，那么政治就会极化，穷人和富人的分裂就会更加严重。相反，如果政治精英以跨党派（bipartisan）立场来制定政策，他们就能凝聚更多的政治共识，趋中的政策也会弥合社会的分裂。

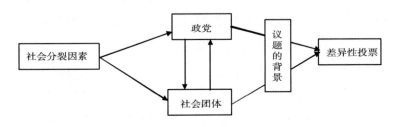

图2—1　群体投票的逻辑

资料来源：笔者自制。

当我们把文化认同因素和阶级因素放入这个模型后，我们可以建立以下两个分模型：种族/宗教投票模型和阶级投票模型（参见图2—2）。在种族/宗教投票模型里，塑造社会分裂和两党竞争的主要因素是宗教和种族等身份因素。在种族因素的影响下，选民会分裂成白人和非白人两大群体。种族主义会影响两党政纲。维护白人的社会地位还是提高少数族裔的社会地位就会成为两党的核心分歧。在宗教因素的影响下，选民会分裂成宗教和世俗两个群体，两党也会被区分成保守的政党（conservative party）和自由的政党（liberal party）。① 维护还是突破传统的社会秩序和性别角色成为了两党政纲的重要分歧，社会道德议题也会成为竞选的核心议题。在随后各章里，笔者将使用这两个模型对大选数据进行统计分析，从而识别出影响大选结果的核心因素，并归纳出选举政治的基本模式和变迁趋势。

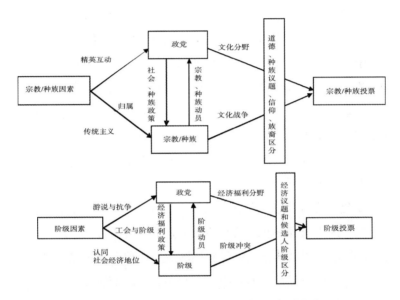

图 2—2 种族/宗教投票模型和阶级投票模型

资料来源：笔者自制。

（二）社会分裂因素发挥作用的方式

现实中，我们可以看到，宗教因素影响到候选人的识别和选民的划分，影响到政治动员和选举议题。宗教因素（用宗教传统

---

① 自由往往与激进和进步相连，表示一种变革现状的冲动。这既有经济意涵，也有文化意涵。前者致力于实现社会公正，力图通过变革不平等的社会结构，给妇女、少数族裔和底层民众赋予平等的权益。后者致力于打破传统的束缚，使得人们能自由地选择自己的生活方式（如堕胎、同性婚姻）。我们看到受到反文化运动的影响，自由主义的焦点也发生了微妙的转变，其文化意涵也变得日益突出。

和传统主义来衡量）通过身份隶属、信仰和行为（belonging, belief and behavior）影响政治行为。种族因素（分成白人与非白人）通过身份隶属影响政治行为。在选举的不同阶段，宗教与种族因素塑造着候选人的产生、竞选动员和最终的投票。具体言之，人们会支持与其价值观和种族身份一致的候选人。当竞选影响到群体的价值观念和种族利益时，宗教团体和不同种族身份的团体会被动员起来。最终的投票模式也会呈现出宗教投票和种族投票的模式，即同一个党在不同宗教团体或种族群体内的得票会存在明显差异，呈现出明显的宗教差距和种族差距。与之相似，阶级因素也影响着候选人的识别和选民的划分，影响到政治动员和选举议题。阶级因素会影响候选人的产生、竞选动员和投票模式。阶级因素（用收入、教育、阶级认同和职业来衡量）通过社会地位、阶级意识和阶级利益影响政治行为。

按照社会分裂因素影响的性质和发挥作用方式的不同，我们可以把它分为以下几类：

社会分裂因素作为身份隶属影响政治行为。这种影响是比较稳定的，因为与身份相关的政治知识是从小就通过社会化过程获得的。这些知识因着过去的经验逐渐成为一种政治记忆。除非现实出现与这些记忆较大的差距，人们一般会依据惯性行动。群体的规范和压力也会影响到个体的行动。

社会分裂因素作为认知框架和衡量尺度影响政治行为。这种影响是变化较大的，这跟现实状况密切相关。如果社会分裂因素作为身份隶属时的选择是先在的，也就是选民属于哪个群体就投这个群体所支持的党；那么社会分裂因素作为衡量尺度时的选择则是后致的，也就是投票是依据现实与期待的符合程度来进行的。此时，社会分裂因素的显著性会跟议题的相关性、候选人的区分度等相关。

社会团体作为动员组织和被动员的对象影响政治行为。这种作用比较突出但往往会随选情而变化。虽然，在很多宗教团体里，神职人员直接参与政治都是很具争议的，但是随着社会文化议题的升温和宗教的转向，在黑人新教、福音派、天主教和主流教派中，这样的障碍已不是太大。只要这些宗教传统的神职人员愿意，他们就能够较好地为选举进行政治动员。2004 年和 2008年宗教动员的显著差异主要来源于神职人员意愿的改变。2004年，同性婚姻合法化的议题成为大选的关键议题。保守的宗教团体认为这是一个至为关键的价值观选年，积极动员信众去投小布什的票。2008 年，当经济议题成为大选的核心议题后，保守宗教团体并没有积极动员信众去投共和党候选人麦凯恩的票。从竞选角度考虑宗教的影响，很多研究发现选举动员会带来投票率的提高和投票倾向的改变。这些影响在势均力敌的选举中尤为明显。党派组织、利益集团和宗教团体是竞选动员的三种主要力量。由于宗教团体拥有很好的草根基础，而宗教领袖对信众又有比较大的影响力，所以宗教团体的动员能力是十分可观的。与之相比，阶级动员则有着一些显著的不同。中产阶级基本上都是两党动员的核心对象。富人一般通过利益集团、媒体等组织进行动员，工人阶级则通过工会进行动员。富人虽拥有资源和组织的优势，但是工人却拥有草根的优势。但总体而言，由于与阶级相比，宗教有更广泛的群众基础，更加庞大有效的动员网络，故此宗教动员也要比阶级动员更有影响力。

综上所述，我们可以看到社会分裂因素通过以下几个方面发挥作用：社会分裂因素作为一个因素与核心的选举议题关联；社会分裂因素作为一个社会分群的因素使选民成为不同的阵营；社会分裂因素作为一把标尺，帮助选民区分候选人（群类的人员 v. 群外的人员）；社会分裂因素作为一个重要的动员工具，成为选举动员的重要力量和被动员的对象；社会分裂因素作为一个非常重要的框架与意识形态联系起来，成为人们认知、评判在任者、候选人和政纲的重要因素。因此，我们可以通过社会分裂因素与选举动员、竞选议题、候选人评估、政策评估、在任者评估等变量的关系去分析社会分裂因素对选举的影响。

在确立了因果关系之后，我们需要比较不同社会分裂因素对选举的影响力。不同因素所带来的投票结果的差异是衡量因素影响力的一种有效方法。如果宗教差距和种族差距等认同差距要大于收入、职业差距和教育差距等阶级差距，我们就可以认为认同因素的区分度要大于阶级因素。此外，我们可以通过比较它们在回归方程的标准化系数来识别出不同因素的影响力。如果宗教、种族等认同因素的标准化系数大于收入、教育和职业等阶级因素的系数，我们就可以认为认同因素的影响力要大于阶级因素。当然，为了让比较更加集中，我们需要把其他因素控制起来。在本书里，性别、婚姻、代际和区域是主要控制变量。当然，要明白这些数字的意涵，需要我们把它们放在具体的情境和历史趋势中。[1]

三　阶级因素的界定及其操作化方式

阶级是和社会分层联系在一起的。为了更好地建立阶级模型，本部分将先对主要的阶级研究做一个简要的回顾，并在此基础上提出本书阶级划分的依据。

卡尔·马克思是阶级研究的鼻祖，为日后的阶级分析提供了一个经济的视角。他认为社会生产的方式（生产力和生产关系）塑造了社会的权力分配和人们的价值观念。他把现代工业社会分成两大阶级——无产阶级和资产阶级。马克斯·韦伯在他 1920 年出版的《经济与社会》中也谈论到阶级的问题，他认为人们既会依据自己的经济利益，也会依据自己的价值观念来行动。为此，他区分了两类理性和与之对应的两类行为：工具理性和与之对应的阶级导向的行为（class - oriented behavior），以及价值理性和与之对应的以地位为导向的行为（status - oriented behavior）。韦伯同时强调权力对社会生活的影响力。依据人们是否拥有资本，他把社会划分为两大阶级：有产阶级和无产阶级。他还

---

[1]　对这些差距的含义和历史趋势的分析请参见第三章。

进一步依据收入的来源和劳动的性质把这两大类阶级细分为以下四类：租赁者、企业家、中产阶级和工人阶级。米洛万·吉拉斯的《新阶级》引起了学界对技术官僚的关注，推动了国家、市场和知识分子在社会再生产关系的研究。[1] 采用功能主义的视角，金斯利·戴维斯和威尔伯特·摩尔认为社会分层通过一种奖励机制起到了维持社会稳定的功能。在他们看来劳动分工的存在，使得最优秀的人得到最多的财富和地位。[2] 默顿和帕森斯通过建构宏观模型来分析社会体系和行动模式，推进了这个主题的研究。[3] 虽然功能主义的目的论假设、保守主义倾向和不可验证的问题引起了很多学者的诟病，但是这些学者的研究使人们在分层研究中关注职业、收入、权力和政治参与、教育、宗教性和血缘等变量的影响。采取冲突论的视角，拉尔夫·达伦多夫强调权力、权威、强制和阶级冲突在社会生活的结构性影响力。[4] 格哈特·兰斯基则把人们划分为仅能生产基本需要的群体和能够生产剩余的群体，并分析权力结构对社会威望分配的影响。[5]

根据这些宏观理论框架，后来的学者对美国的阶级分层进行了实证研究。依据收入的来源、职业和教育，L. 比格利把美国

①　Richard Hofstadter, *Anti - Intellectualism in American Life*, New York, Knopf, 1963; Pierre Bourdieu, *Homo Academicus. Trans. Peter Collier*, Stanford: Stanford University Press, 1988.

②　Kingsley Davis and Wilbert E. Moore, "*Some Principles of* Stratification", *American Sociological Review*, Vol. 10, 1945, pp. 242 –249.

③　[美] 塔尔科特·帕森斯：《社会行动的结构》，张明德等译，译林出版社2003 年版；[美] 罗伯特·K. 默顿：《社会理论和社会结构》，唐少杰等译，译林出版社 2008 年版。

④　Ralf Dahrendorf, *Class and Class Conflict in Industrial Society*, Stanford: Stanford University Press, 1959.

⑤　Gerhard E. Lenski, *Power and Privilege: A Theory of Social Stratificaion*, New York: McGraw - Hill, 1966.

人分成五大阶级：超级富人、富人、中产阶级、工人阶级和穷人。[1] D. 基伯特依据收入、职业、财富来源、个人威望、社会化、结社、权力、阶级意识和社会流动等九大变量，把美国人分为六个阶级：资本家、中上阶级、中产阶级、工人阶级、贫困劳动者和社会底层（参见图2—3）。[2]

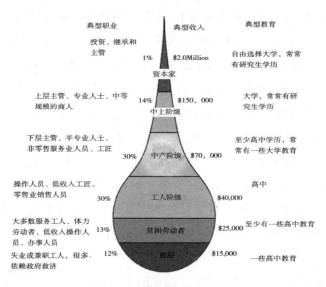

图2—3 基伯特的阶级模型

资料来源：D. Gilbert, *The American Class Structure in an Age of Growing Inequality*, Washington D. C. : Pine Forge Press, 2008, p. 13。

　　根据他们对都市市民的访谈，理查德·科尔曼等学者把美国的人群分为三大类：上层（上上层、下上层和中上层）、中层（中产阶级和工人阶级）和下层（半贫穷和社会底层）。[3] 依据他们的划分，学界进一步发展出一个社会扶梯模型。这个模型的核心是工人阶级和中产阶级。在工人阶级之下划分为贫穷工人

① L. Beeghley, *The Structure of Social Stratification in the United States*, Boston, MA: Pearson, Allyn & Bacon, 2004.

② D. Gilbert, *The American Class Structure in an Age of Growing Inequality*, Washington D. C. : Pine Forge Press, 2008, p. 13.

③ Richard P. Coleman, Lee Rainwater and Kent A. McClelland, *Social Standing in America: New Dimensions of Class*, New York: Basic Books, 1978.

和社会底层，在中产阶级之上划分为中上阶级、上上阶级和上层阶级的底层。例如，W. 汤普森和 J. 希基依据职业、收入和教育把美国人分为上层阶级、中上层、中下层、工人阶级和下层阶级。①

如果我们把基伯特、汤普森和比格利的模型对照起来，我们可以发现他们所依据的变量都是相似的，主要的不同在于对中产阶级和富人的处理。基伯特和汤普森的模型基本相似，他们均把中产阶级划分为中上阶级和中下阶级。比格利的模型把中产阶级当作一个阶级来处理，并把一部分中上阶级的人划分到富人行列中。不过他们的职业划分均比较模糊，不易用作统计分析。

事实上，依据收入来划分是相对比较好操作的，依据职业划分阶级却比较复杂。学界一般把职业划分为非手工劳动者和手工劳动者。埃里克森—戈德霍普（Erikson – Goldthorpe）的分类是经典的分类。他们把选民分成手工业者和非手工业者两大类，然后在此基础上再进行细分。为了分析的方便，笔者采取了替代的方法，把是否为工会成员作为职业变量，这样做也可以避免大多数选举数据缺乏职业信息的问题。

从上面的文献回顾中，我们可以看到上述学者虽然选用了多变量进行阶级划分，但其实他们进行的是一个大概的划分，他们并没有解决不同变量划分导致的阶级重叠问题。实际上，他们主要是依据收入来划分，教育、财富来源和职业等变量只是用来描述各个阶级的特征。他们这样做更多是透过社会化的框架帮助人们理解阶级的形成、特征和行动方式，而不是为了对阶级进行严格划分。

因此，参考上述学者的阶级划分，笔者选取家庭年收入、受教育程度和工会成员资格作为阶级因素，依据收入把美国民众划

---

① W. Thompson and J. Hickey, *Society in Focus*, Boston, MA: Pearson, Allyn & Bacon, 2005.

分为上层阶级、中产阶级、工人阶级和社会底层，然后再单独看看工会成员资格和受教育程度对人们投票模式的影响。

四 认同因素的界定及其操作化方式

笔者在本书中主要处理种族和宗教这两种身份认同因素。美国是一个移民国家，又有着种族冲突的历史（一开始主要是白人与印第安人的冲突，后来则主要是白人和黑人的冲突），种族因素是影响美国政治的重要因素，种族与族裔也是划分美国民众的核心因素。随着西班牙裔人大量涌入美国，白人与西班牙裔人的张力也日益增大。根据种族因素，我们可以把美国人简单划分成白人与非白人两类，也可以把白人以外的人进一步分化为非裔美国人、西班牙裔人、亚裔美国人和其他。种族动员与种族怨恨（resentment）是种族因素发挥作用的两种机制。种族动员往往出现在少数族裔候选人竞选总统的时候，候选人通过种族身份吸引同种族的选民给其投票。例如，2008 年奥巴马竞选总统的时候，他能动员大量的非裔组织为其拉票，非裔的投票率因此有了显著的提高，最终推动了美国首位非裔总统的产生。不同于种族动员，种族怨恨往往与相对剥夺感相连，主要通过斥力而非拉力发挥作用。例如，在 2016 年的大选里，不少白人因为对少数族裔权力上升的不满而把选票投给了特朗普。

宗教因素是另外一个影响美国政治的重要因素。美国民众90% 以上信仰上帝，美国的宗教团体也有着为数众多的组织。美国历史的重要阶段（"五月花号"来美、独立战争、美国内战、民权运动）都与宗教有着密切的关系。美国被称为一个以教会为灵魂的国家（a state with the soul of church），美国的民主实验也被看作是一种活的实验，也就是如何在一个宗教信徒占大多数，并存着多元宗教的社会中通过立宪的方式建立起统一而民主的现

代国家。① 虽然宗教信仰能否在公共空间得到表达曾有着很多的
争论，宗教团体参与政治也备受争议，②但是，美国的宪法保障
信仰的自由表达，美国的制度设计也给公民和社会团体影响政治
提供了制度途径。美国宪法第一修正案明确规定"美国国会不能
通过法案确立一种宗教，也不能通过任何法案限制宗教的自由表
达"。③宗教团体可以通过发起社会运动、游说官员、影响选举的
方式参与政治。

　　但是宗教的影响力和发挥作用的方式在不同的时代有着很大

---

　　① Sidney E. Mead, *The Lively Experiment*: *The Shaping of Christianity in America*,
New York: Harper & Row, 1976; Jerald C. Brauer, ed., *The Lively Experiment Continued*,
Macon, Ga.: Mercer University Press, 1987.

　　② 约翰·罗尔斯基本上认为公共空间应该以世俗的公共理性为基础，合理的宗
教观点能够支持重叠共识，但是不能直接作为公共讨论和政策制定的依据。罗伯特·
奥迪基于他对政教分离的理解，认为宗教在公共空间应该坚持世俗的理性和动机。理
查德·约翰·纽豪斯认为宗教可以并且应该参与政治，否则公共空间就会变成一个赤
裸的公共空间。斯坦利·侯活士认为世俗国家控制下的公共空间基本上是世俗的，因
此是反宗教的。宗教团体应该保持独立，并以教会独特的方式参与政治。卢克·布雷
瑟顿认为宗教能够在公共空间与其他行为体互动，并保持宗教团体的独特性。杰弗·
斯多得认为基于自由的考虑，所有宗教的声音都可以在公共空间自由表达，但宗教团
体应该以其他人能够明白的方式表达出来。相关讨论请看：John Rawls, *Political Liber-
alism*, New York: Columbia University Press, 1996; John Rawls, *Justice as Fairness*: *A Re-
statement*, Harvard University Press, 2001; Robert Audi, *Religious Commitment and Secular
Reason*, New York: Cambridge University Press, 2000; Luke Bretherton, *Christianity and
Contemporary Politics*: *The Conditions and Possibilities of Faithful Witness*, Malden: Wiley –
Blackwell, 2010; Stanley Hauerwas, *Christian Existence Today*: *Essays on Church*, *World*,
and Living in Between, Grand Rapids: Brazos Press, 1988; Stanley Hauerwas, *After Chris-
tendom*? *How the Church Is to Behave if Freedom*, *Justice*, *and a Christian Nation Are Bad I-
deas*, Nashville: Abingdon Press, 1991; Jeffrey Stout, *Democracy and Tradition*, New
Jersey: Princeton University Press, 2004; Richard John Neuhaus, *The Naked Public Square*:
Religion and Democracy in America, Grand Rapids, Mich.: W. B. Eerdmans Pub. Co.,
1984。

　　③ 这两个条款基于的是政教分离的考虑，杰弗逊的分离政教的墙成为经典的比
喻。学界把这两个条款称为"不立国教条款"和"宗教行动自由条款"。这两个条款
作为权利法案的重要部分，把宗教自由和公民的基本自由紧密联系在一起。

的不同。罗斯福总统通过增加政府投资的方式解决了 20 世纪 30
年代的经济危机，并建立了一个由农民、工会成员、少数人群
（种族上、族裔上和宗教上）、自由派分子和南方白人组成的联
盟。虽然宗教的分野在民主、共和两党的基础中有清晰的体现，
但是这种分野更多是社会地位的分野（主流教派和少数教派），
而不是宗教上的分野。"猴子审判"之后，基要派逐渐退出公共
舞台，宗教的影响力也被阶级所取代。在新政时代里，宗教因素
主要通过宗教传统发挥作用，表现出新教—天主教—犹太教三分
的区别。作为多数派的新教会更大比例地选共和党，而作为少数
派的天主教和犹太教则更倾向于选民主党。美国的选举更多体现
为一种阶级的争斗。但是，20 世纪 60 年代末以来，随着宗教重
塑，昔日以宗派为基础的新教—天主教—犹太教模式已经被以意
识形态朝向为基础的自由宗教—保守宗教模式所取代。自由的宗
教会更倾向于民主党，而保守的宗教则会更多选择共和党。宗教
投票的差异更多体现为一种文化战争。

（一）分析宗教的三个模型

分析宗教对总统选举的影响需要回答以下几个问题：宗教因
素是如何影响选举这个政治过程的？宗教是如何与其他因素关联
的？宗教因素发挥作用的时候是受到哪些条件因素限制的？宗教
的变迁是如何影响政治的变迁的？要回答这些问题，我们需要找
到宗教影响选举结果和政治变迁的因果机制。在这一小节里，笔
者会先归纳出分析宗教影响政治的理论模型，再给出划分宗教的
方法，最后会总结出宗教影响总统选举的机制。

根据雷曼的归纳，在美国学界大概有三种分析宗教的模型。[①]
第一种是民族—宗教模型（ethno religious model）。这种模型强

---

① 对这三个模型的评述也可以参看 Corwin E. Smidt, eds. , *The Oxford Handbook
of Religion and American Politics*, New York: Oxford University Press, 2009, pp. 3 – 31;
Geoffrey C. Layman, *The Great Divide: Religious and Cultural Conflict in American Party Pol-
itics*, New York: Columbia University Press, 2001, pp. 63 –74。

调宗教的归属层面，认为宗教主要是一种社会群体现象。这个模型认为特定宗教传统的成员是与文化的其他方面（如族裔、种族和地区）紧密联系在一起的，宗教信仰和行为是强化了特定群体的身份归属。在这个模型之下，宗教对政治的影响往往着眼于宗教之间而不是宗教内部，强调的是宗派传统而非信仰和行为。第二种是"文化战"模型。这个模型由宗教社会学家罗伯特·伍斯诺和戴维森·亨特提出，并被一些政治学家接受。① 这种模型认为教义的正统性（doctrinal orthodoxy）和宗教的委身的差异广泛地存在各种宗教传统内部。不同宗派之间，由于教义的正统性和宗教的委身的相似而会结成新的联盟，使得美国的宗教信徒可以大致划分为以下两类：持有传统观念并有更强宗教委身的传统主义者（traditionalist）和具有较低宗教委身并对传统教义有更多保留的现代主义者（modernist）。于是，在这个模型之下，宗教的差异主要存在于宗教内部而不是宗教之间，发挥核心作用的是宗教信仰和委身程度而非宗派传统。第三种是一个综合模型。这个模型综合了宗教归属（宗派传统）、宗教信仰（教义的正统性）和宗教委身这三个方面的因素，认为宗教信仰和委身是差异的主要来源，但是这两方面的差异在不同的宗教传统以及特定的群体内部具有不同的效应。这个模型由雷曼提出，并被其他学者所接受。其核心要素可用下面的公式来表达：

$$Y = b0 + b1 （宗教传统） + b2 （教义的正统性） + b3 （宗教委身） + b4 （传统 × 正统性） + b5 （传统 × 宗教委身） + b6 （控制变量）$$

① 有关这个模型的经典论述参见 James Davison Hunter, *Culture Wars: The Struggle to Control the Family, Art, Education, Law, and Politics in America*, New York: Basic Books, 1992。

（二）宗教团体的划分

美国的宗教景观比较复杂。政教分离的制度安排使得信仰成为一种个人偏好的选择，从而使得宗教组织成为了一个能在宗教市场中自由地竞争的志愿团体。此外，堂会往往成为社群的中心，宗教也往往成为移民和少数族群身份认同的核心载体。这些因素使得美国的宗派大量地兴起。在同一宗派内部，由于价值观念和宗教委身的不同，也存在很多的亚群体。过去几十年，由于新纪元运动的发展，也催生了大量的新兴宗教。于是，在美国界定宗教和给宗教归类是一件很复杂的事情。简单地用传统、教义、组织和礼仪来界定宗教显然具有很大的局限性。唯有结合种族、宗派传统和文化朝向方能给出一个比较准确的划分。依据这些变量，我们可以得出一个初步的宗教划分：白人福音派，白人主流教派，拉丁和罗马天主教，其他基督教派，犹太教，其他宗教和没有宗教隶属的人（参见表2—2）。①

表2—2　美国的各大宗教团体的份额及其特征（单位：%）

	份额	强烈偏好	宗教很重要	圣经是权威	每周上教堂	宗教与政治相关
白人福音派	24.8	76.2	76.6	76.0	57.6	58.3
白人主流教派	17.1	59.5	53.9	45.1	34.1	32.0
拉丁新教	2.7	74.0	74.4	67.1	60.2	51.3
黑人新教	9.1	84.4	85.0	62.1	59.1	60.3
罗马天主教	19.0	64.1	54.4	40.1	46.7	28.8
拉丁天主教	4.2	71.1	63.3	44.8	43.3	37.2
其他基督教派	3.6	82.0	65.9	44.9	55.1	46.6

---

① 在本书拉丁裔（Latino）和西班牙裔（Hispanic）是可以互换的概念。但学界一般在指称族裔时用西班牙裔，在指称宗教时用拉丁裔，以便跟白人中的罗马天主教做区分。

续表

	份额	强烈偏好	宗教很重要	圣经是权威	每周上教堂	宗教与政治相关
犹太教	2.1	54.9	28.1	18.9	19.5	28.1
其他宗教	1.5	62.5	51.7	18.2	34.2	40.5
无宗教隶属	16.1	50.3	18.1	15.8	11.1	19.5
全体	100.0	67.8	57.5	48.3	42.5	39.8

资料来源：数据来源于 National Survey of Religion and Politics 1992 – 2004，图表转引自 John C. Green, *The Faith Factor*: *How Religion Influences A-merican Elections*, Westport, Conn. : Praeger Publishers, 2007, p. 26。

从表 2—2 中我们可以看到，福音派、主流教派、黑人新教、天主教和无宗教隶属者是美国宗教市场里的主要群体。不同宗教群体在宗教信念、宗教参与以及宗教与政治的相关性方面存在一定的差异。具体而言，福音派和黑人新教的宗教性比较强，天主教和主流教派次之，无宗教隶属者最弱。就政治动员而言，福音派和黑人新教的动员水平较高，天主教和主流教派次之，无宗教隶属者最弱。由于宗教已围绕着意识形态这条分界线进行了再造，传统宗派的差距已不足以反映宗教差距的全部内容。相同宗派内部的信徒对圣经、神迹和上帝的看法，个人的宗教参与水平也存在很大的差距。表 2—3 是约翰·格林对这些因素进行因子分析，反映了宗教传统主义（是一个从 1 到 10 的分数，分数越高代表越开放）与这些因素的关联程度。我们可以看到，宗教传统主义是与个人的信仰观念（如对圣经、上帝和神迹等方面的看法）和宗教委身程度（如读经、祷告、参与教会活动和奉献）密切相关的。

表 2—3　　　　　宗教传统主义的因子分析

读经频率	0.82
教堂出席频率	0.79
对上帝的观念	0.78

祷告的频率	0. 74
对圣经的观念	0. 74
小组参与	0. 73
对堂会的贡献	0. 69
对死后生命的看法	0. 67
对进化论的看法	0. 64

　　资料来源：数据来源于 National Survey of Religion and Politics 1992 – 2004，图表转引自 John C. Green, *The Faith Factor*: *How Religion Influences American Elections*, Westport, Conn. : Praeger Publishers, 2007, p. 58。

　　因此，结合种族、宗派传统和宗教传统主义（主要依据教堂出席率），笔者把美国的宗教进一步划分成：每周上教堂的福音派、很少上教堂的福音派、每周上教堂的主流教派、很少上教堂的主流教派、每周上教堂的天主教徒、很少上教堂的天主教徒、拉丁裔天主教、拉丁新教徒、每周上教堂的黑人新教徒、很少上教堂的黑人新教徒、其他基督教徒、犹太教徒、其他信仰的人和没有宗教隶属的人（参见图 5—11 和图 6—11）。这里不把每周上会堂和很少上会堂的区分放在犹太教等宗教传统里，是因为这样的区分在这些宗教传统里并不显著。把种族因素放进来是因为基于移民和历史的因素，美国的宗教是与种族紧密联系在一起的，而且划分后的这些群体均具有显著的差异。当然这样做会减少宗教的影响力，因为少数族裔的宗教信徒更倾向于民主党。

　　宗教因素更多是通过宗教传统和宗教传统主义两个因子发挥作用。但分析宗教因素影响的时候，我们需注意到其发生作用的条件。研究发现宗教团体影响政治受到下述因素的制约：（1）宗教团体的信条和政治倾向，这本身受到宗教团体过去的历史处境影响。公共的神学会支持宗教团体进行公共参与，强调个体救赎的神学则会抑制宗教团体参与政治。如果宗教团体昔日的政治参与没有效果，那么教会一般会表示出非政治或者政治冷漠的倾向。（2）宗教团体的政治激励。如果政府的政策影响到宗教团体的利益和活动，如果政府政策挑战了宗教团体所持守的道德信条，那么宗教团体可能会发起道德的十字军东征（moral crusade）。①不同的议题领域对宗教团体的刺激也不一样。一般来说，外交（犹太教除外）和经济议题对宗教团体的刺激较少，社会道德议题对宗教团体的刺激较大。当社会道德议题变得突出时，宗教团体的政治动员也会变得显著起来。（3）宗教团体所拥有的机会或政治空间。环境给予的政治空间越大，宗教团体政治参与的热情也会越高。这里的政治机会主要与政府的类型以及政策形成的方式相关。例如，在美国这样的分权制衡的联邦国家，教会可以在基层、州、联邦政府活动，可以通过政治游说、请愿和发起社会运动等方式影响选举和立法。（4）宗教团体所拥有的资源状况。资源越多的宗教团体会更积极地参与公共生活，也往往会取得更多的成效。除了资金和人员，宗教团体也能通过社会网络和社会资本这些无形的资源影响政治。这些资源的使用效率既取决于领袖的动员能力，也取决于成员的委身程度。②（5）宗教团体和政府的关系。如果宗教团体与政党结成政治联盟，如果宗教团体在政府机构里拥有同盟者，那么宗教团体的参政热情也会提高。③

---

①　一般民主国家的教会都享有自主管理的权力，并且享有免税的优惠以及教会大学税收的支持，这些都会影响到教会的生存和正常的运转。同时教会也是一个多目的行为体，具有教育、社会福利和心理辅导等社会功能。

②　委身程度指的是教会成员对教会生活的参与程度和教会教导的遵从程度，一般教会成员的委身度越高，教会牧师对教会成员的影响就会越大，教会成员奉献的资源就会越多。另外，教会的碎化程度主要指教会宗派的分裂程度，一般教会的碎化程度越高，教会内耗就会越大，教会的资源整合能力和动员能力就会越低。

③　沃尔德和卡尔洪-布朗强调政治机构空间的影响，把影响宗教团体政治参与的结构性因素概括为宗教文化环境、机构环境、党派政治联盟、有权势的同盟者以及政策领域的性质等五个方面。具体分析参见［美］肯尼斯·D. 沃尔德和阿利森·卡尔洪-布朗《宗教和政治行动》，章志萍译，《宗教与美国社会》2018年第16辑，第30—81页。笔者基本上同意这样的观点，并做了类似的分析。但笔者认为除了这些政治机会空间，我们还需要注意到宗教团体的主体性，需认识到宗教团体自身的神学倾向和资源状况对其政治参与的影响。

五 基本预设和检验标准

从 1932 年的罗斯福新政到 1964 年的约翰逊的伟大社会（Great Society）计划，这 30 多年可看作是新政时代，是一个进步主义主导美国政坛的时代。但自 1968 年尼克松借南方战略赢得选举到 1988 年老布什当选总统，则可看成是新保守主义崛起的时代。这个时代以里根总统为代表，他所缔造的经济保守主义者与文化保守主义者联盟极大地削弱了新政联盟。在这个阶段，用一个形象的说法，美国的总统选举已经从一种阶级的争斗转向一种文化的战争。推动这种转变的是阶级因素的下降，宗教和种族因素的上升。从 1992 年到 2016 年的选举则是一些过渡性的选举，新政时代和里根时代的遗产都影响到这些选举的动态。阶级因素、宗教和种族因素都会在这些选举中有所体现，但是宗教和种族因素要比阶级因素更加明显。

笔者把投票看成是一个群体行为，影响投票的因素是通过影响社会分群来实现的。这些因素会使得社会划分成不同的群体，这些群体拥有与这些分群因素相关的利益诉求和价值观念。政党为了赢得选民支持，也会围绕这些分群因素形成自己的政纲。这些群体的特征最终塑造着人们的投票（参见图 2—1）。在这样的逻辑下笔者建立了两个分析模型：阶级投票模型和种族/宗教投票模型（参见图 2—2）。笔者通过收入、教育程度、职业（是否工会成员）来划分阶级，然后通过分析各阶级的投票差异去看阶级因素与投票的相关性。笔者基本上通过白人和少数族裔划分种族。但当非裔或西班牙裔美国人的动员变得突出时，笔者也会把少数族裔再细分为非裔和西班牙裔。笔者通过宗教传统和宗教传统主义（主要以教堂出席率来衡量）去划分宗教群体，然后通过各宗教团体的投票差异来分析宗教因素的影响力。

建构这些模型的关键在于群体的划分。除非我们能够准确地划分群体，否则我们无法验证社会分裂因素是否导致了投票差异。虽然无论依据认同因素还是阶级因素我们均无法进行截然的划分，但我们仍可以对依据这些因素把选民大致划分成不同阵营。在本书中，笔者把社会群体界定为：依据分组变量使得群内具有显著相似性，而组间具有显著差异性的社会单位。如果群体投票是显著的话，那么社会分裂的因素会形成清晰的社会团体，而这些社会团体会在投票模式上存在显著差异。因此，检验群体投票的标准有：群体边界的清晰性，投票差异的显著性，群体投票的一致性（在不同背景下）和稳定性（在不同时间里）。区分度、差距大小和 beta 系数的大小成为了重要的衡量指标。

受到阶级因素和认同因素的影响，选民投票会呈现出一定的模式，分别表现为阶级投票和种族/宗教投票。阶级投票表现为上层阶级都会大比例地投共和党的票，而下层阶级都会大比例地投民主党的票。种族投票表现为白人更多会投共和党的票，而少数族裔会大比例地投民主党的票。宗教投票表现为保守的信徒都会大比例地投共和党的票，而自由的信徒和世俗的选民都会大比例地投民主党的票。这些投票模式的明显程度会因条件的不同而不同，并会在人口和地理维度上均能体现出来。当有利于因素发挥作用的情景出现时，我们可以预计该因素影响下的投票模式也会越显著。

为了检验阶级因素和认同因素的影响力，笔者建立了以下三大类的假设：阶级假设、种族假设和宗教假设。这些假设的依据和内容分别如下：

1. 阶级假设

1.1 在其他因素相同的情况下，共和党候选人的得票率与选民的社会经济地位成正比。

由于社会经济地位可以通过人们的收入水平、教育程度和职业的威望程度来衡量，那么这个阶级假设可以细分为以下三个分假设：

1.1a 在其他因素相同的情况下，共和党候选人的得票率与选民的教育程度成正比。

1.1b 在其他因素相同的情况下，共和党候选人的得票率与选民的收入水平成正比。

1.1c 在其他因素相同的情况下，共和党候选人的得票率与工会成员的比例成反比。

由于阶级投票的明显程度是与选年的性质联系在一起的，所以我们可以预计在经济和社保议题突出的选年（称作经济选年），阶级投票也会越突出。于是，我们可以得出以下关于阶级投票凸显的假设：

1.2 阶级投票的明显程度与经济和社保议题的突出程度成正比。

2. 种族假设

2.1 在其他因素相同的情况下，共和党候选人的得票率与选民少数族裔的比例成反比。

种族投票的显著程度也与选年的性质密切相关。一般来说，在种族议题（如民权议题和移民议题）突出的时候，或者有少数族裔候选人竞选总统时，种族动员会增强，种族投票也会凸显出来。于是，我们可以得出以下关于种族投票凸显的假设：

2.2 种族投票的明显程度与种族议题的突出程度成正比。

3. 宗教假设

3.1 在其他因素相同的情况下，共和党候选人的得票率与选民的宗教保守程度成正比。

由于人们的宗教性可以通过宗教信仰、宗教归属和宗教行为来衡量，所以这个宗教假设可以细分为以下三个分假设：

3.1a 在其他因素相同的情况下，共和党候选人的得票率与选民所属宗派的保守程度成正比。

3.1b 在其他因素相同的情况下，共和党候选人的得票率与选民的教堂出席率成正比。

3.1c 在其他因素相同的情况下，共和党候选人的得票率与选民宗教信仰的保守程度成正比。

宗教投票的显著程度也与选年的性质密切相关。一般来说，

在道德文化议题突出的时候,宗教动员会增强,宗教投票也会凸显出来。于是,我们可以得出以下关于宗教投票凸显的假设:

3.2 宗教投票的明显程度与道德文化议题的突出程度成正比。[①]

阶级投票的明显程度则通过收入差距、教育差距和工会差距来衡量,种族投票的明显程度可以通过白人与少数族裔的投票差距来衡量宗教投票的明显程度通过宗教隶属差距和教堂出席率差距来衡量。议题的突出程度通过选民的议题排序来衡量。与其他议题相比,如果某项议题被越多的选民认为是最重要的议题,那么该项议题就越突出。

至于美国选举的走向和这两类因素的关系,我们可以看到有三种可能:种族和宗教等认同因素取代了阶级因素,美国选举政治由阶级的争斗转到文化的战争;阶级因素压倒种族和宗教因素,美国选举政治从文化的战争再次回到阶级的争斗;认同因素与阶级因素并举,美国选举政治同时表现为阶级的争斗和文化的战争。笔者将用选举数据说明哪一种图景更符合现实状况。

检验假设的方式和衡量模型的标准。笔者将采用美国选举研究的数据库,并通过相关分析和因果分析来检验这些假设因素。除了常规的统计标准(如回归分析的 R^2 和 beta 系数),笔者还设定了以下两个标准来评价模型的解释力:因素影响方向的一致性和因素影响力的大小。因素的影响力越一致,模型对差异的解释力就越大。因素带来的差异越大,因素的影响力就越大。

---

① 一般来说,在道德文化议题突出的时候,宗教投票也会凸显出来。但是,由于只有2004年的调查中才有涉及道德文化议题的选项,所以难以用准确数据比较道德文化议题在这三年的突出程度。但是,大体而言,我们不难看出2004年的道德文化议题最突出,2000年次之,2008年最不突出。

第三章　二战以降的美国选举政治变迁

　　二战以降，尤其是 60 年代以来，美国的政治、经济、社会和思潮都发生了极大的变化。公共和私人的边界被重新界定，社会文化议题在公共空间升温，宗教与政治的关系也出现了微妙却显著的变化。随着自由主义和保守主义的裂变在宗教和政治领域里的凝聚（crystallization），美国的宗教和政党逐步地围绕着这条意识形态的界线再造。随着福音派的转向和宗教新右翼的兴起，宗教在美国公共生活的显著性和影响力日益提高。《公民权利法案》（1964 年）和《选举权利法案》（1965 年）的通过大大促进了民权运动的发展，但也使种族冲突变得突出。① 种族和宗教因素推动南部的州转向共和党，使美国出现了红蓝州对峙的局面。经济的发展、城市化、工业化以及家庭结构的变迁推动着社会分层的调整，工人阶级的影响力在下降。阶级投票的方式也在发生着改变，越来越多的富人转向了民主党，而相当一部分工人则转向了共和党。在社会政治议题里，宗教间的差异在逐步减少，但宗教内的差异却在慢慢变大。宗教发生作用的方式也变得日益复杂，过去简单地用宗教传统和归属来界定和分析宗教已经不甚准确。与此同时，两党也调整了自己的政纲，两党的选民基础也发生了较大的变化。总之，在种族与宗教等认同因素的影响下，一

---

　　① 《公民权利法案》是民权运动的标志性立法，由林登·约翰逊于 1964 年签署生效。这个法案废除了种族隔离制度，禁止雇佣上和选举上的种族歧视，禁止联邦资金资助那些存在种族歧视的项目。这个法案的签署大大提高了非裔的社会、政治地位。

场政治再结盟已经发生。这些现实的变化，对既有的理论和分析工具提出挑战，要求学界重新评估既有分析框架，并建构新的模型来涵盖这些新的因素和变化。

为了更好地为以下三章具体的总统选举分析提供一个历史的坐标和认知的框架，本章将围绕着宏观背景和社会人口的变化、政党的调适以及选举政治变迁三大方面对战后美国选举进行一个历史性的梳理。一个总的思路是：社会的变迁，尤其是阶级的重组、种族结构的变迁和宗教的重塑推动了政党的调适，最终带来了选举政治的变迁（包括选举地理、投票模式和政党结盟）。

一　社会的变迁

为了更好地分析战后社会人口的变迁，笔者将先交代这些变迁所发生的宏观背景，然后简要分析一下年龄结构和婚姻家庭的变迁，接着重点分析阶级、种族和宗教等方面的变化。

宏观背景的变化有两个维度，一个是国际的维度，另一个是国内的维度。国际的变化主要有：苏联的解体和冷战的结束，梵蒂冈第二次大公会议的召开和天主教的转向，以色列的建国、原教旨主义的兴起和中东局势的紧张。①随着冷战的结束，资本主义和社会主义之间意识形态的对抗减弱。这削弱了阶级政治的影响力。外部冲突的减少使得国内的张力开始加大，身份政治变得

---

①　学界用不同的概念来命名这种具有保守主义色彩、以变革现状为重要目标的宗教—政治运动（如基要主义、新传统主义和原教旨主义）。笔者这里更倾向使用原教旨主义来指称这场发生在中东的宗教运动，尽管这个词带有负面的色彩。至于新传统主义虽然没有这种负面色彩，也具有较强的包容性，但这个宽泛的概念难以缺乏不同宗教传统的差异。基要主义这个概念，虽然能够反映这些宗教复兴运动回归根本和传统的特征，也能避免其他概念的负面性和模糊性的问题，但因为这个词主要用于指称20世纪30年代发生在美国基督教内部的运动，不太合适用来指称当下发生在中东的宗教运动。综合考虑，选用原教旨主义这个通用的概念描述中东的伊斯兰宗教政治运动还是相对比较合适的。

显著。梵二会议提出了"与时俱进"（*Aggiornamento*）的口号，推动了天主教的现代化和本地化。随着天主教拥抱民主等现代价值，开展宗教对话，天主教与美国社会的张力大大减少。如果说天主教徒肯尼迪在 1960 年大选的获胜已说明了天主教作为一种政治力量在美国崛起，那么梵二会议为天主教参与美国政治进一步扫清了障碍。原教旨主义的兴起和恐怖主义的扩散极大地变革了中东政治格局，美国也更深地卷入中东政治中。"9·11恐怖袭击"在美国社会激起了强烈的反应，美国发起了一场牵动全球的反恐战争。这使得外交与战争议题日益成为大选的关键议题。文化议题和外交议题越来越成为选民关注的焦点。

在国际宏观背景变化的同时，美国的国内社会也发生了非常显著的变化。主要的变化有：《移民与国籍法》的修改与社会多元化程度的加增，信息经济的发展和中产阶级的兴起（与之相伴的是工人阶级的衰落），文化战的兴起和社会的裂变加增（与之相伴的是政治的极化）。这些不仅改变了美国的社会构成，也正变革着美国政治的基本态势。20 世纪 60 年代的反文化运动（特别是性解放运动）冲击了美国的传统价值和家庭结构，加剧了美国社会的世俗化进程。这激起了保守宗教团体的反弹，引发了一场文化自由主义者与文化保守主义者之间的文化战。塔斯瓦等学者把美国社会人口的核心变化概括成以下几点：城县格局的变化，美国社区的同质化，美国的少数族群化（minoritization），工人阶级的下降和中产阶级的兴起，传统价值的影响力下降，不在婚人士和新型家庭的增多，福音派和没有宗教隶属的人的同时增加，新千年一代的兴起和婴儿潮一代的老年化。[1]

---

① 具体论述参见 Ruy Teixeira, ed., *Red, Blue, and Purple America: The Future of Election Demographics*, Washington, D. C.: Brookings Institution Press, 2008, pp. 2 - 7。城县格局的变化包括郊县（suburbia）的多元化，以及原城市（exurbia）的增加。不在婚人士包括未婚人士、离婚人士和鳏寡人士。新型家庭相对于传统家庭结构而言，主要指未婚同居家庭、单亲家庭、同性家庭。

（一）年龄结构和婚姻家庭结构的变迁

首先是美国人口的年龄结构的变化。从图 3—1 我们可以看到，1960 年以来，65 岁以上的人口增长了 5%，45—64 岁的人口增长了 8%，而 20 岁以下的人口降低了近 10%，20—44 岁的人口则呈现了先增后降的趋势。这样的变化趋势意味着美国人口的老龄化，这使得医疗和养老的问题凸显。这是克林顿政府以来医疗问题成为重要竞选议题的主要原因。

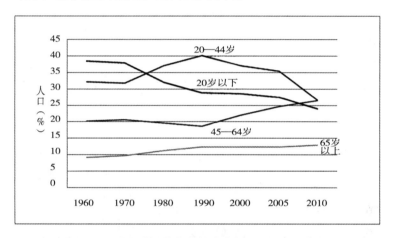

图 3—1　美国人口的年龄构成变化：1960—2010 年

资料来源：笔者根据美国统计局数据绘制，https://www.infoplease.com/us/population/population – distribution – age – race – and – nativity – 1860 – 2010＃axzz100cXW8G4，2019 年 5 月 10 日下载。

除了考虑年龄结构，我们还需要关注代际结构。与代际相伴的是不一样的社会化历程，代际差异背后反映的是文化的差异。学界一般把美国人口分成以下五个代际：千禧年人群、X 代、晚期的婴儿潮、早期的婴儿潮和二战的一代。表 3—1 反映的便是每一个代际的构成、年龄范围和时代特征。在最近的大选里，我们看到一个明显的模式：年轻人更倾向于选择民主党，而中老年人更可能选共和党。这主要源于不同代际的文化差异。一般来说，年轻人更多持有自由的价值，更倾向于变革社会秩序；中老年人更多持有保守的价值观念，更希望维持传统的社会结构。

表 3—1   美国的代际划分

	出生年代	年龄	数量（百万）	主要事件
千禧年人群	1977—1990 年	18—31 岁	58	20 世纪 90 年代后期的经济繁荣，克林顿和小布什政府，"9·11"，伊拉克战争
X 代	1965—1976 年	32—43 岁	50	里根政府，柏林墙倒塌，老布什当选，低通胀，波斯湾战争，克林顿执政初期
晚期的婴儿潮	1956—1964 年	44—52 岁	41	伊朗人质事件，高通胀，里根当选
早期的婴儿潮	1946—1955 年	53—62 岁	37	越南战争，民权运动后期，肯尼迪兄弟和马丁路德金遇刺，尼克松政府，低通胀，水门事件，女权运动
二战的一代	1945 年或更早	63 岁或以上	48	二战，冷战，民权运动开始，20 世纪 50 年代的经济繁荣

资料来源：Ruy Teixeira, ed., *Red*, *Blue*, *and Purple America*: *The Future of Election Demographics*, Washington, D. C.: Brookings Institution Press, 2008, p. 226。

其次是性别、婚姻和家庭结构的变化。我们只有理解了这些变化，才能够明白为什么投票的性别差距和婚姻差距会增加，而道德文化议题会成为选举的关键议题。美国的性别结构没有多大的变化，男女比例比较均衡。变化较大的是婚姻和家庭结构。图3—2 和图 3—3 反映的是美国不在婚人士、离婚人士和非婚生儿童的迅速增加。这在美国引发了较多的社会问题，如单亲家庭、贫困儿童和犯罪率的上升。道德议题的凸显，宗教因素影响力的增长都与这些社会问题有关。保守宗教团体把这归咎为性解放运

动，并把回到以宗教价值为基础的传统社会结构看成是解决这些
问题的出路。在选举投票中，性别差距和婚姻差距都在增加。这
主要源于性别角色、家庭结构以及婚姻状况的变化。这些都增加

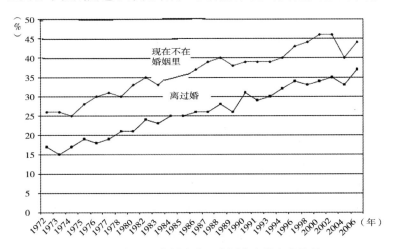

图3—2　美国不在婚人士、离婚人士的变化趋势

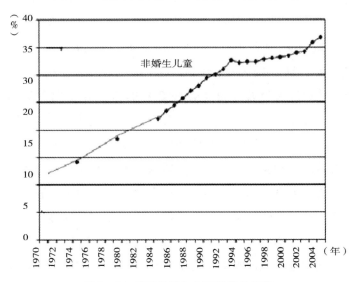

图3—3　美国非婚生儿童的增长趋势

　　资料来源：Tom Smith，"Changes in Family Structure, Family Values, and Politics：1972—2006"（http：//www. brookings. edu/ ~ /media/Files/events/2008/0228_america/0228_america_smithppt. pdf），2019 年11 月10 日下载。

了性别因素和婚姻因素在美国选举政治中的重要性。妇女权益（如堕胎的权利）和同性婚姻成为最近大选的重要议题。

（二）阶级的重组、种族结构的变迁和宗教的重塑

由于种族、阶级和宗教深深地影响着社会化和社会流动，这三者的变化对美国政治的影响是极为深远的。二战以来，美国的阶级结构与种族构成发生了显著的变化，美国的宗教也进行了一次影响深远的重塑。阶级的重组、种族结构的变迁和宗教的重塑使得阶级的重要性下降，宗教和种族的重要性上升，并使宗教、种族等认同因素逐渐取代阶级因素成为社会分裂、议题分野和政党差异的主要来源。

首先让我们看看阶级构成及各阶级政党认同的变化。从图3—4我们可以看到下层阶级的人数比例有了显著的减少，而上层阶级的人数则有了显著的提高。这是由于美国职业结构的改变，教育的普及化和财富的增多。随着服务业和信息经济的发展，很多人已经从蓝领工人转变为服务业从业人员和个体户，蓝领工人从1952年的47%降低到2004年的28%。在教育水平方面，没受到过大学教育的也从1952年的78%降低到2004年的35%。工人阶级的减少，中产阶级的兴起缓解了穷富人之间的阶级冲突。此外，阶级的政党偏好也发生了一定的变化：部分工人阶级转向共和党，一部分富人阶级则转向民主党。用穷人和富人的代言人来概括两党的差异已不甚准确。再者，从工业社会到后工业社会的转变，也会伴随一种价值观的转变，人们更多从关注物质需求的满足转向强调生活质量与个人的自由。①阶级议题的重要性也慢慢让位给其他有关生活方式的议题。世俗的和宗教的群体都力图重新界定美国人的生活方式，使得文化战逐渐兴起。工人阶级的下降，阶级基础的变动，以及人们

---

① Ronald Inglehart, *The Silent Revolution: Changing Values and Political Styles among Western Publics*, Princeton: Princeton University Press, 1977.

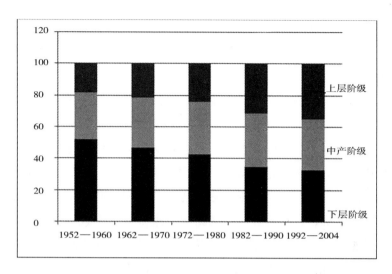

图 3—4　美国白人阶级构成的变迁：1952—2004

说明：阶级的划分采取社会经济地位指数，这个指数里包含了收入、教育、主观阶级认同和职业等因子。

资料来源：American National Election Study 1952 – 2004，图表转引自 Ruy Teixeira, ed., *Red, Blue, and Purple America: The Future of Election Demographics*, Washington, D. C.: Brookings Institution Press, 2008, p. 123。

价值观转向（物质价值到后物质价值）所带来的核心议题的变化（主要表现为社会文化议题的兴起），这些均使得阶级因素影响力下降。

其次让我们看看美国种族结构的变迁。二战后，美国的人口种族结构也发生了比较大的变化。图 3—5 呈现了 1960 年以来美国种族结构的变迁趋势。1960 年至 2010 年 50 年间，白人的人口比例减少了 13.5%，黑人的人口比例增长了 2.4%，其他族裔则（主要是西班牙裔）增长了约 6.1%。种族结构的变化主要源于移民的开放（正常和非法移民）和群体间不一样的生育率（西班牙裔高于非裔，非裔要高于白人）。由于毗邻拉丁美洲，外加不少拉美国家政治动荡和经济衰退，大量西班牙裔人为求生存和发展涌入了美国。与其他族裔相比，西班牙裔的生育率又比较高，这使得西班牙裔的增长率远高于白人和非裔。西班牙裔人正逐步成为美国社会里一股重要的政治力量。美国的少数族裔化以及民主党通过推动民权运动把少数族裔纳入自己的选民基础里，使得种族对大选的影响变得比较复杂。尽管少数族裔更多支持民主党，他们的增长某种程度上为民主党赢得了更多的选票，但这却会削弱底层白人对民主党的忠诚。尽管民主党通过增加政府投入以提高民众社会福利水平的政策也能改善底层白人的生活，但是与少数族裔相比，他们要交更多的税，却享受不到相称的社会福利。这会导致一种"相对剥夺感"，并引起了他们的怨恨。他们也会把犯罪和社会骚乱的增多归咎于民主党支持民权运动，打破种族隔离的防线。这些都会导致底层白人疏远民主党，使得他们更多依据种族立场而非阶级立场投票。这在 2016 年的大选中表现得尤为明显。此外，不同的族裔对民主党的忠诚程度是不一样的。非裔因着民主党对民权运动的支持，现在已压倒性地支持民主党。与非裔相比，西班牙裔选民对民主党的支持度要低很多。例如，在 2004 年的大选中，有88%的非裔选民支持民主党，但只有53%的西班牙裔选民支持民主党。①在分析西班牙裔选民时，我们还需注意宗教变迁对其政党选择的影响。过去，西班牙裔选民绝大部分是天主教徒。随着五旬节运动在拉丁美洲的快速发展，拉丁美洲的一些国家（如巴西和危地马拉）正发生着新教化的转变。② 这使得西班牙裔民众中产生了相当一部分新教徒。例如，在 2014 年，西班牙裔选民里有 55% 是天主教徒，22% 是新教徒。③ 与信奉天主教的西班

---

① 参见本书第五章第四节有关西班牙裔投票模式的分析。

② 有关新教在拉丁美洲的发展参见 Virginia Garrard – Burnett, *Protestantism in Guatemala: Living in the New Jerusalem*, Huston: University of Texas Press, 1998; David Martin, *Tongues of Fire: The Explosion of Protestantism in Latin America*, London: Wiley – Blackwell, 1993; R. Andrew Chesnut, *Born Again in Brazil: The Pentecostal Boom and the Pathogens of Poverty*, New Brunswick, N. J.: Rutgers University Press, 1997。

③ 数据来自皮尤研究所 2014 年的调查，参见 Pew Research Center, *The Shifting Religious Identity of Latinos in the United States* (https://www.pewforum.org/2014/05/07/the – shifting – religious – identity – of – latinos – in – the – united – states/)，2019 年 12 月 20 日下载。

牙裔相比，这些西班牙裔新教徒更倾向共和党。考虑到美国天主教已渐渐转向共和党，而西班牙裔的新教化又进一步推动这种转向，我们可以认为西班牙裔的增长对民主党获胜的影响将是比较有限的。

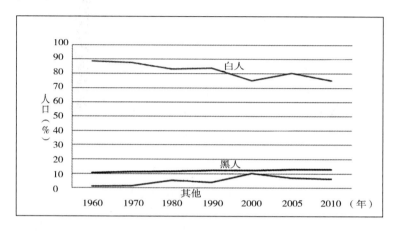

图3—5　美国种族构成的变化趋势：1960—2010

资料来源：笔者自己绘制，数据来源于美国统计局（https://www. infop-lease. com/us/population/population – distribution – age – race – and – nativity – 1860 – 2010 #axzz100cXW8G4），2019年5月10下载。

最后让我们看看美国宗教的变化。这些变化主要有：以福音派为核心的保守宗教团体的崛起、天主教的转向和宗教作用方式的改变。图3—6呈现了1944年以来美国宗教构成的变化。在1944年，美国的宗教主要由白人福音派、白人主流教派、黑人新教和罗马天主教组成（占了87.7%）。那时，无宗教隶属的人只占5%。在2004年，白人福音派占了24.6%，白人主流教派占了18.7%，黑人新教徒占了9.6%，罗马天主教徒占了17.5%。①与1944年相比，白人福音派有了7.1%的增长，而白人主流教派则有了大比例的下降（降幅达25.7%）。除此之外，一个显著的拉丁群体（含新教和天主教）和一个无宗教隶属的

———————

　　① 全体福音派信徒比例为28.3%，全体主流教派的信徒为19.6%。这些数字未能在图中显现。

群体已明显地出现在美国，分别占 8% 和 15%。① 宗教构成的变化具有重要的政治意涵，具体表现在以下几点：

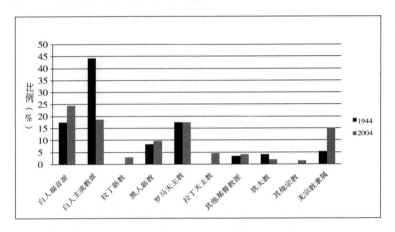

图 3—6　1944 年和 2004 年的美国宗教构成比较

说明：从 1944 年到 2004 年，美国的宗教构成发生了几个显著变化。一是主流教派比例的显著下降和福音派比例的增长。二是一个明显的拉丁群体出现，使得天主教分成罗马天主教和拉丁天主教两个群体。三是一个无宗教隶属群体的出现，在 2004 年已占了总人口的 15%。

资料来源：图由笔者自制；数据来源于 John C. Green, *The Faith Factor: How Religion Influences American Elections*, Westport, Conn.: Praeger Publishers, 2007, p. 38。

　　一是以福音派为核心的保守宗教团体日益成为一股重要的政治力量。福音派的兴起是与主流教派的衰落相连。福音派在美国的宗教市场的胜利一方面缘于他们的信徒更高的生育率，另一方面缘于他们的信徒具有更强的宗教委身。② 主流教派与福音派此

---

　　① 无宗教隶属的人是一个构成比较复杂的群体，既包括无神论者、不可知论者和世俗分子，也包括那些远离宗教组织的信徒。宗教团体在金钱和性上的丑闻，他们在政治上的过度参与，是部分信徒远离宗教组织的重要原因。

　　② 学界对这两个群体兴衰的原因存在争论。宗教市场论的学者更强调宗教委身的影响。例如，在《美国民众的教堂化》（*The Churching of Americans*）一书中，罗杰·芬克等学者把保守派的增长和自由派的衰落归结为两者不一样的社会张力和宗教委身。罗伦斯·艾纳孔尼则强调保守宗教团体因能较好解决"搭便车"行为，且有更高的传教热情，因此能获得更快的发展。人口学家更强调生育率的影响，（转下页注）

消彼长具有重要的政治意涵，这使得宗教的重心从自由主义转向保守主义。以前，美国的宗教市场由主流教派主导。他们不仅拥有人数的优势，还有着文化的强势地位。他们以自由主义为核心神学朝向，他们拥抱现代性，支持平等与公正等议题，是自由主义者的重要同盟。但是，20 世纪 60 年代以来主流教派迅速衰落，他们一部分成员转到了福音派的阵营，另一部分成员则变成了没有宗教隶属的人。保守的福音派在人数和政治影响方面开始超过自由的主流教会。二战后，葛培理（Billy Graham，1918 -2018）等福音派宗教领袖所兴起的布道运动推动了福音派的增长。兴起的福音派一改过去消极对待公共生活的传统，开始积极地参与政治运动中，成为了宗教新右翼（New Religious Right）的旗手。[②]一些福音派文化精英的出现和政治组织的建立促进了福音派把人数的影响力转化成文化和政治的影响。来自宾州的基督教思想家弗朗西斯·薛华（Francis August Schaeffer，1912 -1984）用理性的方式向知识分子传播基督教的理念，被《纽约时报》称为"知识分子的传教士"。[③] 另外一位福音派神学家卡尔·亨利（Carl F. H. Henry，1913 - 2003）创办了全美福音派联

（接上页注②）他们强调保守宗教团体的胜出得益于它们更高的生育率。相关论述参见 Roger Finke and Rodney Stark, *The Churching Of America* 1776 -1990, New Brunswick, N. J.：Rutgers University Press, 1992；Laurence R. Iannaccone, "Why Strict Churches Are Strong", *The American Journal of Sociology*, Vol. 99, 1994, pp. 1180 - 1211；Eric Kaufmann, *Shall the Religious Inherit the Earth? Demography and Politics in the Twenty - First Century*, London：Profile Book, 2011。

②　宗教新右翼比基督教新右翼更宽泛，包含了基督教以外的其他保守的信徒。对于福音派的转向和宗教新右翼的兴起，学界存在不同的看法：有的认为这是宗教对政治的主动僭越（active transgression），有的则认为这是一种福音派对文化的被动回应（negative response）。有的认为宗教的政治化是因为同性恋、堕胎和校园公祷等社会议题，有的则认为这是由于种族隔离所引发的教会免税地位的威胁。但是无论怎样，福音派的兴起和转向，给美国的政治生活带来了非常显著的改变。这种改变使得宗教运动更多关联于议题而非身份，使得政治影响更多来自右翼而非左翼。

③　Time Editorial, "Religion：Mission to Intellectuals"（http://content. time. com/time/magazine/article/0, 9171, 894666, 00. html），2019 年 10 月 15 日下载。

会（National Association of Evangelicals，NAE），并借着他在《今日基督教》（*Christianity Today*）这个福音派旗舰刊物的主编身份，推动了福音派参与文化对话和公共辩论，从而促进了福音派的转型。如果薛华和亨利等思想家的努力改善了福音派的文化形象，那么葛培理、杰瑞·法威尔（Jerry Falwell，1933－2007）和帕特·罗伯特逊（Pat Robertson）等布道家的政治参与则大大提高了福音派的政治影响。葛培理推动了福音派与共和党的结盟，助推尼克松赢得了 1968 年的大选。法威尔于 1979 年建立起"道德大多数"这个基督教政治组织去推动福音派参与美国政治。这个组织帮助里根赢得了 1984 年的大选。当法威尔于 1987 年解散了"道德大多数"这个政治组织后，罗伯特逊又建立了基督教联盟（Christian Coalition）这个组织去推动福音派参与政治。① 小布什在 2000 年大选的胜出和 2004 年的连任均得益于以福音派为核心的保守宗教团体的支持。②

　　二是随着白人天主教徒社会地位的提升，西班牙裔天主教徒的增加，以及梵二以来天主教的现代化转向，天主教逐渐成为一股摇摆的政治力量。③ 过去，天主教徒的社会地位比较低，在文化上他们又是少数派。④ 这些使得他们均压倒性地支持民主党这个作为社会底层与少数派的代言人的政党。但现在白人天主教徒的社会地位已经显著提升，有不少人已跃居富人的行列。这使得他们与西班牙裔天主教徒社会地位的差距明显拉大。随着西班牙

---

① 张惠玲：《新基督教右翼与当代美国政治》，上海人民出版社 2017 年版，第 98—110 页。

② 李庆四：《布什竞选连任的宗教因素及对美国外交决策的影响》，《教学与研究》2005 年第 2 期，第 41—48 页。

③ 徐以骅：《美国宗教的"路线图"》，《美国问题研究》2004 年第三辑，第 1—30 页。

④ 过去，美国社会曾有着天主教和新教的冲突。天主教被认为是专制的，缺乏国家忠诚，是欧洲倒退力量的残余。新教则被看成是自由与民主的倡导者。天主教受到占主流地位的新教的排斥。为了抵抗这种文化霸权，美国天主教徒建立起自己的教育体系。这推动了他们社会地位的提升。

裔人口的快速增长，美国天主教已出现了罗马天主教和拉丁天主教的分野。这两个群体在经济议题和文化议题上存在一定的张力，使得天主教不再像过去一样是铁板一块。除了这种族裔上的分化，美国天主教还出现了意识形态的分化，产生了自由派与保守派两大群体。自由派强调和平与社会公正，是反核扩散运动和民权运动的重要参与者。保守派强调维护传统价值，是反堕胎运动的重要推动者。自由派压倒性地支持民主党，保守派则更支持共和党。在这里，我们对比一下 1960 年肯尼迪的竞选和 2004 年克里的竞选，就能看出天主教的明显变化。肯尼迪和克里均是民主党内信奉天主教的总统候选人。在 1960 年的大选里，肯尼迪获得了绝大多数天主教徒的支持。在 2004 年的总统选举中，克里在天主教徒里只获得了 47% 的选票。52% 的天主教徒把选票投给了小布什。一些神甫甚至警告其教区里的信众不要投克里的票，否则会被停掉圣餐。克里落败的一个重要原因便是他在堕胎问题上的自由立场。总之，天主教的内在构成已发生了较大的变化，出现了白人天主教徒和西班牙裔天主教徒的区分，以及意识形态朝向自由派和保守派的分殊。这种构成的多元性使得天主教容易成为一个摇摆的群体。

三是宗教发挥作用的方式发生了显著的改变。过去，宗教因素主要通过宗教传统发挥作用。不同的宗教具有不同的社会地位，它们主要依据社会地位选择自己的政治同盟。换言之，宗教间的政治差异是其阶级地位差异的反映，宗教政治具有明显的阶级政治色彩。例如，过去，天主教这个宗教少数派，非裔和西班牙裔这些族裔上的少数群体均处于社会底层。在这样的条件下，宗教传统、种族与阶级地位互相强化，而宗教与种族也主要通过阶级发挥作用。天主教徒、非裔和西班牙裔之所以选择民主党，是因为他们比较低的社会地位。现在，宗教因素主要通过意识形态发挥作用。导致不同宗教发生政治分化的主要不是宗派传统，而是自由与保守的意识形态。罗伯特·伍斯诺用"宗教的再建造"来描述二战以来美国宗教的变化。① 新教、天主教和犹太教不再是一个整体，它们内部均出现了自由与保守的分化。自由的新教徒、天主教徒和犹太教徒会选择民主党，而保守的新教徒、天主教徒和犹太教徒则会选择共和党。

移民法的修改、梵二会议的召开和世俗主义的推进是促成上述宗教变迁的重要原因。1965 年《移民与国籍法》的修改，这极大地改变了移民的来源，进而改变了美国的宗教景观。这些都极大地增加了美国宗教的多样性，哈佛大学学者艾可用"多元主义"（pluralism）来描述美国当下的宗教景观。② 梵二会议的召开带动了天主教的变革（核心是本地化与现代化），天主教开始拥抱自由、平等与人权等价值，成为了一种社会进步的力量。梵二会议所强调的本地化与现代化使得美国天主教能更好地适应美国社会。20 世纪 60 年代的反文化运动，以反传统、反权威和反建制为口号，催生了一批世俗的精英。这些精英借着电视和网络等传播手段传播其理念，加速了美国的世俗化进程。世俗主义的反叛刺激了复兴中的保守宗教团体的神经，以前非政治的基要派转变成积极参与政治的福音派，以前坚定支持民主党的天主教开始部分转向共和党。宗教也从过去私人领域的选择变成公共领域的焦点。无论是因为宗教复兴还是政治议题的改变，我们看到的是宗教在美国政治重要性的增强。③ 一个与世俗主义抗衡的宗教右翼已经形成，一场文化的战争正在进行。

---

① Robert Wuthnow, *The Restructuring of American Religion*, Princeton：Princeton U-niversity Press, 1988.

② Diana L. Eck, *A New Religious America：How a "Christian Country" Has Become the World's Most Religiously Diverse Nation*, New York：Harper One, 2002.

③ 罗伯特·伍斯诺认为宗教重要性增加是源于宗教复兴，而杰弗·雷曼则认为这是源于政治议程改变。具体论述参见 Robert Wuthnow, *The Restructuring of American Religion*, Princeton：Princeton University Press, 1988；Geoffrey C. Layman, *The Great Divide：Religious and Cultural Conflict in American Party Politics*, New York：Columbia University Press, 2001。

二　政党的调适

阶级、种族和宗教等社会人口领域的变化，也推动了政党的调适。政党的变化主要包括以下四个方面。

首先是两党选民基础的变化。过去，工人、少数族裔和天主教这个宗教上的少数派是民主党新政联盟的重要组成部分。共和党的选民则主要由富人、中产阶级、白人和新教信徒组成。但现在，一部分天主教徒和白人工人已经转到共和党阵营内。民主党则吸引了新教的"主流教派"和一大批高学历的专业人士的追随。换言之，在阶级上，两党均包含了底层民众和中上层人士；在宗教上，两党均包含了新教与天主教。因此，两党选民不再以阶级划界，种族和宗教上的分化也不再以阶级为基础。意识形态上的自由与保守成为两党选民分化的主要因素。

其次是两党政策立场的变化。从图3—7我们可以看到20世纪70年代以来，两党在种族政策和文化政策上的差异已显著加大。这侧面说明了种族因素和宗教因素（界定美国文化，塑造两党文化政策的重要因素）对美国政治影响力的增大。两党在社会保障政策上的差异起伏较大，但总体也呈上升趋势。不过，其增幅要远低于种族政策和文化政策。两党在税收政策和政府与市场关系这些方面存在一定差异，这也是每次候选人辩论的重点。但我们不难发现两党在经济政策、军事外交政策的差异是有限的，某种程度上这些政策更多是由外在环境和经济内在运行机制所塑造的。例如，尽管特朗普扬言要推翻其前任奥巴马的政策，但是特朗普和奥巴马一样均采取了从中东撤军的策略。事实上，两党日益扩大的差异是在社会议题上，这主要包括堕胎、同性恋等议题。因为这些政策主要由最高法院的大法官通过司法裁决的方式来确定，所以任命何种立场的最高法院大法官也常成为竞选辩论的关键议题。

随着选民基础和政策立场的变化，两党的形象也发生了较大

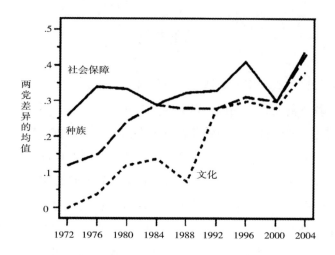

图 3—7　两党政策立场差异的变迁趋势：1972—2004

说明：两党差异的均值通过共和党的立场得分减去民主党的立场得分计算出来。通过建立政党的立场从保守到自由的连续普（－1 到 ＋1），并对衡量政策立场的变量做出估算，从而得出政党立场得分。

资料来源：Geoffrey C. Layman, T. M. Carsey and J. M. Horowitz, "Party Polarization in American Politics: Characteristics, Causes, and Consequences", *Annual Review of Political Science*, Vol. 9, 2006, p. 90。

的改变。民主党越来越成为自由分子的政党，而共和党则越来越成为一个保守主义者的政党。此外，随着底层白人转向共和党，使得共和党日益成为白人的政党，民主党更多变成少数族裔的政党。某种程度上，新政联盟塑造的两党形象差异——穷人党和富人党——正慢慢被修正，自由主义者的政党和保守主义者的政党，以及少数族裔的政党与白人的政党的形象差异在慢慢被确立。

最后是政党政策立场和形象的变化也导致了政党认同的变化。民主党选民比例显著下降、共和党选民略微增加，而中间选民则有了较大的增长。从图 3—8 我们可以看到，自 1972 年到 2008 年这 36 年里，民主党的认同者从 57.1％ 下降到 47.8％，独立选民从 9.9％ 增加到 15.3％，而共和党认同者则从 28.3％ 增加到 34.7％。图 3—9 从阶层这个方面进一步呈现了民主党选民下降的趋势。我们可以看到民主党人在底层白人的下降幅度最大。

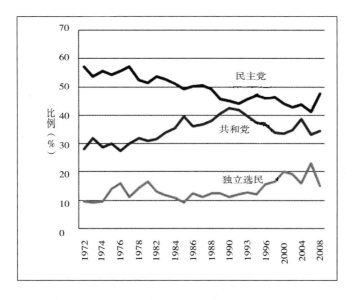

图 3—8　美国人政党认同的变化趋势：1972—2008

说明：民主党包括强烈的民主党、一般的民主党和中间偏民主党的认同者，共和党人包括强烈的共和党、一般的共和党和中间偏共和党的认同者。

资料来源：GSS，1972－2008。

这说明了底层白人正疏远民主党。底层白人的转向动摇了新政联盟，带动了共和党的崛起。这是战后共和党能够多次入主白宫的原因。

三　选举政治的变迁

宏观背景和社会人口的变化，借着复杂的政治互动，改变了美国选举政治的景观。可以说，社会变迁推动了选举政治的变迁。在这一小节里，笔者将围绕着政治文化的变化、选举地理的变化和投票模式的变化进行简要分析。

（一）政治文化的变化

社会的变迁不仅推动政府重新界定公共和私人的边界，调整法律和道德的关系，亦改变了两党的力量对比和博弈模式。这些

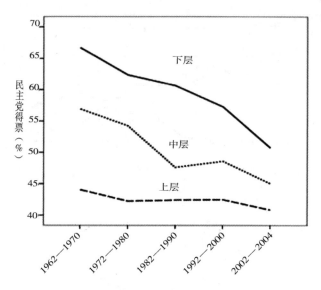

图3—9 分阶级看白人选民中民主党认同者比例的
变迁趋势：1962—2004

资料来源：American National Election Study，1962–2004。

均推动了政治文化的变迁。具体而言，政治文化的变化表现在以下几个方面：

第一，因着各级法院的司法判决，国家在社会道德文化领域的介入程度空前加大。婚姻、家庭、性别这些传统的私人话题逐渐成为公共的议题，并成为选民分裂的主要来源。过去，国家很少过问婚姻、家庭等传统私人领域的事务。但是，随着美国公民自由联盟和福音派组织的社会抗争和政治游说，这些议题也成为了公共议题。它们不断地把这些议题推向最高法院，力图通过影响选举来影响最高大法官的任命（总统可以提名最高大法官），最终影响最高法院的司法判决。

第二，政治家和宗教领袖更多地、更明显地在公共场合谈论信仰。这种谈论已从肯尼迪时期的被动辩护转到里根时代的主动宣告。由于美国存在多元的宗教和政教分离的制度，过去选民一般不希望政治家把私人的信仰带到公共领域。他们担心这会导致教派政治（sectarian politics）。在这样一种政治文化中，非主流宗派候选人的信仰才会被关注。候选人也只有在这种情况下才会以一种自我辩护的方式来谈论自己的信仰。最为明显的例子就是肯尼迪。作为一个天主教徒，他被怀疑不爱国，会破坏民主制度，且会听从教宗的旨意来决定美国的政策。所以，他只好为自己的信仰辩护，并于1960年向德州的官员公开地宣告：

> 我相信美国的政教分离是绝对的。没有一个天主教的神甫应该告诉总统（如果他是一个天主教徒）应该如何行动。同样没有一个新教的牧师应该告诉他牧区的信众如何去投票。没有一个教会或教会学校应该获得政府的公共资金或特别的政治偏向。人们不应该仅因他的宗教信仰与委任他的总统或选举他的选民不同而被否决参与公职的机会。
>
> 我相信美国并不存在官方的天主教、新教和犹太教。官员不应该接受或被要求从教宗、全国教会会议或者其他宗教来源获得有关公共政策的建议。没有一个宗教组织应该把自己的信仰强加给全国人民或者公共的法令之上。宗教自由是不可分割的。一个针对某一宗教的法令其实是与所有宗教的对抗。①

但是，20世纪70年代末以来，这样的文化规则发生了极大的变化。卡特总统公开宣称自己是一个"重生"的教徒。里根总统对保守的信徒宣告："我知道你们不一定会支持（endorse）我，但是我会支持你们！"当小布什被问及哪个政治哲学家是他最伟大的导师时，他宣告是耶稣，并补充说"因为他改变了我的生命"。奥巴马竞选总统的时候也强调信仰对黑人解放运动以及他的政治参与的影响。总统在全国演说中提到上帝的次数迅速增多，并越来越以先知（即上帝代言人）而非祭司（即民众的代

① John F. Kennedy，"JFK's Speech on His Religion"（https://www.npr.org/templates/story/story.php?storyId=16920600），2019年12月10日下载。

求者）的角色发言。

第三，由于宗教越来越与公共的社会议题相关，宗教动员变得日益明显。宗教团体发起社会运动越来越成为一种常规而不是例外。自由主义者和传统主义者都在极力争夺政治权力以使美国通往他们所期待的方向。① 宗教团体政治动员的增加不仅源自与婚姻、家庭议题的升温，也源自最高法院 20 世纪 50—70 年代所作出的一些司法判决。这些判决认为校园公祷，在公立学校和政府机构悬挂宗教符号与格言违背了政教分离的原则。过去，虽然美国已建立起政教分离的制度，但这些宗教符号和仪式因被看成是一种文化传统而得以保留下来。这种"去宗教"的行动激起了福音派团体恢复（reclaim）美国基督教传统的政治行动。这在世俗主义者看来则是一种建构神权国家的尝试。于是，世俗与宗教的冲突使得宗教因素在选举中的地位日益凸显。

第四，美国政治日益极化，分裂政府已成为了美国政治的常态。政治极化的重要表现是两党执政的时候往往采取一些极端的政策，而另外一个政党上台时则以推翻其前任的政策为重要目标。例如，奥巴马任总统时强行推进医改政策，特朗普上台后则以废除奥巴马医改政策为其任内的主要目标。政治极化和分裂投票共同作用制造出分裂政府。图 3—10 反映的是分裂投票的变化趋势。我们看到无论在全国还是地方政府的选举中都存在分裂投票现象。分裂投票自 20 世纪 50 年代以来一直呈上升趋势，人们不仅在不同的选举中选择了不同的政党，还在国会和总统选举中投了不同政党候选人的票。20 世纪 90 年代以来，政治极化加剧。这虽然强化了党派性，减少了分裂投票，但却制造出一个数量可观、经常摇摆的独立选民群体。他们在大选和中期选举的投票转向，常常制造出分裂政府，使美国政治陷入僵局。

---

① James Davison Hunter, *Culture Wars: The Struggle to Control the Family, Art, Education, Law, and Politics in America*, New York: Basic Books, 1992.

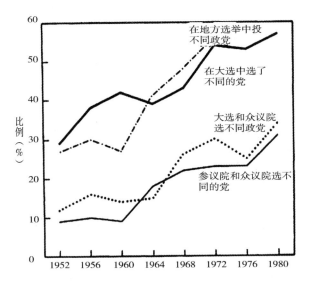

图 3—10 美国人分裂投票的变化趋势：1952—1980

资料来源：Martin P. Wattenberg, *The Decline of American Political Parties 1952 – 1994*, Cambridge, Mass.：Harvard University Press, 1998, p. 21。

（二）选举地理的改变

战后美国的选举地理也发生了显著的变化，这既表现为地区忠诚的变化（主要是南部州转向共和党），也表现为获胜格局的变化。

首先是地区忠诚的转变。从图 3—11 我们可以看到，20 世纪 60 年代末以来，新英格兰、东海岸、西海岸和中西部由共和党的大本营变成了民主党的大本营。美国的南部和西部山区则由民主党的大本营转为共和党的大本营。这样的转变一开始是因为种族的原因。《选举权利法案》的通过使得南部州由民主党稳固的南方（solid south）变为共和党的忠实支持者。后来，宗教成为种族以外南部州与共和党结盟的基础。圣经带（Bible Belt）各州之所以支持共和党，是因为共和党在道德文化议题上支持他们保守的立场。① 东北部、东海岸、西海岸和中西部支持民主党则很大程度上源于他们的自由立场。

---

① 圣经带是美南浸信会占主流地位的东南部及中西部各州的统称。这西北至肯萨斯州、西南至德萨斯州，东北至弗吉尼亚州、东南至佛罗里达州。

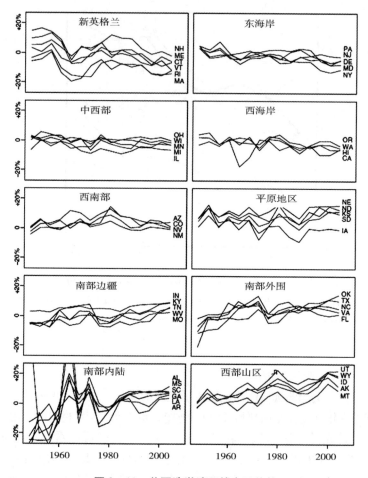

图3—11　美国选举地理的变迁趋势

说明：纵轴代表共和党与民主党得票的差额，正号代表共和党获胜，负号代表民主党获胜，差额越大代表获胜比例越大。

资料来源：Andrew Gelman, *Red State, Blue State, Rich State, Poor State : Why Americans Vote the Way They Do*, Princeton：Princeton University Press, 2008, p. 44。

其次是红蓝对峙的出现。克林顿总统以来，一种红蓝对峙的景观逐步取代原来一统河山的格局。红蓝对峙的现象不仅在州一级，而且在县一级也变得越发明显。在以前的选举中，候选人常常是大比例获胜，呈一统河山态势。获胜的候选人不仅会赢得多数的大众选票，还会赢得绝大多数的州。但是，克林顿总统以来的几次选举，候选人得票差距均不是很大，而且在选举地理上体现出比较明显的红蓝对峙的现象。那么，红蓝对峙更多体现为一种阶级冲突还是一种文化冲突？由于选举地理的景象是由选民的投票造成的，所以要解开红蓝对峙的谜团，需要我们对红蓝州选民的投票模式进行分析。这里有两类假设：阶级冲突假设和文化冲突假设。前者认为红蓝对峙是由于穷富选民的阶级冲突造成的，后者则认为这是由于自由与保守选民的文化冲突造成的。因为穷人更多支持民主党，富人更多支持共和党；所以，如果红蓝对峙是一种贫富对立，那么红州应该有更多的富人，蓝州应该有更多的穷人，而且穷人富人在不同类型州的投票模式应该一致。因为自由分子更多支持民主党，保守分子更多支持共和党；所以，如果红蓝对峙是一种文化对立，那么红州应该有更多的保守分子，蓝州应该有更多的自由分子，而且自由分子和保守分子在不同类型州的投票模式应该一致。事实上，红州往往是比较穷的州，而蓝州则通常是比较富的州，刚好与我们上面的阶级冲突假设相反。因此，红蓝对峙不太可能是一种阶级冲突。

让我们再检验一下文化冲突假设。我们以 2012 年这个一般选年的选举地理数据来检验这个假设。图 3—12 反映的是 2012 年的红蓝县区的分布。蓝县主要分布在美国的西海岸、东北部和五大湖环湖流域，红县则主要分布在美国的南部、中部和西部的山区。从图 3—13 我们可以看到，红县都是宗教信徒比例比较高的县，蓝县一般都是信徒比例比较低的县。从图 3—14 我们可以看到，红县更多是福音派（含美南浸信会、循道会和福音派信义宗）和摩门教这些保守宗派较多的地方，而蓝县则是天主教和无宗教隶属人居多的地方。于是，我们可以大致认为 2012 年的红蓝县对峙更多体现为一种文化对峙。事实上，红县往往是比较保守，宗教性比较强的县；而蓝县往往是比较自由，宗教性比较弱的县。于是，文化冲突命题要比阶级冲突命题更好解释红蓝对峙的现象。

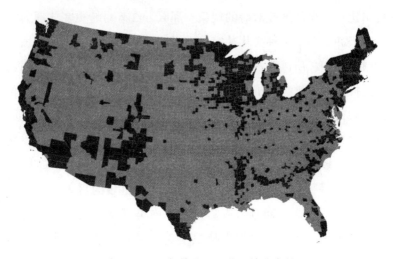

图 3—12　2012 年的美国红蓝县的分布状况

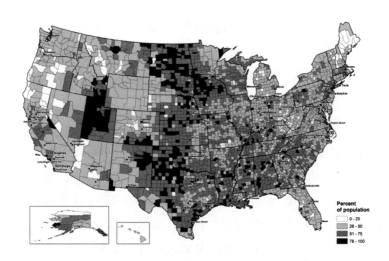

图 3—13　2010 年美国县一级的宗教信徒比例

　　说明：信徒比例根据美国 236 个宗教团体的汇报结果除以当地人口得出来。总的来说，红县都是宗教信徒比例比较高（50% 以上）的县，蓝县一般都是信徒比例比较低（50% 以下，其中有不少地方低于 25%）的县。

　　资料来源：Religious Congregations Membership Study（RCMS 2010）（http://www. usreligioncensus. org/maps2010. php），2019 年 8 月 10 日下载。

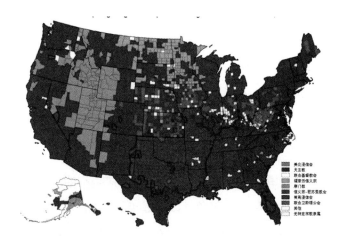

图 3—14　2010 年美国各大宗教传统的分布状况

资料来源：Religious Congregations Membership Study（RCMS 2010）（http://www. usreligioncensus. org/maps2010. php），2019 年 8 月 10 日下载。

（三）投票模式的变化

不仅是选举地理和选民基础发生了较大的改变，选民的投票模式也发生了显著的变化。笔者将通过各种投票的差距来分析投票模式的改变。笔者将先分析这些差距的来源，然后分析这些差距的变化趋向。

美国总统选举体现出来的主要差距有以下几种：因宗教而来的差距（包括宗教隶属差距 affiliation gap 和教堂出席率差距 attendance gap），因阶级、工会资格、收入、性别、婚姻状态、年龄、区域、城乡和种族而来的差距。这些差距是社会分裂在选举中的体现。当然分裂不是绝对的，会因候选人的状况、议题和投票者本身的情况而改变。

阶级差距可通过客观的标准和主观的认同来测量。收入、教育和职业差距均是从客观的指标来分析不同群体的差距，主观认同则主要是从身份认同来分析阶级差距。但因为美国的工会势力较弱，社会流动较容易，美国人的阶级意识不强，更多人自认为是中产阶级。于是，学界更多用客观的标准（收入、教育和职业）而非主观的认同来测量阶级差距。此外，由于社会底层和富人只是占很少的比例，阶级差距主要通过工人阶级和中产阶级的差距来认定。工会资格差距源自新政时代所建立的工人阶级和民主党的结盟。由于工会更多由低收入的蓝领工人组成，因此工会资格反映了收入和职业的差距。

收入差距反映了不同社会阶层的政党偏好。收入差距源自两党税收和社会福利政策。这会对财富进行再分配，影响不同群体的经济利益。[1] 用收入来划分美国的阶层是一个非常复杂的事情。为了分析的方便，学界通常以家庭年收入 50000 美元（美国家庭的平均收入）为临界点把美国人群划分为低收入人群和高收入人群。在这样的划分下，低收入人群已包括了工人阶级和社会底层，高收入人群已包括了富人阶级和中产阶级。家庭年收入在 50000 美元以下的人会更多选择民主党，高于 50000 美元的人更倾向选共和党。但是高收入人群的党派倾向比较多元，有的人会因为税收政策选择共和党，有的人则会因文化立场选择民主党。研究发现教育程度较高的人更倾向文化上的自由立场，而非经济意义上的阶级立场。[2]

地区差距一般以南北划界，分为南部和南部以外的地方。这种分裂源于两个地区不同的社会人口景观和历史记忆。《选举权利法案》的颁布使得南部的州从民主党转向共和党，而宗教和文化议题又强化了南部州和共和党的结盟。北部州为传统的工业基地，一般比较富有，且有比较多的工人。罗斯福新政推动了这些州与民主党的结盟。

宗教隶属差距是旧的宗教差距，主要源于新教与天主教的对立。新教一般更多地选共和党，而天主教等其他教派更多选民主党。随着天主教的转变，主要包括天主教的民主化、多样化（拉

---

① Jeffrey M. Stonecash, "The Income Gap", *Political Science*, Vol. 39, 2006, pp. 461 – 466.

② Steven G. Brint, "New Class' and Cumulative Trend Explanations of the Liberal Attitudes of Professionals", *American Journal of Sociology*, Vol. 90, 1984, pp. 30 – 71.

丁天主教和罗马天主教）和公共化（支持穷人，反对核扩散、同性恋和堕胎），天主教和新教的分歧在减少。由于黑人新教一般选民主党，为了避免种族因素的干预，隶属差距一般通过白人新教徒划界。随着宗教的再造，以及宗教内部围绕着意识形态分野的扩大，一种新的宗教差距已经出现。这种差距源自对圣经不一样的信仰（如圣经是否有误）和对宗教生活不同程度的参与。这种信仰和行为上的差距一般用教堂出席率衡量，并以是否每周参与划界。这样划分是因为在美国教堂的出席率是非常高的，美国的文化也把参加教会活动作为好公民的标准。每周去教堂的人和不经常去教堂的人在政治选择上存在明显差异。[1]

　　性别差距更多不是源于自然的性别，而是社会性别。男女在家庭和社会中扮演着不同的角色，而这些角色与两党的税收和社会福利政策联系在一起，从而制造了性别的差距。[2] 男性一般为家庭收入的主要来源，关心减税问题、持枪问题，一般更多选择共和党。女性常常从事低收入的工作，更关注社会福利和医疗问题，更多选择民主党。性别差距还与婚姻差距联系在一起。[3] 婚姻差距以现在是否处在婚姻中划界，在婚姻中的人更多会选择共和党，而其他人则更多选择民主党。女性之所以更多选择民主党，还因为美国存在很多的单亲家庭和非婚生儿童，堕胎问题、子女照顾问题都使得妇女更多选择民主党。性别差距在不同的地

---

[1]　Andrew Kohut, John C. Green, Robert C. Toth and Scott Keeter, *The Diminishing Divide*: *Religion's Changing Role in American Politics*, Washington, D. C. : Brookings Institution Press, 2000.

[2]　有关性别差距的核心文献有 Karen M. Kaufman, "The Gender Gap", *PS*: *Political Science and Politics*, Vol. 39, 2006, pp. 447 –455；Janet M. Box – Steffensmeier, Suzanna De Boef and Tse – Min Lin, "The Dynamics of the Partisan Gender Gap", *American Political Science Review*, Vol. 98, 2004, pp. 515 –525.

[3]　有关性别差距的核心文献有 Anna Greenberg, "The Marriage Gap", *Blueprint Magazine*, July 12, 2001；Anna Greenberg, "Moving Beyond the Gender Gap", in Matthew R. Kerbel, ed. , *Get This Party Started*: *How Progressives Can Fight Back and Win*, New York: Rowman & Littlefield, 2006, pp. 23 –44。

区并不一样，1996 年以来在北方性别差距扩大的同时，南方的性别差距却在缩小。

年龄差距反映的是不一样的社会化过程带来的代际分野，一般以 40 岁或 30 岁为临界点划界。① 40 岁以下的人基本上是在反战运动、性解放运动、女权运动和民权运动等反文化运动下成长起来的一代。他们的价值观念和成长背景与 40 岁以上的人存在比较大的差异。30 岁以下的更多是年轻的学生，这些人的价值观念与他们的父辈也有着很大的差异。

城乡差距主要源于城市和农村不一样的发展历程和社会问题。这些年来县一级的人文环境越来越同质化，这些都使得城乡的差距突现起来。城乡差距一般以是否为城市划界。此外，一般居住在农村的人在宗教上和道德观念上要比城市的人保守。除了道德上的差异，收入差异也可能是城乡差距的来源。一般来说，农村里的选民更多会选择共和党，大城市的选民一般更多选民主党。②

种族差距源自白人与少数族裔不一样的历史和移民经历，不一样的社会地位，这是美国政治中最为显著的差距之一。一般以是否为白人划界。考虑到白人比例的下降、非裔比例的停滞和西班牙裔比例的迅速增长，学者也往往会把西班牙裔人单列出来。

分析完各个差距的来源之后，让我们再来看看这些差距的变迁趋势。图 3—15 反映的是 20 世纪 40 年代以来，各种差距的大小及变迁趋势。从图中我们可以看到一种明显的变迁趋势：工会和阶级差距有了较大的下降，种族、宗教等认同差距则有了较大的提高。

首先，我们将先看看阶级差距和工会差距。工会差距自 1948 年以来一直呈下降趋势，从 1948 年的 37% 下降到 2008 年的 8% 。与之类似，阶级差距也从 44% 下降到 6% 。这与新政联

---

① 有关代际差距的主要文献有 Wade Clark Roof, *A Generation of Seekers*, San Francisco: Harper San Francisco, 1993; Neil Howe and William Strauss, *Millennials Rising: The Next Great Generation*, New York: Random House, 2000。

② James G. Gimpel and Kimberly A. Karnes, "The Rural Side of the Urban - Rural Gap", *PS: Political Science and Politics*, Vol. 39, 2006, pp. 467 - 472.

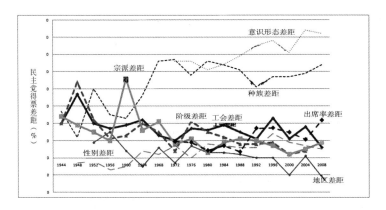

图3—15　美国各投票差距的变迁趋势：1944—2008

说明：种族差距通过非裔投民主党票的比例减去白人投民主党票的比例算出来；地区差距通过南方人投民主党票的比例减去南方以外的人投民主党票的比例算出来；工会差距通过家中有工会成员的人投民主党票的比例减去没有工会成员的人投民主党票的比例算出来；阶级差距通过工人阶级投民主党票的比例减去中产阶级投民主党票的比例算出来；宗派差距通过天主教徒投民主党票的比例减去新教徒投民主党票的比例算出来；出席率差距是用非每周上教堂的人投民主党票的比例减去每周上教堂的人投民主党票的比例算出来；意识形态差距用自由主义者投民主党票的比例减去保守主义者投民主党票的比例；性别差距用女性投民主党票的比例减去男性投民主党票的比例。

资料来源：NORC Survey, 1944；ANES, 1980—2008。

盟的动摇、工人阶级的下降和工会的衰落有密切的关系。红州工人因着同性恋、持枪和宗教等议题（God, gay and gun）转向共和党，也是工会差距下降的原因。

其次，我们将看看其他跟文化认同相关的差距。自1960年以来，种族差距和意识形态急剧上升，并一直是最为显著的两个差距。种族差距主要源于《选举权利法案》带来的选举权的扩张，以及少数族裔与民主党的稳定结盟。意识形态的差距主要源于美国文化的变迁。民主党越发成为一个自由主义的党，而共和党则成为一个保守主义的阵营。图3—15虽然呈现出地区差距下降的趋势。但值得强调的是，这只说明了传统的南北二分方法已难以捕捉美国的地区差异。事实上，最近的选举体现出非常明显的红蓝州对峙的局面。这主要源于民主党与北部州和太平洋沿岸的州结成稳定的联盟，共和党则与南部州和中西部州结成稳定的结盟。① 传统上以南部州和非南部州来划分美国的选举地理已不能很好识别出美国的地区差异。在 1960 年的大选中，宗教隶属差距曾是诸差距中最大的差距。该年，肯尼迪竞选总统。天主教压倒性地支持民主党，而新教则大比例地支持共和党，因此呈现出显著的宗教隶属差距。但自 1960 年以降宗教隶属差距一直在减少，从 1960 年的 48% 下降到 2008 年的 9%。但这并不意味着宗教影响力的下降。从另外一个测量宗教影响力的指标——教堂出席率来看，出席率差距已从 1972 年的 9.5% 增加到 2008 年的 21.8%。因此，与其说是宗教影响力的减少，不如说这是宗教影响方式的改变：从依靠宗派差异到依靠出席率差异发挥作用。这主要源于宗教的再造。宗教内部围绕着意识形态的重组，使得宗教内的差异往往大于宗教间的差异。天主教和新教的投票差距在减少，而很少上教堂的人与经常上教堂的人之间的差距却在增大。在美国的处境下，是否经常上教堂不仅体现出宗教虔诚度的差异，还体现出宗教保守程度的差异。因为经常上教堂的人往往在价值观念上也比较保守。

从图 3—15 我们还可以看到，20 世纪 40—70 年代，性别差距并不显著。在 1976 年卡特当选总统时，性别差距为 0。性别差距自里根起开始显著起来，达至 8% 左右。女性更倾向于选择民主党，男性则更可能选择共和党。为了清晰起见，笔者并没有在图上呈现出代际差异的变迁趋势。事实上，代际差距正呈现出上升趋势。年轻人更倾向于选择民主党的候选人，而中老年人则更可能选择共和党的候选人。代际差距体现出的是一个文化差异而非社会地位的差异，因为年轻人一般而言观念更为自由，中老年人的观念则相对比较保守。

综上所述，20 世纪 60 年代以来，阶级差距和工会差距开始显著下降，而意识形态差距、种族差距、性别差距和出席率差距

_____

① 2016 年的选举是一个例外。在该年的选举中，特朗普从民主党手中赢得了爱荷华州、密歇根州和宾州等传统北部州。

等跟身份认同相关的差距则有了较大的增长。由此我们可以判断，阶级因素的影响力在下降，种族和宗教等认同因素的影响力在上升，美国的选举政治正逐步从阶级冲突向文化战争转变。

　　这里需要强调的是，这些差距只是从一个侧面反映了不同群体的投票差异，不同的分组方式会使得投票的差距有很大的变化。为了解决操作化带来的偏差，笔者在后面三章的选举分析中将尽量对各分群变量采取多元的操作化方式。这样做虽会损害分析的统一性，但是会更有助于读者理解这些差距的表现方式。此外，差距的大小只是一种直观的描述统计，它只能说明这些因素的区分度，并不能反映因素的影响力和显著程度。要获知因素的影响力和显著程度需要我们对这些因素进行回归分析，然后看它们的 beta 系数和 p‐value。在接下来的个案分析章节，笔者将结合描述统计和回归分析，更全面地呈现因素的区分度和影响力。

四　选举政治变迁的动力机制

　　在上文中，笔者已经分析了二战以来美国社会的变化。我们看到这些变化不仅改变了美国的政治文化、两党的形象与立场，还改变了美国的选举地理和投票模式。一个总的趋向是阶级因素影响力的下降和认同因素影响力的上升。换言之，战后美国经历了一个从阶级冲突到文化战争的转换，阶级政治的地位正日益被认同政治所动摇。从某种意义来说，这个发现从选举领域推进了学界有关战后价值观变迁和社会运动演进的讨论。[①] 阶级政治的下降和认同政治的上升，不仅是 20 世纪 60 年代以降美国政治变迁的一个显著趋势，也是全球政治变迁的重要特征。

----

　　① 英格哈特认为，随着工业社会的发展（服务业）和教育的提高，工人阶级比例的减少，工会的衰落，人们的价值观念也在改变：从以物质为基础的价值到后物质价值。社会运动的研究也发现，60 年代以来美国的社会运动逐渐从传统的社会运动转向以认同为基础的新社会运动。参见赵鼎新：《社会与政治运动讲义》，清华大学出版社 2006 年版，第 289—295 页。

分析完了战后美国选举政治变迁的根源和趋向后，接下来让我们再分析一下这种变迁的动力机制。换言之，这些变化是如何影响到美国的选举政治的变迁，进而塑造美国的政治演变过程？在图 3—16 里笔者给出了一个社会变迁影响选举政治变迁的分析框架图。社会变迁推动了美国社会在阶级、种族和宗教等方面的重组，两党为赢得选举在政纲和形象方面做了调适。在特定的制度环境下，这推动了一次政治的再结盟，从而带动了选举政治变迁。

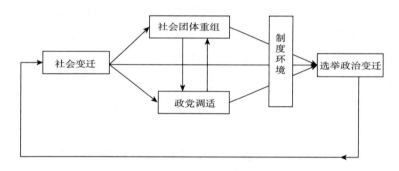

图 3—16　社会变迁影响选举政治变迁的动力机制

资料来源：笔者自己绘制。

我们不难发现，除种族之外，战后美国选举政治的变迁与福音派的兴起和转向有密切关系。这是因为宗教团体是美国最重要的社会构成，它对美国的政治和文化都有着举足轻重的影响。[①]由于宗教是推动这场转向的重要力量，让我们再重点分析一下宗教重组如何带动了战后选举政治的变迁。福音派的兴起及其与共和党的结盟是选举政治变迁的重要推动力。但分析福音派之前，我们还需要分析一下福音派的前身——基要派。从某种意义上

---

① 麦克·查韦斯以堂会为中心分析了美国宗教的社会和政治影响，肯尼斯·D. 沃尔德和阿利森·卡尔洪 – 布朗则分析了宗派和信众对美国政治的参与。具体论述参见 Mark Chaves, Congregations in America, Cambridge：Harvard University Press, 2004；［美］肯尼斯·D. 沃尔德和阿利森·卡尔洪 – 布朗：《宗教和政治行动》，章志萍译，《宗教与美国社会》2018 年第 16 辑，第 30—81 页。

说，福音派和主流教派的分歧也是现代派和基要派分歧的延续。①在谈到基要主义兴起的原因的时候，很多学者都把焦点放在社会而不是国家，并认为这是宗教对世俗化的简单拒绝，是一种历史的反动。其实，如果我们深究世俗化的根源和性质，我们会发现在很多地方，世俗化不是一个自然的过程，相反却是一种国家在公共空间强制去除宗教的政策。学界用世俗主义（laicism）来描述这种国家政策，凯末尔及其政党在土耳其牵起的革命，法国革命催生的宗教政策，都是其中的典型。在美国我们可以看到作为自然过程的世俗化和作为国家政策的世俗化（体现为最高法院去宗教的司法判决）同时存在，这带来了美国基要主义的两个轨迹：一个以达尔文的进化论为焦点，表现为基要主义和现代主义的宗教较量，以基要主义的失败以及随后的循迹为结束；另一个以堕胎和同性婚姻等社会议题为焦点，表现为传统主义和现代主义的政治角逐，至今影响着美国的社会。这种国家推动的世俗化政策激起了宗教的回应，其表现为社会对国家的抗争。

　　杰弗里·雷曼在其《大分裂》一书中系统分析了美国最近分裂的状况和原因，并提出了一个分析宏观背景变化如何影响政党政治的解释框架。其动力机制如图 3—17 所示。

　　我们可以看到宗教对政治的影响是通过一系列复杂的互动实现的。宗教上的分裂推动了以宗教分裂为基础的社会文化议题进入公共领域，这引起了战略政治家的注意。政治动员的性质决定了他们采取非中间的立场，使得文化上的自由和保守的活跃分子

---

　　① 有关福音派和基要派的关系请看 George M. Marsden, *Understanding Fundamentalism and Evangelicalism*, Grand Rapids, Mich.：W. B. Eerdmans, 1991；George M. Marsden, *Fundamentalism and American Culture*, New York：Oxford University Press, 2006。有关现代派的发展历史请看 William R. Hutchison, *The Modernist Impulse in American Protestantism*, Durham：Duke University Press, 1992。猴子审判暂时结束了现代派和基要派的争斗，自此之后基要派开始远离政治。但是随着历史的演变，很大一部分基要派的信徒转变成福音派，推动了宗教右翼的形成。

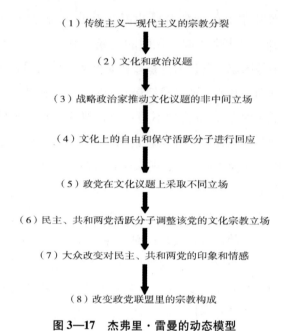

（1）传统主义—现代主义的宗教分裂

（2）文化和政治议题

（3）战略政治家推动文化议题的非中间立场

（4）文化上的自由和保守活跃分子进行回应

（5）政党在文化议题上采取不同立场

（6）民主、共和两党活跃分子调整该党的文化宗教立场

（7）大众改变对民主、共和两党的印象和情感

（8）改变政党联盟里的宗教构成

图3—17 杰弗里·雷曼的动态模型

资料来源：Geoffrey Layman，*The Great Divide*，New York：Columbia University Press，2001，24。

不得不进行回应。这种文化战的出现与推进，使得两党必须对其政纲进行调整，并在文化议题上采取了不同的立场。这种调整主要是通过政党内的活跃分子实现的。这本身带来了民众对民主、共和两党的印象和情感的改变，最终改变了两党的宗教选民基础。这基本上是一个从宗教到政治的过程，精英在这个互动过程中发挥了核心的作用。不过，我们需要注意到宗教分裂本身某种程度上亦是政治过程塑造的结果。若非卡特政府威胁到参与政治运动的宗教组织的免税地位，若不是美国最高法院在校园公祷和堕胎等议题上作出倾向于去宗教的司法判决，美国的宗教也许不会被动员起来，并使得这种宗教分裂演化成一场改变美国政治走向的文化战。因为美国的基要主义经历了猴子审判的失败后，在很长时间是疏离政治的。某种程度上，是这些政治上的压力推动了基要主义的转化（一部分转变成福音派，并积极参与政治）和宗教新右翼的兴起。于是，在这个过程中，政治与宗教是相互塑造的，美国的政治走向也将取决于双方进一步的互动。

正如一些学者指出：很难想象教会能在对这些公共议题保持沉默的同时进行教会的教导，正是这些政治背后的道德根源以及这些政策本身对教会教导和利益的冲击，推动了教会积极地参与到政治中去。[①] 教会主要通过发起社会运动、游说官员、影响政党政治和选举的方式参与政治，其中与共和党的结盟成为了最主要的方式。民权法案导致南部州的转向，里根总统所建立的保守派的结盟，这些都推动了当下选举政治模式的形成。在这些变化趋势下美国最近的选举政治将呈现什么样的模式？种族/宗教模型和阶级模型哪一个能更好地解释选举的差异？笔者将在接下来的三章里进行详细的分析。

---

① John C. Green, Mark J. Rozell and Clyde Wilcox, eds., *The Christian Right in American Politics*: *Marching to the Millennium*, Washington, D. C. : Georgetown University Press, 2003, pp. 281 – 284.

第四章　2000：一般选年下的选举政治

在上一章里，笔者已经分析了二战以降美国社会变迁和选举政治变迁的动因和趋向，并给出了一个社会变迁影响选举政治变迁的模型。笔者发现一个总的趋向是阶级政治的下降和认同政治的上升，表现为宗教因素和种族因素的凸显，阶级因素的减弱。从 1968 年尼克松上台到 1988 年老布什上任，共和党一直主导着美国的白宫（1976—1980 年执政的卡特总统是一个例外）。① 然而，克林顿的当选和连任打破了自 1968 年以来共和党对白宫的主导。克林顿在 1992 年竞选时打出来的口号——"是经济，傻瓜"（It is economy, stupid!），也让人们看到阶级政治的影子。克林顿的上台是否带来了时代的转换？换言之，克林顿是否带来里根时代的终结和新政时代的复兴？认同政治是否已经转向，并被阶级政治所取代？在接下来的三章里，笔者将聚焦 21 世纪初的三次选举。笔者将分析阶级政治与认同政治的变迁趋向，并比较认同模型和阶级模型对选举差异的解释力。

本章将从选举动态、选举地理和投票模式等方面分析 2000 年的总统选举。由于最高法院介入佛州选票数点事件引起了美国

---

① 民主党候选人卡特之所以能够赢得 1976 年的大选，是因为水门事件对共和党的声誉造成极大的冲击。这可以看作选民对共和党的暂时惩罚，并不代表选民的显著转向。从里根后来的大比例获胜，我们可以看到卡特只是一个共和党执政时代的例外。

的宪政危机,①笔者也将对这个议题进行简要的分析。

一　大选背景与关键议题

克林顿政府带来了经济的发展，政府赤字的大规模缩减，以及一个相对宽松的外交环境。克林顿总统还强化了民主党与非裔美国人的联系，巩固了自由主义者联盟。这些都可能为民主党再次赢得大选创造条件。但是，克林顿的性丑闻则成为了民主党的负资产。民主党在克林顿任内失去国会，也成为该党再次赢得大选的障碍。2000 年的大选便是在这样的背景下进行的。这是一次由在任副总统与现任州长进行的角逐。相近的支持率，最高法院介入佛州的选票数点案件，赢得大众选票的戈尔却输掉大选，这些都是 2000 年选举的显著特征。

图 4—1 呈现的是 2000 年大选的关键议题，以及看重不同议题的选民的投票模式。从图 4—1 我们可以看到，2000 年没有压

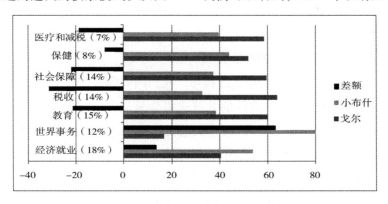

图 4—1　2000 年大选的关键议题和投票模式

资料来源：Voter News Service General Election Exit Polls, 2000。

---

① 由于佛州选票设计上的失误，导致一些选票无法识别所选的对象，引起了争议。最后争议提交到最高法院。最高法院驳回重新数点票数的请求，维持原有的点票结果。最终，小布什凭着 500 多张选票的多数赢得了佛州的选举人团票，从而当选为美国总统。

倒性的竞选议题。经济议题仍是人们最关心的议题，教育、减税和社会保障也是非常关键的议题。关心减税和世界事务（即外交议题）的选民都更多地支持小布什，关心其他议题的选民则更多地支持艾伯特·戈尔（Albert Gore）。由此可见，戈尔在议题上更有优势。执政党的优势、克林顿的高支持率以及民主党在关键议题上的优势都有可能帮助戈尔赢得选举，但是大选却以小布什的胜出告终。

二　竞选过程

由于没有在任的总统角逐连任，而两党内均由力量悬殊的候选人角逐提名，2000 年的预选相对比较平静。但是，势均力敌的秋季竞选，佛州选票问题引发的宪政危机，使得全国的大选非常热闹。本部分将分析竞选的过程，为后面的投票模式分析提供一个动态的维度。笔者将先分析竞选的制度背景，接着分析两党的主要候选人名录及两党预选情况，最后分析秋季的大选情况。

（一）美国大选的制度背景

在分析 2000 年的竞选过程前，我们需要先介绍一下美国大选制度的基本内容。美国的总统选举分为预选、两党全国会议（确定党内总统候选人名单）、大选日投票和选举人团投票四个阶段。在预选阶段（通常为大选年的 2—6 月），民主、共和两党的选民会在各州选出参加全国党代表大会的代表。这些代表又被称为承诺代表（pledged delegate），他们承诺在选举人团投票时将根据各州选民意愿选出总统候选人。接着，两党将分别举行全国代表大会（通常为大选年的 7、8 月），提名自己的总统候选人参与秋季的大选角逐。随后，两党总统候选人会展开激烈的竞选角逐，其间会有三场总统候选人辩论和一场副总统候选人辩论，而辩论过程将由电视现场直播。在大选日（11 月 4 日），选民将进行投票。由于美国实行选举人团制度，选民的投票还需要转化

为选举人团票才能最终决定大选结果。由于美国大多数州实行
"赢者通吃"（first past the post）的选举制度，获得多数选票的
候选人将获得该州所有的选举人团票。获得超半数选举人团票的
候选人将赢得选举。当下美国一共有 538 张选举人团票，总统候
选人至少需要赢得 270 张选票方可当选。总统名单通过选举人团
投票这个仪式过程最终确立。

　　现在的提名体系主要是 1972 年改革的产物。根据阿文森等
人的归纳，四个因素最终塑造提名的角逐：州与联邦主义之争，
产生参与全国会议代表的规则，有关竞选财务的规定，以及候选
人对这些规定和他们的对手的回应。[1] 一般来说，在任总统选择
连任都会赢得提名，在野党的候选人提名则会有比较多的候选人
进行角逐。募款能力、媒体的关注度和民调的支持率往往用于衡
量候选人的竞选成功程度。在预选角逐中，爱荷华州的政党基层
会议和新罕布什尔州的初选，超级星期二（super‐Tuesday）的
结果是最为关键的，全国大会反而成为一种仪式和欢庆。[2]在此
大会上，获胜的总统候选人会发表一个全国演说，以宣示他/她
的形象和立场。全国大会的主要功能为确认各州选出的代表，制
定该党未来四年的行动规则，并通过政纲。

　　当下，美国总统候选人的提名方式分为以下两种：政党基层
会议和初选。采取政党基层会议提名方式的州，两党的骨干会先
在各会议召开点宣示候选人的政策立场，然后由与会党员进行投
票。采取初选方式的州，选民则直接到投票站投票，而不必参加
现场会议。例如，在 2000 年的民主党候选人提名中，以爱荷华
州为首的 16 个州采取了政党基层会议的方式，以新罕布尔州为
首的 35 个州采取了初选的方式。政党基层会议和初选将产生每

---

① Paul R. Abramson, John H. Aldrich and David W. Rohde, *Change and Continuity in the* 2004 *and* 2006 *Elections*, Washington, D. C. : CQ Press, 2007, p. 20.

② 之所以被称为超级星期二，是因为绝大多数州的初选会在这天进行，最终选
出参加全国会议的代表。超级星期二一般在三月初的某个星期二，但具体时间视选年
而定。

州参加全国会议的代表，这些代表承诺将按照选民的意愿投票产生两党的总统候选人。除了这些承诺代表，民主党还设定了一些超级代表（super delegate）来确保政党意志的统一。超级代表由民主党全国会议的委员、州长、国会的参议员和众议员，以及一些重要的民主党领袖（如卸任的总统、副总统、国会领袖和全国会议主席）组成。这些代表可以自由地选择他们的总统候选人。

竞选资金和媒体效应是获得候选人提名资格的关键因素。由于各州预选时间表不一样，爱荷华州的政党基层会议和新罕布什尔州的初选越来越成为选举的风向标，而超级星期二则基本上是尘埃落定的时刻。选举景观中出现一种很明显的领先效应（参见图4—2）。谁能在早期的预选中获胜，谁就可能赢得领先优势，并更可能凭着这样的优势当选为总统候选人。

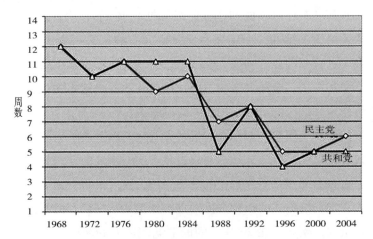

图4—2 美国候选人提名的领先效应的变迁趋向：1968—2004

说明：纵轴表示爱荷华政党基层会议到候选人胜出间隔的周数，周数越少代表候选人的领先效应越明显。

资料来源：Mark J. Wattier, "Presidential Primaries and Frontloading: An Empirical Polemic", Paper Prepared for "State of the Party: 2004 & Beyond", A Conference Sponsored by the Ray C. Bliss Institute of Applied Politics, University of Akron, Akron, OH, October 5 – 7, 2005。

（二）候选人名录

首先让我们看看民主党的候选人名录。民主党的候选人主要有副总统戈尔，新泽西州前参议员比尔·布莱德利（Bill Bradley），佛蒙特州州长迪安（Howard Dean），麻州参议员约翰·克里（John Kerry），密苏里州的众议员理查德·格普哈特（Richard Gephardt）和华盛顿特区的牧师杰西·杰克逊（Jesse Jackson）。最后进入预选角逐的只有戈尔和布莱德利，其他候选人在预选前已宣布退出。戈尔没有强调在任者的政绩，反而刻意与克林顿保持距离，并采取了一种民粹主义的竞选策略。他扬言要整治华盛顿的官僚主义和游说集团。布莱德利在全民医疗、枪支控制和竞选资金改革方面亮出了比戈尔更左的立场。在税收议题上，布莱德利支持 1986 年的《税收改革法》，主张降低税率。在教育方面，布莱德利支持增加联邦开支。他也宣称要废除《个人责任和工作机会法》（*Personal Responsibility and Work Opportunity Act*，又被称作《社会福利法》），并且努力降低贫困人数，提高单亲家庭的福利。[①]

其次让我们看看共和党的候选人名录。在野党往往会有许多人角逐候选人提名，2000 年共和党的预选也不例外。共和党的主要候选人有德州州长小布什，亚利桑那州参议员约翰·麦凯恩（John McCain），美国前驻联合国大使艾伦·凯斯（Alan Keyes），纽约商人史蒂夫·福布斯（Steve Forbes），犹他州参议员奥林·哈

---

① 具体报道请参见 James Dao, "Moynihan to Endorse Bradley, Favoring Friend Over the Vice President", *The New York Times*, September 22, 1999（http：//query. nytimes. com/gst/fullpage. html？res ＝ 9A06EEDD173FF931A1575AC0A96F958260&scp ＝ 4&sq ＝ bill ＋ bradley ＋ welfare ＋ reform ＋ act），2019 年 10 月 5 日下载；Jacques Steinberg, "The 2000 campaign：the education issue；The Candidates' Homework on Schools", *The New York Times*, February 29, 2000（http：//query. nytimes. com/gst/fullpage. html？res ＝ 9504EFD F1239F93AA15751C0A9669C8B63&sec ＝ &spon ＝ &pagewanted ＝ 2），2019 年 10 月 5 日下载；*Bill Bradley for President* 2000 *Campaign Brochure*（http：//www. 4president. org/brochures/billbradley2000brochure. htm），2019 年 10 月 5 日下载。

奇（Orrin Hatch），北卡州的前劳工部长伊丽莎白·多尔（Eliza-beth Dole），以及弗吉尼亚州访谈节目保守派评论员和报纸专栏作家帕特·布坎南（Pat Buchanan）等。其中小布什、麦凯恩和凯斯是三位主要的竞争者。因为得到了许多共和党骨干的支持，再加上布什家族在共和党内的影响力，小布什在预选里占尽优势。麦凯恩则以跨党派合作出名。他刻意与福音派宗教领袖保持距离，并且批评他们的基要立场。

（三）预选动态

在民主党的预选里，虽然有很多有影响力的人参与（如迪安和克里），但候选人资格主要由副总统戈尔和前新泽西州参议员布莱德利竞争。两者的募款能力相当，但是戈尔的潜在得票一直高于布莱德利（参见图4—3）。戈尔一开始就赢得了爱荷华州的政党基层会议，并把领先效应一直持续到预选的结束。最后戈尔赢得了全部的州，拿下了75.8％的大众选票。阿文森等学者把布莱德利的失败归咎于他不能提出一个鲜明的竞选主题使他能够与更有名的副总统区分出来。[1] 不过，从历史来看，在任副总统赢得党内预选的概率一直是很高的。

再让我们看看共和党的预选。虽然很多人角逐候选人提名，但是由于募款不足和支持率不高，很多竞争者在预选之前和预选初期便退出了角逐。德州州长小布什、亚利桑那州参议员麦凯恩和美国前驻联合国大使凯斯是三位主要的竞争者。小布什的支持率一直很高，并赢得了爱荷华州的政党基层会议（参见图4—4）。当麦凯恩赢得了2月1日的新罕布什尔州的初选后，麦凯恩的支持率也迅速攀升，使得预选态势变得不明朗。麦凯恩的竞选资金改革方案，他的中庸的改革派立场也为他赢得了很多选民的支持。但是，当他失去了他本可能赢得的南卡罗来纳州之后，他的失败已基本确定。实际上，在超级星期二（3月7日）的14

---

① Paul R. Abramson, John H. Aldrich and David W. Rohde, *Change and Continuity in the 2000 Elections*, Washington, D. C. : CQ Press, 2003, p. 27.

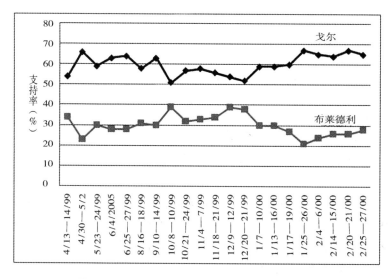

图4—3　2000年预选民主党候选人的潜在得票

资料来源：Gallup/CNN/USA Today Poll（http://www. pollingreport. com/wh2dem. htm），2019年10月5日下载。

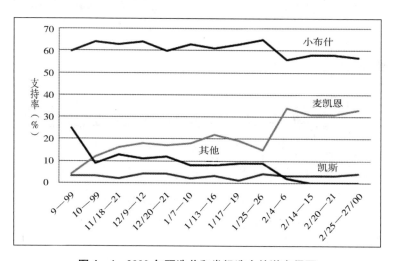

图4—4　2000年预选共和党候选人的潜在得票

资料来源：Zogby America Poll and Reuters/WHDH – TV/Zogby Poll，Gallup/CNN/ USA Today Poll（http://www. pollingreport. com/wh2rep. htm），2019年10月5日下载。

场预选中，他只赢得了4场。最后，小布什赢得了共和党的提名，拿下了44个州。小布什的胜利可以归结为很受欢迎的竞选主题、党内领导人的支持和雄厚的财力。①

（四）大选动态

从图4—5我们可以看到这是一场非常激烈的角逐，小布什和戈尔的潜在选票从9月时就非常接近，直至最后也难分胜负。因为两位候选人的支持率相当，竞选因素显得尤为重要。两个候选人都极力动员自己的选民基础，并争取摇摆选民的支持。在这场激烈的角逐中，两位独立候选人布坎南和雷达分走了近5%的选票。戈尔的得票率稍微高于小布什（48.4% vs. 47.9%）。但是由于最高法院在佛罗里达州票数案的裁决中判小布什胜出，小布什最终拿下了271张选举人票当选为美国总统。在这么接近的得票中，如何理解戈尔的失败，如何衡量小布什的胜利，成为了理解大选的关键。

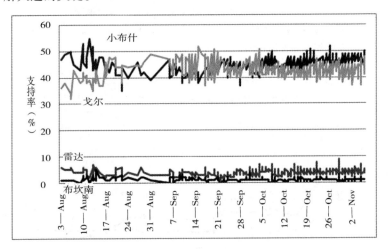

图4—5　2000年的大选角逐

资料来源：White House 2000：Trial Heat Trend（http://www.pollingreport.com/wh2genT.htm），2019年10月5日下载。

首先让我们分析一下戈尔失败的原因。在良好的经济和受欢迎的在任总统的优势下，戈尔的失败是出人意料的。学者把戈尔的失败归咎于他的选举策略——抛弃克林顿和采取民粹策略，以

---

①　Paul R. Abramson, John H. Aldrich and David W. Rohde, *Change and Continuity in the 2000 Elections*, Washington, D. C.：CQ Press, 2003, p. 23.

及独立候选人的影响。从图4—6我们可以看到，克林顿的支持
率一直是很高的。与莱温斯基的性丑闻虽使他的支持率下降，但
也在55%以上。在2000年的角逐中，戈尔本可以充分利用繁荣
的经济和克林顿的高支持率来推动竞选。但是，他的竞选主题却
表现为"我不是克林顿"，他也拒绝克林顿成为他的助选伙伴。
除了远离克林顿，他还采取了一个民粹的竞选策略——民众反权
贵，这与民主党的大政府和他作为副总统的地位是矛盾的。同时
独立候选人雷达分走了很可能属于他的2.7%的选票，也可能是
他竞选失败的原因。

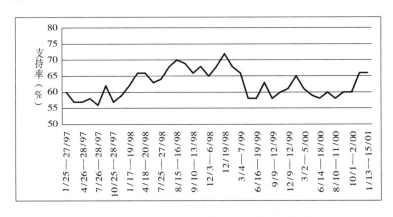

图4—6　比尔·克林顿的支持率的变迁趋势

资料来源：Gallup（http://www.pollingreport.com），2019 年10月5日下载。

其次让我们分析一下小布什获胜的原因。抛开民主理念、制
度设计和一些技术性的问题，投票的分布可以帮助我们理解小布
什的当选。就支持率而言，小布什是和戈尔相当的，所以我们不
能说小布什是完全没有可能当选的。从地域来看，小布什赢得了
30个州的271张选举人团票，戈尔则赢得了21个州167张选举
人团票。在县一级，小布什赢得了80%以上的县。这些都反映
了小布什的当选是有相当的选民基础的，只是他的胜出是非常微
小的，而且需要最高法院的裁决才最终挽回在大众选票的微弱
失败。

最后让我们分析一下2000年的宪政危机。2000年的选举之

所以引发了宪政的危机，是因为最高法院介入了选举。由于最高法院的裁决决定了美国总统的人选，这被很多人看成是司法权对行政权的侵蚀。在不少选民眼中，这违背了三权分立制衡的原则。此外，这还存在一个精英和大众的张力。人们认为用精英的判决推翻了大众选民的选择显然违背了民主的原则，尤其是当这样的司法判决可能受到党派的影响的时候。实际上，很多学者批评小布什借着最高法院盗取了总统的席位，认为这是与宪法精神和民主理念相违背的。但是也有学者认为最高法院的决定是正当的。①例如，理查德·波斯纳认为2000年的选举存在一个统计的死结（即佛州的选票无法数清），而且美国的民主是一个代议的民主而非直接民主，因此从民主制度来看小布什的当选是合理的。②

抛开技术上的考虑，我们可以看到这场争论本身涉及两种不同的民主理念的交锋。这场美国的宪政困境背后反映了对民主的两种不同理解：最小的民主（代议的民主）和参与的民主。最小的民主理论支持者认为大众选票只是对独裁的限制，美国的民主是通过代议而非直接参与最终实现的。参与民主理论的支持者则认为直接民主和选票平等才是民主的根本。③于是，对2000年选举结果的判断取决于我们对民主的理解，但是从地理和选举动态来看，小布什的胜出还是有着相当的选民基础的。

---

① 对最高法院判决主要的支持者有阿兰·德首威茨，反对者则有理查德·波斯纳。具体的分析请看 Alan M. Dershowitz, *Supreme Injustice: How the High Court Hijacked Election 2000*, New York: Oxford University Press, 2003; Richard A. Posner, *Breaking the Deadlock: The 2000 Election, the Constitution, and the Courts*, Princeton, NJ: Princeton University, 2001。

② Richard A. Posner, *Breaking the Deadlock: The 2000 Election, the Constitution, and the Courts*, Princeton, NJ: Princeton University, 2001, pp. 3 - 6.

③ Ann N. Crigler, Marion R. Just and Edward J. McCaffery, *Rethinking the Vote: The Politics and Prospects of American Election Reform*, New York: Oxford University Press, 2004, pp. 1 - 18.

三　选举地理

美国是一个联邦制国家，全国的大选最终由各州的选举结果加总而成。此外，两党的党派基础有一个很强的区域维度。于是，讨论美国选举离不开区域地理的分析。缺乏地区的考虑，投票模式分析也很容易陷入层次的谬误，因为不同选民在不同类型的州里的投票模式是很不一样的。[①] 为了更好地分析美国总统选举的区域维度，笔者将先分析两党的区域基础（红蓝州），接着分析摇摆州（swing state，即在不同选举中改变忠诚的州）和拉锯州（battleground state，即两党得票接近，均可能获胜的州）的情况。在红蓝州和拉锯州里，笔者将用宗教因素和阶级因素分析宏观的投票分布，以识别哪些因素能更好解释两党基地的形成和两党在拉锯州的得票情况。在摇摆州里，笔者将通过与过去几次选举的比较来分析忠诚的稳定程度，借此更好地理解候选人获胜的原因，并识别出选举政治变迁的方向。

首先是两党的区域基础。图4—7反映的是两者在州一级的得胜情况。在该年的大选里，小布什赢得了30个州，而戈尔赢得了21个州。尽管戈尔赢得了更多的大众选票，但是由于结果按选举人团票来算，所以戈尔反而输掉了选举。民主党的主要基地在美国的东北部和西海岸，而共和党的主要基地在南部、中西部和西部的高山地区。图4—8反映的是不同收入水平的州的投票模式。纵轴代表的是中等收入选民投共和党的百分比，横轴表示各州的平均收入水平。英文字母是各州的名称代码。中间的横线（50%）为分界线，在这条线上面的州为共和党赢得的州，在这条线以下的州为民主党赢得的州。我们从图4—8可以看到一个明显的趋势：随着州收入水平的提高，民主党的得票率也会

---

① Andrew Gelman, *Red State, Blue State, Rich State, Poor State: Why Americans Vote the Way They Do*, Princeton: Princeton University Press, 2008.

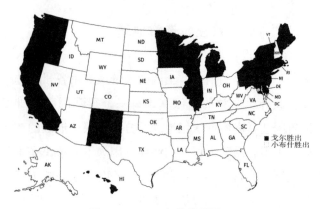

图 4—7　2000 年的选举地理

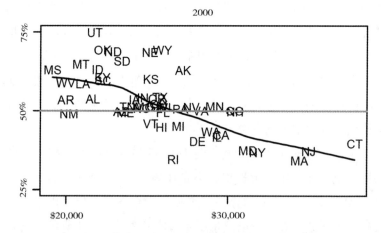

图 4—8　从收入看 2000 年美国各州选民的投票模式

说明：纵轴代表的是中等收入选民投共和党的百分比，横轴代表各州的平均收入水平，英文字母是各州的名称代码。

资料来源：Andrew Gelman, *Red State*, *Blue State*, *Rich State*, *Poor State*：*Why Americans Vote the Way They Do*, Princeton：Princeton University Press, 2008, p. 51。

更高。换言之，富州会更倾向于投民主党的票，而穷州则更倾向于投共和党的票。这跟阶级模型所预测的穷州会更多投民主党的票，富州会更多投共和党的票不符。因此，阶级模型不能较好地解释红蓝州对峙的现象。我们必须寻找其他的解释。在上一章里，笔者已经指出东北部和西海岸是宗教性相对较低的地区。这些地区有比较多的天主教徒、主流教派的信徒和无宗教隶属的

人。与之相对，南部、中西部和西部的高山地区则是宗教性比较
强的地区。这些地区有比较多的福音派信徒和摩门教徒（参见上
一章的图 3—13 和图 3—14）。因此，我们不难发现民主党的基
地主要是宗教性较弱的地区，而共和党的基地则是宗教性较强的
地区。民主党的自由立场也使戈尔失去其家乡田纳西的支持，因
为这是一个由美南浸信会主导的保守州。于是，我们可以认为
2000 年红蓝州的对峙更多体现为一种文化冲突，宗教因素能更
好地解释红蓝州的投票模式。

　　上面的图只是简单地反映了两党忠诚在地区的分布。至于忠
诚的强烈程度以及稳定程度，我们需要分析两党胜利的比例，以
及这些州在最近几次选举中的投票状况。图 4—9 反映的是小布
什在各州的胜出程度。在小布什赢得的 30 个州中，其中只有 10
个是大比例胜出（大于 20%），有 12 个是小比例胜出（少于
10%）。从支持的稳定程度来看，全国 51 个州在近四次的大选
中，有 15 个州是共和党的稳定基地（四次均胜出），有 5 个州是
相对稳定的基地（三次胜出），其他的都是摇摆的州或民主党的
稳固基地。

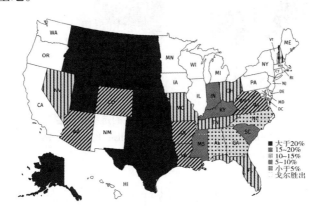

图 4—9　2000 年小布什在各州的胜出程度

资料来源：Paul R. Abramson, John H. Aldrich and David W. Rohde, *Change
and Continuity in the* 2000 *and* 2002 *Elections*, Washington, D. C.：CQ Press, 2003,
p. 58。

　　其次让我们看看摇摆州的情况。图 4—10 反映的是 2000 年摇摆州（灰色部分）的分布状况。从图 4—10 我们可以看到，2000 年的摇摆州有内华达州、亚利桑那州、密苏里州、阿肯色州、新罕布尔州、俄亥俄州、佛罗里达州、田纳西州、路易斯安那州、西弗吉尼亚州和肯塔基州。其中，田纳西州和阿肯色州分别是戈尔和克林顿的故乡。这些州大多数是传统的红州，只是在 1992 年和 1996 年的大选里被克林顿夺走。这些州的转向并不说明选举地理的显著改变，小布什只是把这些传统的红州重新夺回。小布什凭借着从克林顿那里夺回的 11 个州 112 张选举人团票，赢得了 2000 年的大选。根据波普尔的研究，这 11 个州的转向是由 8% 的选民的忠诚转移所推动的。① 因此，从这些摇摆州的情况来看，我们可以认为两党在州一级的选民基础在 2000 年没有发生显著的变化。

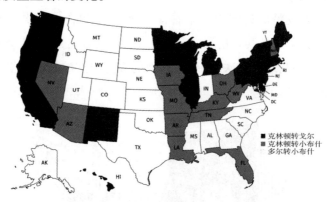

图 4—10　1996—2000 年州一级的选举地理变迁

资料来源：Gerald M. Pomper, "The 2000 Presidential Election: Why Gore Lost", *Political Science Quarterly*, Vol. 116, 2001, p. 202。

　　最后让我们看看拉锯州的情况。在 2000 年有 22 个州 224 张选举人团票是在少于 10% 的情况下赢得的。缺乏压倒性的议题，旗鼓相当的候选人，使得双方的得票率非常接近。如果我们把拉

---

　　① Gerald M. Pomper, "The 2000 Presidential Election: Why Gore Lost", *Political Science Quarterly*, Vol. 116, 2001, pp. 202 – 217.

锯州界定为得票差距少于5%的州，我们可以看到2000年的拉锯州有佛罗里达、新墨西哥、威斯康星、爱荷华、俄勒冈、新罕布尔、明尼苏达、密苏里、俄亥俄、内华达、田纳西和宾州。图4—11和表4—1反映的是这些拉锯州的社会人口状况和宗教构成状况。从图4—11我们可以看到，戈尔的得票率并没有随着低收入人群的比例、大学教育程度以下选民的比例、工人阶级的比

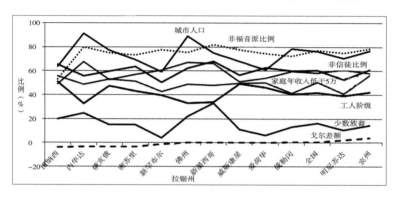

图4—11　2000年拉锯州的社会人口状况与戈尔的得票差异

说明：戈尔差额用戈尔得票率减去小布什得票率算出来，拉锯州的排序按戈尔得票差额的升序自左向右排列。其他的各项反映的是民主党联盟的比例。如果一个变量能够解释拉锯州的得票状况，那么这些变量也应该与戈尔差额有着相同的变化趋势。

资料来源：Census 2000；Religious Congregations and Membership Survey 2000。

例等测量阶级因素的指标的上升而上升。因此，我们可以看到收入、教育和工人比例等阶级因素并不能很好解释拉锯州的得票状况。少数族裔和城市人口比率也不能很好解释拉锯州的得票差异，因为戈尔的得票率并不随着城市人口和少数族裔比例的上升而规律地变动。不过，总体来说，非信徒比例和非福音派比例还是能较好地解释拉锯州的得票差异。宗教信徒比较多的州，小布什赢得的比率相对较高，或者输的程度相对较低。从表4—1我们可以更清晰地看到宗教的构成是如何影响拉锯州的得票状况。在福音派比较多的州如田纳西、俄勒冈和密苏里，小布什都获胜，而在福音派较少的宾州则输得较厉害。但明尼苏达是一个例外，这可能与这个地区有更强的主流教派、罗马天主教徒和没有

宗教隶属的人有关，而这些选民支持民主党的比例相对较高。①
当然，在拉锯州获胜说明了该党在这些州的竞选策略比较成功。
但我们不能只注重动员策略而忽视了被动员的对象。如果缺乏可
被动员起来的选民，再多的竞选投入，再成功的竞选策略也将难
以成功。在政治极化的时代，竞选最多只能调动起自己的选民，
而难以争取到对方的选民。因此，分析拉锯州选民的社会人口特
征对于我们理解拉锯州的投票模式还是非常重要的。

表 4—1　　　　2000 年拉锯州的宗教构成（单位：％）

	福音派	主流教派	拉丁新教	黑人新教	罗马天主教	拉丁天主教	犹太教	无宗教隶属	差额
宾州	21.5	21.0	1.1	8.6	26.0	1.4	2.3	12.6	4.17
明尼苏达	25.2	29.6	0.3	2.0	22.0	3.0	0.9	14.0	2.40
俄勒冈	27.8	24.5	1.8	1.0	10.0	4.0	0.9	21.0	0.44
爱荷华	25.4	33.8	1.4	2.0	21.0	2.0	0.2	12.9	0.31
威斯康星	22.5	25.1	0.5	4.5	29.0	2.0	0.5	14.5	0.22
新墨西哥	18.0	12.0	4.8	0.5	10.2	30.0	0.6	18.0	0.06
佛州	24.6	15.7	3.3	10.0	16.3	9.7	3.9	14.0	-0.01
新罕布尔	22.3	20.6	0.5	0.5	34.0	1.0	0.8	17.0	-1.27
密苏里	27.0	25.0	0.5	8.8	18.0	1.0	1.1	15.0	-3.34
俄亥俄	25.0	26.0	0.5	9.6	18.0	1.0	1.3	15.0	-3.51
内华达	20.0	14.7	4.5	4.0	11.0	13.0	3.9	20.0	-3.55
田纳西	47.0	22.0	0.5	14.0	5.0	1.0	0.3	9.0	-3.86

说明：数字均为百分比。差额通过戈尔得票率减去小布什得票率算出来。州的排序按得票差额的降序来排。福音派和拉丁新教是共和党的主要支持者，而其他选民则更多支出民主党（罗马天主教和主流教派的信徒有时候会成为摇摆选民）。若宗教因素能解释得票差异，那么在其他因素受控的情况下，在福音派和拉丁新教比例较大的州，共和党的得票状况应该越理想。

资料来源：2000 Religious Congregations and Membership Study。

---

① 内华达也是一个难以解释的例子。在这个州里福音派较少，无宗教隶属的人较多，但是小布什还是有比较大的获胜。这需要从其他方面寻找解释。这可能与两党的竞选动员有关。

四 投票模式

竞选过程分析和选举地理分析，为我们进行投票模式分析提供了时间和空间的基础。在这里，笔者将通过选民信息服务机构的票站调查结果进行投票模式分析。笔者将先对投票的基本情况做出分析，然后分别对阶级因素、种族因素和宗教因素进行分析，最后通过分析各种差距以比较两个模型对 2000 年投票模式的解释力。

从表 4—2 我们看到，代际差异在 2000 年选举中不太明显，戈尔在最年轻和最年老的选民中均有更好的得票。性别的差距比较明显，男性更多支持小布什，而妇女则更多支持戈尔。此外，我们可以看到已婚的人更多支持小布什，而离婚、未婚或者丧偶的人则更多支持戈尔。价值上倾向自由（比保守人士少 10%）和中立的选民更多支持戈尔，而小布什赢得了保守人士的支持。就地区而言，戈尔以东部为基地，并在西部和中西部有优势，小布什则以南部为基地。

表 4—2　2000 年小布什和戈尔的得票状况（N = 13259）

	戈尔（%）	小布什（%）	差额（%）
年龄			
18—29 岁（17%）	47.6	46.3	- 1.3
30—44 岁（33%）	47.7	49.1	1.4
45—59 岁（28%）	47.8	49.0	1.2
≥60 岁（22%）	50.5	47.1	- 3.4
性别			
男人（48%）	42.4	53.5	11.1
女人（52%）	53.7	43.3	- 10.4

	戈尔（%）	小布什（%）	差额（%）
婚姻状态			
已婚（65%）	43.6	53.2	9.6
其他（35%）	56.6	38.5	−18.1
意识形态			
自由（20%）	80.3	12.9	−67.4
居中（50%）	52.4	44.2	−8.2
保守（30%）	17.1	81.3	64.2
政党认同			
民主党（39%）	86.2	11.4	−74.8
独立选民（22%）	45.2	47.7	2.5
共和党（35%）	7.8	90.7	82.9
地区			
东部（23%）	56.1	39.5	−16.6
中西部（26%）	48.0	49.0	1.0
南部（31%）	43.0	55.0	12.0
西部（20%）	48.5	46.0	−2.5

资料来源：Voter News Service General Election Exit Polls，2000。

这里我们通过教育、工会成员资格、收入、阶级认同等四个变量来分析小布什和戈尔的阶级基础，以及阶级在投票模式里的显著性（参见表4—3）。从教育来看，戈尔在没有高中学历和研究生以上学历的人那里均有更好的得票，具有中等教育水平的人（占77%）则更多支持小布什。工会成员还是压倒性地支持戈尔，但由于非工会成员占了大多数（74%），并且更倾向于小布什，因此工会成员的支持不会给戈尔带来太多优势。从收入来看，家庭年收入低于3万美元的选民均大比例支持戈尔，5万美元以上的则更倾向于小布什。家庭年收入在3万—5万美元的人为摇摆选民，他们更倾向于选择戈尔。就阶级认同而言，戈尔的选民基础为社会底层、工人阶级和上层阶级，小布什的选民基础为中上阶级。[①] 中产阶级为摇摆选民，戈尔和小布什在这个阶层里有均等的得票。在这四个阶级因素里，收入和工会成员资格能比较好地解释戈尔的得票差异。工会成员都会更多支持戈尔，其得票也会随着收入的增加而递减。但是，教育和阶级认同已经不能很好解释戈尔的得票差异。因为戈尔在教育水平最低和最高的群体内均有更高的得票。与之相似，戈尔在上层阶级和社会底层选民里也有更高的得票。因此，阶级模型并不能较好地解释戈尔的得票状况。

表4—3 阶级视角下小布什和戈尔的得票状况（N = 13259）

	戈尔（%）	小布什（%）	差额（%）
教育			
无高中教育（5%）	59.1	38.6	−20.5
高中毕业（21%）	48.2	49.2	1.0
一些大学教育（32%）	45.2	51.2	6.0
大学学位（24%）	45.2	51.2	6.0
研究生毕业（18%）	52.0	43.6	−8.4
工会成员资格			
是（14%）	62.9	33.3	−29.6
否（74%）	44.4	52.1	7.7
收入			
少于1.5万（7%）	57.2	37.3	−19.9
1.5万—3万（16%）	53.7	41.1	−12.6
3万—5万（24%）	49.0	47.5	−1.5

---

① 上层阶级一般投共和党的票。但可能戈尔作为副总统跟大企业有比较多的联系，使他在富人阶层里有更好的得票。

续表

	戈尔（%）	小布什（%）	差额（%）
5万—7.5万（25%）	46.1	51.2	5.1
7.5万—10万（13%）	45.3	51.9	6.6
10万及以上（15%）	42.5	54.2	11.7
阶级认同			
上层阶级（4%）	56.3	39.3	−17.0
中上阶级（27%）	43.2	53.5	10.3
中产阶级（46%）	48.4	48.9	0.5
工人阶级（18%）	50.6	46.3	−4.3
社会底层（2%）	66.7	30.7	−36.0

说明：这里的阶级是根据选民的主观认同来划分。有46%的人自认为是中产阶级，27%的人自认为是中上阶级。实际上这两个阶级的比例要少于这个数字，这某种程度上反映了社会期待对选民阶级认同的影响。

资料来源：Voter News Service General Election Exit Polls，2000。

表4—4 使我们能从认同的视角去分析小布什和戈尔的得票情况。在种族方面，戈尔在所有少数族裔里都有更好的得票，其中又以非裔和西班牙裔人最为突出。因此，种族因素能较好解释两人的得票差异。从宗教传统来看，小布什主要得到了新教（占54%）的支持，戈尔则主要得到了犹太教、其他教派和没有宗教隶属的人（共20%）的支持，而天主教则是摇摆选民（26%）。从宗教虔诚度来看，戈尔得到了很少上教堂的人的支持，而小布什则得到了经常上教堂的人的支持。在选择候选人所依凭的标准方面，强调诚实、可靠和领导力的人（占40%）大比例地选择了小布什，而强调其他方面的人更多支持了戈尔。考虑到克林顿在莱温斯基案中作伪证所留下的阴影，戈尔立场摇摆在2000年所引起的争议，以及绝大部分人选择了诚实作为最重要的标准，我们可以看到道德在大选中的确扮演了一个非常重要的角色，虽然这未能在议题上反映出来。

表4—4 认同视角下小布什和戈尔的得票状况（N = 13259）

	戈尔（%）	小布什（%）	差额（%）
种族			
白人（80.6%）	42.1	54.1	12.0
非裔（9.7%）	90.0	8.5	−81.5
西班牙裔（6.5%）	61.6	35.1	−26.5
亚裔（1.7%）	54.5	41.1	−13.4
其他（1.5%）	54.5	39.2	−15.3
宗教传统			
新教（54%）	42.1	55.6	13.5
天主教（26%）	49.5	47.2	−2.3
犹太教（4%）	79.2	18.6	−60.6
其他（6%）	62.4	27.6	−34.8
无宗教隶属（10%）	61.1	30.4	−30.7
教堂出席率			
多于每周一次（14%）	35.6	62.8	27.2
一周一次（28%）	40.4	56.6	16.2
一月一次（14%）	50.6	45.7	−4.9
一年一次（28%）	54.2	42.3	−11.9
从不（14%）	60.6	31.7	−28.9
关注特质			
会处理复杂问题（13%）	75.3	19.0	−56.3
诚实（24%）	15.2	79.8	64.6
关心百姓（12%）	62.9	31.1	−31.8
经验（15%）	81.7	17.3	−64.4
可靠（2%）	37.8	59.4	21.6
强势领导（14%）	34.5	64.1	29.6
有主见（13%）	48.3	49.5	1.2

资料来源：Voter News Service General Election Exit Polls, 2000。

分析完各个群体的投票状况之后，让我们再看看各种因素影响下的投票差距。表4—5反映的是2000年各种差距的基本状况。我们可以看到在2000年最为显著的是种族差距，高达32.9%。考虑到非裔对民主党的支持率要明显高于其他少数族裔，如果用非裔和白人的投票差距来测量种族投票差距，那么这个差距将会更大。此外，比较显著的差距还有地区差距、城乡差距、宗教隶属差距、教堂出席率差距、性别差距、婚姻差距和工会差距。教育、代际、阶级和收入的差距均不太明显。除了工会差距，其他阶级因素导致的投票差距均要少于宗教因素导致的两个投票差距。可见，在2000年里，种族投票和宗教投票要比阶级投票更加明显。

表4—5　　　　　　　　　2000年的投票差距

	戈尔（%）	小布什（%）	差距（%）
教育差距			
无学士学位	49.0	51.0	1.0
至少有学士学位	50.0	50.0	
阶级差距			
社会底层或工人	53.9	46.1	5.4
其他	48.5	51.5	
工会差距			
工会成员	65.4	34.6	17.9
其他	47.5	52.5	
收入差距			
少于50000美元	54.1	45.9	7.9
50000美元及以上	46.2	53.8	
宗教隶属差距			
新教	43.1	56.9	16.0
其他	59.1	40.9	

续表

	戈尔（%）	小布什（%）	差距（%）
教堂出席率差距			
每周都去	39.8	60.2	17.7
其他	57.5	42.5	
代际差距			
小于45岁	49.8	50.2	0.6
45岁及以上	50.4	49.6	
性别差距			
男人	44.2	55.8	11.2
女人	55.4	44.6	
婚姻差距			
在婚	45.0	55.0	14.6
不在婚	59.6	40.4	
种族差距			
白人	43.8	56.2	32.9
其他	76.7	23.3	
地区差距			
南部	43.9	56.1	9.1
其他	53.0	47.0	
城乡差距			
城市	63.2	36.8	18.3
郊区或农村	44.9	55.1	

资料来源：Voter News Service General Election Exit Polls, 2000。

　　上面我们已经从一个相关性的维度（因素与选举结果的相关程度）分析了各种因素带来的选举差距（参见表4—5），接下来让我们再从一个因果的维度（因素与选举结果的因果关系）去比较诸因素的影响力（参见表4—6）。笔者选用的是多元聚类分析方法。这避免了一般逻辑回归（logistic regression）选用二分变量未能有效呈现因素影响力的问题。为了更好地展现其他因素的影响力，这个分析没有把政党认同放进来，使得 R2 相对较少（只能解释 20% 左右的差异）。但是鉴于社会事实的复杂性，20% 的解释力已经达到一般社会分析的标准。从表 4—6 我们可以看到，在 20 世纪 60 年代的两次选举中种族、婚姻与性别以及宗教传统主义都是影响力较小的变量。但这些因子的影响力在 1996 年和 2000 年的选举中有了显著的提高。相反，以前具有较大影响力的年龄和教育因子在后两次的选举中影响力则出现了较大的下降。教育因子的下降是因为高学历的人转向民主党，使得民主党内部同时容纳了低学历和高学历群体，使得教育因子的区分度下降。收入因子的影响力基本保持不变。在 2000 年的选举中，宗教传统和宗教传统主义是最有影响力的因子，收入和教育是最不具有影响力的因子。这里还有一个需要解释的现象，即种族差距是诸种差距中最大的差距，但为什么种族因子的影响力反而不如宗教因子？我们需要注意到因子影响力除了要考虑区分度，还需要考虑人数的比例。虽然戈尔在少数族裔中的得票要远大于小布什，但少数族裔只占选民的 20% 左右。相反，虽然宗教因子的区分度要低于种族因子，但保守信徒的比例要占到42%（若以每周上教堂的人口比例计算），远大于少数族裔的比例。因此，虽然种族差距大于宗教差距，但宗教因子的影响力反而要大于种族因子。

表 4—6 　　　社会人口变量对选举结果影响力的比较分析

	1960 Beta	1964 Beta	1996 Beta	2000 Beta
收入	.07	.09	.07	.09
教育	.14	.12	.03	.07
宗教传统	.37	.27	.18	.24
宗教传统主义	.03	.01	.20	.18
种族	.09	.08	.19	.15

续表

	1960 Beta	1964 Beta	1996 Beta	2000 Beta
年龄	. 11	. 13	. 07	. 09
婚姻与性别	. 05	. 05	. 16	. 20
R^2	. 22	. 16	. 18	. 22

说明：这是通过多元聚类分析得出的标准系数，系数越大代表因素的影响力越大。

资料来源：The Anti – Semitism Study 1960 and 1964；National Study of Religion and Politics 1996 and 2000。

五　小结

在上文的论述中，笔者已经对 2000 年的选举背景、竞选状况、选举地理和投票模式进行了详细的分析。没有压倒性的议题，势均力敌的候选人使得 2000 年的大选异常激烈。借着更高的支持率和领先优势，戈尔和小布什均轻易地赢得了党内的预选。未能利用克林顿留下的优势，采用了民粹主义这个不太恰当的竞选策略，以及独立候选人的影响，最高法院的判决均使得戈尔竞选失败。从地域来看，11 个州的转向（从克林顿转到小布什）使得戈尔失去了选举地理的优势。虽然红蓝州的界限在县一级是比较分明的，但是很多州都是小比例胜出的。宗教因素要比其他因素能更好解释小布什在拉锯州的得票情况。就投票模式而言，戈尔在最年轻和最年老的选民，学历最低和最高的选民，低收入者和自由分子中，以及不在婚人士和妇女选民中有更好的得票。小布什则在中产阶级、保守主义分子，以及教育和年龄居中间部分的选民中获得更多的支持。种族差距、城乡差距、工会差距和教堂出席率的差距是比较大的差距，而教育、代际和阶级差距则是比较小的差距。婚姻与性别、宗教传统和宗教传统主义是最具影响力的三个因子。

那么总的来说，阶级模型还是认同模型能更好地解释 2000

年的选举状况？由于竞选状况更多受媒体、金钱和领先效应的影响，我们难以精确地比较阶级因素和认同因素的作用。但我们仍能看到宗教因素影响竞选的一些迹象。例如，小布什得到福音派的支持最终赢得了共和党的候选人提名，而麦凯恩则因与福音派疏远而输掉了党内的预选；诚实是选民最看重的候选人特质，克林顿在莱温斯基案中作伪证可能使相当一部分保守信徒疏远民主党的候选人戈尔。接下来，让我们重点就选举地理和投票模式两个方面来比较一下两个模型的解释力。尽管 2000 年是一个没有压倒性议题的一般选年，道德文化议题并非核心议题，候选人的信仰区分度和种族区分度均不明显，但我们看到：（1）在选举地理上，红蓝州更多体现出一种文化冲突而非阶级冲突；与其他因素相比，宗教因素能更好解释拉锯州的得票差异。（2）就投票差距而言，除了工会差距，种族差距和两个宗教差距均要大于其他三个阶级差距。这说明了种族投票、宗教投票要比阶级投票更为明显。（3）就因子的影响力而言，宗教因子和种族因子的影响力也要大于阶级因子。因此，综合选举地理和投票模式，我们可以判定在 2000 年认同模型的解释力要大于阶级模型。

最后，让我们从两党的地位和民主制度的有效运行等方面评价这场选举的意涵。对于两党来说，这场选举暂时结束了民主党的执政，使共和党重新入主白宫。在国会选举中，共和党夺得了 221 个众议员席位（民主党 212 个）和 50 个参议员席位（民主党也是 50 席）。这些都为共和党再次确立他们的主导地位创造了条件。但是这次选举意涵更多体现在对美国民主的影响。正如前面所说的，佛州选票引起的宪政危机检验着美国三权分立的宪政民主制度。考虑到最高法院大法官的党派化，以及总统委任法官越来越以意识形态为依据，这次选举检验着三权分立制衡的宪政制度能否在极化的条件下继续有效运转。依照党派意志进行选人登记和选区划分，竞选资金主导选举，不需要投票产生的超级代表，由选举人团票数而非大众票数决定胜负的选举制度等非民主的方面也引起了人们对民主制度的反思。美国人民需要什么样的民主？什么样的制度形式更有利于民主的实现？这些都是这次选举引发的一些制度设计的问题。在下一次选举中，民主党会再次夺回白宫，还是将由共和党继续执政？认同因素和阶级因素对选举的影响力将会增强还是减弱？美国的选举政治将往什么样的方向演进？笔者将在下一章回答这些问题。

第五章　2004：价值观选年下的选举政治

得益于最高法院介入佛州点票事件，共和党最终赢得了白宫。虽然学者对此意见不一，但笔者已用数据说明 2000 年不是一次被盗取的选举，小布什获胜有相当的选民基础和地区支撑。虽然没有显著的道德文化议题和宗教动员，但是宗教因素仍是一个非常关键的因素。它能更好地解释美国的选举地理和投票模式。在势均力敌的选举中，认同模型也比阶级模型更有解释力。与 2000 年相比，道德议题、候选人的宗教区分度和宗教团体的宗教动员在 2004 年都变得明显起来，使该年成为一个价值观的选年。① 这些因素的凸显为我们检验因素的影响力以及模型的解释力提供了很好的机会。那么在这些因素凸显的选年里，宗教因素和阶级因素发挥作用的方式会不会发生改变？在这一章里，笔者将围绕价值观选年的基本状况，从竞选过程、选举地理和投票模式三个方面对 2004 年的选举进行深入的分析。② 鉴于拉丁选民的转向和宗教动员的凸显是该年一些非常突出的选举景观，笔者也将对这些方面进行深入分析。

---

① 宗教动员指的是把宗教信徒作为接触对象的竞选方式，其动员手段包括打电话、发传单和面对面地游说。动员的主体包括党派的动员、利益团体的动员和宗教团体的动员。

② 有关价值观选年的分析请看 John C. Green, *The Faith Factor: How Religion Influences American Elections*, Westport, Conn.: Praeger Publishers, 2007; John C. Green, et al., *The Values Campaign? The Christian Right and the* 2004 *Elections*, Washington, D. C.: Georgetown University Press, 2006。

一　大选背景与关键议题

压倒性竞选议题的出现使得 2004 年的大选景观与 2000 年有很大的不同。2004 年被称为价值观选年，宗教的动员在这次选举中非常突出。教会的牧师和其他宗教领袖把这一次选举建构成一场关乎宗教和道德走向的选举，他们公开表达自己的政治偏好，并通过各种方式影响其所在教会或教区的投票倾向。虽然总统候选人的得票率仍是非常接近的，但 2004 年小布什的连任已不再像 2000 年那样充满争议。

"9·11" 恐怖主义袭击使得国土安全备受关注，反恐战争成为了核心竞选议题。经济增速放缓、失业增加、伊拉克战争引起的争议都使得小布什的支持率下降。随着同性恋、校园公祷和堕胎等社会文化问题的升温，宗教动员变得显著。小布什鲜明的保守立场和克里的自由立场，使得很多选民把这次选举当成是一个保守和自由的抉择。在这一次选举中，获胜的候选人可以委任最高法院的大法官。选民们认为这会极大地影响美国政治的走向。因为过去很多的司法判决使得堕胎成为合法，而在公立学校进行校园公祷则因违背政教分离原则而被禁止。在很多人眼中，2004 年的选举将成为一个影响传统价值去留的关键选年。如果民主党候选人当选，同性婚姻很可能会合法化，法律对堕胎的限制也会大大削弱。① 在这个现任总统与参议员的角逐中，候选人的宗教信仰被极大地强调。小布什也把委任保守的最高法院大法官和推动 "基于信仰的创议"（faith based initiative）作为重要的

----

① 在堕胎的争论中，有两种主要的观点：支持选择（pro‑choice）和支持生命（pro‑life）。前者认为堕胎是妇女对自己身体和生育的权利，只要妇女愿意就可以选择堕胎，医疗保险应该覆盖相关费用。后者则认为胎儿是独立的生命，堕胎便是杀人，应该禁止，除非妇女面临生命危险或者遭受强奸。之前各州对堕胎会有各种的限制，包括胎儿月份的限制。很多州也不把堕胎列入医保范围。

竞选内容。① 鉴于最高大法官的任命会影响政府对婚姻家庭的界定，基于信仰的倡议又会影响到宗教团体在进行社会公益时能否得到政府财政的支持，保守的宗教团体担心克里的胜出会加剧美国社会的世俗化，于是他们进行了极大的动员去推动小布什的获胜。这些都是 2004 年选举的重要背景。

从议题来看，道德成为了人们关注的焦点，并成为了最重要的议题（参见表5—1）。认为减税、反恐战争和道德议题是最主要的议题的选民均支持小布什，关注其他议题的选民则选择了克里。但是对于什么是道德议题？价值观选民到底有多少？学界则充满了争议，对此不同的调查机构亦进行了细致的调查。皮尤研究所的票站调查发现，道德议题对绝大部分选民而言是指堕胎和同性恋等特定的社会议题（41.1%）和宗教的价值（29.5%）。至于价值观选民的比例，虽然各个机构的比例不一，但是均占一个非常显著的比例（如表5—2所示）。虽然价值观选民（23.6%）的比例要少于外交选民（36.2%）和经济选民（40.2%），但是价值观选民对小布什支持的强烈程度要高于经济选民对克里的支持程度。②外交议题选民虽然倾向于小布什，但是支持程度并没有价值观选民大。这些均说明在小布什的连任中，道德议题可能要比反恐议题发挥了更重要的作用。

表5—1　　　　　　　　2004 年的关键议题和投票模式

	小布什（%）	克里（%）	04 差额（%）	00 差额（%）	变化（%）
道德价值（22%）	80	18	62	Na	Na

① 基于信仰的创议是一项联邦法案，这项法案使得宗教组织在从事社会慈善活动时能够像其他世俗的社会组织一样平等地获得政府财政支持。换言之，政府不能基于政教分离的理由而拒绝给予宗教慈善组织财政支持。

② 价值观选民指的是那些把道德文化议题作为最重要议题的选民。外交选民包括了把恐怖主义和伊拉克战争当作优先议题的选民。经济选民包括了把税收、教育、就业和医疗看作优先议题的选民。数字来源于 2004 年的全国大选调查（National Election Poll），表中没有反映这些数据。

续表

	小布什 （%）	克里 （%）	04 差额 （%）	00 差额 （%）	变化 （%）
经济与就业（20%）	18	80	−62	−22.1	−39.9
恐怖主义（19%）	86	14	72	Na	Na
伊拉克战争（15%）	26	73	−47	Na	Na
保健（8%）	23	77	−54	−31.2	−22.8
税收（5%）	57	43	14	63.3	−49.3
教育（4%）	26	73	−47	−7.9	−39.1

　　说明：美国选民在这一年出现了非常大的分裂，除了税收议题之外，其他议题的差额都在 45% 以上。与 2000 年相比，除了缺乏数据的道德议题和战争议题，选民在所有议题上都远离小布什。在这样的条件下小布什仍能有更大的获胜，可见道德议题和战争议题发挥了很大的作用。

　　资料来源：CNN Exit Polls, 2004 （http：//www. cnn. com/ELECTION/2004/pages/results/states/US/P/00/epolls. 0. html），2019 年 11 月 5 日下载。

表 5—2　　　　　　2004 年价值观选民的比例和投票模式

	NEP （%）	PRC1 （%）	PRC2 （%）	AMER1 （%）	AMER2 （%）
议题优先性					
道德价值	23.6	27.8	26.0	26.2	39.4
外交政策	36.2	37.9	46.2	38.0	63.7
经济政策	40.2	34.2	27.8	35.7	46.9
议题优先性与投票					
道德价值差额	64.0	76.0	66.0	40.0	22.0
外交政策差额	20.0	2.0	−16.0	10.0	0.0
经济政策差额	−48.0	−52.0	−66.0	−38.0	−32.0

　　说明：NEP = 2004 national election poll，问的是议题优先性；PRC = Pew research center，其中 PRC1 是对 NEP 问题的重复，PRC2 反映的是开放式提问整理出来的议题优先性；AMER = 2004 national survey of election and religion，其中 AMER1 问的是议题的优先性，AMER2 反映的是认为该项为重要议题的选民比例。经济议题是工作、教育、医疗和税收的加总，而外交议题则是伊拉克战争和恐怖主义的加总。

　　资料来源：John C. Green, *The Faith Factor：How Religion Influences American Elections*, Westport, Conn. : Praeger Publishers, 2007, p. 70。笔者引用时做了较大的修订。

二 竞选过程

由于在任的总统选择连任，共和党内没有候选人跟小布什角逐总统候选人的提名。民主党的预选相对比较热闹，很多有竞争力的候选人参与了角逐。民主党的预选充满了波澜并僵持了相当长一段时间，直到克里借着领先优势赢得预选。秋季的竞选由在任总统和参议员角逐。虽然两者的支持率比较接近，但是小布什还是稍微领先，并最终赢得了选举。本部分将分析竞选的过程，为后面的投票模式分析提供一个动态的维度。笔者将先分析两党的主要候选人名录，接着分析两党的预选，最后分析全国的大选。

（一）候选人名录

先让我们介绍一下民主党的候选人名录。在预选的角逐中，民主党有 10 位候选人竞争提名资格，他们分别是：麻州参议员克里，北卡州前参议员约翰·爱德华（John Edward），佛州参议员鲍勃·布拉哈姆（Bob Braham），康州参议员乔·李伯曼（Joe Lieberman），伊利诺伊州前参议员卡罗尔·莫斯利·布朗（Carol Moseley Braun），佛蒙特州州长迪安，密苏里众议员格普哈特，俄亥俄众议员丹尼斯·库钦奇（Dennis Kucinich），退休的美国将军威利斯·克拉克（Wesley Clark）和纽约州的民权人士阿尔弗雷德·沙普顿（Alfred Charles Sharpton）。主要的候选人有克里、爱德华、迪安和克拉克。最后，克里拿下了 46 个州，而爱德华和迪安各拿下 2 个州，克拉克则只拿下 1 个州。克里当选为民主党的总统候选人。他们的背景和政策主张分别如下：

克里是一个天主教徒。他曾参加过越南战争，并支持反战运动。他反对私有化社会保障，反对对恐怖分子以外的人施行死刑。他支持妇女（包括成年人和未成年人）的堕胎权利，支持同性伴侣的民事结合，支持大多数枪支管制法案。克里也是一个自由贸易协定的支持者。克里虽然是一个天主教徒，但他的立场与天主教的官方立场（尤其是堕胎问题）截然相反。为此他所在教会的神父停掉了他的圣餐。很多主教也警告要停掉那些投票支持克里的天主教徒的圣餐。虽然人们对伊拉克战争也表示怀疑，但是克里的反战立场仍颇受争议。

爱德华是卫理公会的信徒。他极力推动消除贫困的计划，支持一个全民医疗保险计划。他还努力推动一个"全民上大学"的计划。他反对通过修宪禁止同性婚姻，赞成废除《保卫婚姻法案》（*Defense of Marriage Act*）。①

迪安在圣公会的家庭中长大，但却曾因与教区牧师的不合而转到其他的宗派。他自己宣称不是一个经常去教会的人。当问及他最喜欢的《新约》书卷时，他却回答了一个《旧约》书卷的名字。他支持全民医疗计划，倡导通过草根募款来削弱游说集团的影响。他反战的立场成为了竞选报道的核心。作为退休的将领，克拉克的反恐战争资历也为他赢得了很多选民的支持。但是除了将领的背景，克拉克没有其他吸引选民的优势和主题，最终输掉了预选。

再让我们看看共和党选择连任的小布什总统的情况。作为在任总统，小布什在新闻报道和资金方面有优势，但是经济的下滑，战争引发的争议则影响到连任的前景。从图5—1我们可以看到除了"9·11事件"、伊拉克战争开战和萨达姆被抓给小布什带来支持率的短暂上升之外，选民对小布什政府的评价一直走低，以至于在2004年跌破50%的水平。如果我们对支持率的群体作出细分，我们可以看到，共和党人对小布什的支持率一直处于较高的水平。小布什政府支持率的下降主要源于民主党人和独立选民。支持率的持续下降，而反恐战争又未能阻止在任总统小布什支持率的下跌，这些都挑战学者用在任总统优势和反恐战争

---

① 《保卫婚姻法案》是1996年9月施行的美国联邦法案。在这个法案下，同性恋夫妻将得不到异性恋夫妻所享有的、含法律认可、税收优惠和继承在内等1000多项联邦保护和权益。这个法案于2013年被废止。

解释小布什连任的做法。相反，我们不得不寻找其他原因去解释小布什的连任。

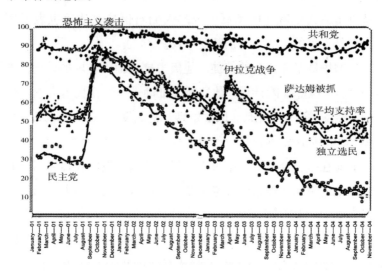

图 5—1　小布什支持率的变迁趋势

资料来源：Gary C. Jacobson，"Polarized Politics and the 2004 Congressional and Presidential Elections"，*Political Science Quarterly*，Vol. 120，2005，pp. 204 – 205。

（二）预选的动态

在民主党的提名角逐中，人们一开始无法分清谁是第一梯队的候选人，因为许多候选人均参加过以前的竞选，且大家的威望和实力相当。在预选过程中，候选人的信仰未成为关注的焦点。天主教徒在新教为主的国家里竞选总统虽有难度，但肯尼迪的当选已为天主教徒当选总统扫清了障碍。在竞选的初期李伯曼稍微领先，但是靠后的克拉克很快就超越所有的候选人。可惜克拉克未能保持优势，迪安很快就超过了他，并保持很长时间的优势。迪安鲜明的反战立场和使用因特网助选是他成功的重要原因。[1]虽然迪安的崛起非常引人瞩目，但是他未能把他预选前的民调优

---

① 　Paul R. Abramson, John H. Aldrich and David W. Rohde, *Change and Continuity in the* 2004 *and* 2006 *Elections*, Washington, D. C. : CQ Press, 2007, p. 26.

势转为实际的选票，他在爱荷华州政党基层会议中只获得了17.4%的选票，远少于克里的37.1%和爱德华的32.6%。

爱荷华的政党基层会议（2004年1月19日举行）是民主党预选的转折点。在这次会议中，克里排名第一，爱德华第二，迪安第三。之后克里赢得了领先地位，爱德华和迪安渐渐失去了优势（参见图5—2）。最终，克里赢得了民主党的总统候选人提名，并选择了爱德华作为他的竞选伙伴。克里的成功既得益于爱荷华政党基层会议的领先效应，也来源于他成功的募款策略。克里拒绝使用联邦资金使他可以募集到更多的资金用于竞选。

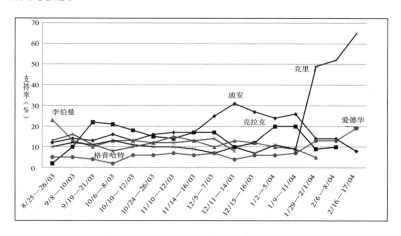

图5—2　2004年民主党候选人的潜在得票

资料来源：Gallup/CNN/USA Today Poll（http://www.pollingreport.com/wh04dem.htm)，2019年11月5日下载。

（三）大选动态

要理解2004年的大选动态，需要我们首先明白摆在美国选民面前的选择。很多学者强调这是一次两种远景的交锋。例如，迈克尔·尼尔森强调：

[布什]追求的是一个保守的共和党议程，这包括：大幅度地减税，强化全国教育水准，把以基于信仰的政策倡议

纳入到联邦社会项目中，推动阿拉斯加州荒地的石油生产，限制特定的堕胎方式，限制干细胞研究，禁止克隆人，推动国家导弹防卫系统的建立，推行对宽松的商业管制政策，退出争议重重的环保和军事条约，启动一个包含入侵伊拉克和阿富汗的全球反恐战争。①

与小布什强硬的保守派立场相比，克里推出的是完全不同的计划。帕特丽夏·孔尼指出：

> ［克里］支持为堕胎提供联邦资助，他只会委任不会推翻罗伊诉韦德案（Roe v. Wade）决定的大法官。② 他反对除了恐怖主义以外的死刑。他将强化对汽车排放的规定，并反对在全国野生动物保护区开采石油。他反对通过修宪的方式禁止同性婚姻。他认为人们可以自由选择婚姻伴侣，他允许公开的同性恋者在军队里服役。③

在这两种远景的交锋下，小布什、克里和雷达成为了三个主要的竞争者。在预选中，小布什和克里都选择放弃联邦竞选资金。不过，他们在大选中都选择了联邦竞选资金（当年的额度为7460万美金），这意味着他们同时接受了资金使用的限制。不过，小布什在资金方面更有优势。因为共和党的全国大会要比民

---

① Michael Nelson, ed., *The Elections of* 2004, New York: Sage, 2005, p. 11.

② 罗伊诉韦德案是 1973 年由最高法院作出裁决的案件。1969 年，德克萨斯州的诺玛·麦科威（Norma McCorvey）化名罗伊，挑战德州限制妇女堕胎的法案。该法案规定了妇女有生命危险外，一律限制其他情形的堕胎。韦德时任受审法院达拉斯法院的检察官。后来，案件上诉到最高法院。最高法院最后以 5：4 裁定：德州限制堕胎的法令过于宽泛地限制了孕妇在妊娠过程中的选择权，侵犯了联邦宪法修正案第 14 条所保护的个人自由，构成违宪。

③ Patricia Conley, "The Presidential Race of 2004: Strategy, Outcome, and Mandate", in William J. Crotty, ed., *A Defining Moment: The Presidential Election of* 2004, New York: Routledge, 2005, p. 116.

主党晚一个多月，这意味着小布什又多出一个月的时间使用自己
募集到的资金为秋季的竞选造势。

克里和小布什的支持率一直很接近，呈现出与 2000 年类似
的动态（参见图 5—3 和图 4—5）。学者们用在任总统优势和反
恐战争的政绩来解释小布什的连任。①但笔者认为这样的解释不
太有说服力，理由如下：虽然"9·11"恐怖主义袭击让小布什
的支持率迅速上升，但之后小布什的支持率一直在下降（参见图
5—1），所以反恐战争总体来说不仅没给小布什带来优势，反而
可能成为了负担；外交选民比例较小，而外交选民差额（看重与
不看重外交议题的选民间的投票差距）与道德选民差额（看重
与不看重道德议题的选民间的投票差距）和经济选民差额（看
重与不看重经济议题的选民间的投票差距）相比数值不大。事实
上，从后来的选举我们可以更清晰地看到反恐战争是导致选民对
共和党不满的主要原因。反恐战争不仅让美国士兵陷入战争泥
潭，还冲击了中东的政治秩序，间接导致了伊斯兰国（ISIS）的
崛起。在这里，我们把小布什 2004 年的竞选与老布什 1992 年的
竞选作比较，便更能看到用战争政绩来解释小布什连任的局限
性。老布什任内也发动了伊拉克战争，并成功地把入侵科威特的
伊拉克击败。但是，老布什任内却出现了经济衰退。因失业率高
企，老布什最终被克林顿击败。2004 年，小布什竞选连任时也
遭遇经济衰退，遇到一个强劲的竞争者，如果单凭战争业绩，他
很可能会像老布什一样输掉选举。事实上，小布什的战争业绩还
不如老布什辉煌。因为老布什发动伊拉克战争得到了联合国的授
权，具有较高的合法性。这场战争亦得到了国内民众和美国盟友
的广泛支持，并快速地实现了军事目标。相反，小布什发动伊拉
克战争是单边主义行为，无论在美国国内还是在国际社会都备受
争议。

---

① Paul R. Abramson, John H. Aldrich and David W. Rohde, *Change and Continuity in the* 2004 *and* 2006 *Elections*, Washington, D. C.: CQ Press, 2007, p. 300.

　　笔者认为宗教因素能更好解释小布什的连任。因为有更多的选民认为道德议题是最重要的议题，且有一个明显的宗教差距出现在选民中。福音派和其他保守的信徒都大比例地选择小布什。福音派和其他保守的宗教团体空前的政治动员极大地影响了选民的投票倾向，为小布什带来了相当比例的选票。小布什的保守立场为其赢得了绝大多数保守信徒的支持，而克里的自由立场则使很多天主教徒转入了共和党的阵营。这些均解释了在经济开始衰退、支持率持续走低的情况下，小布什为什么还能连任。

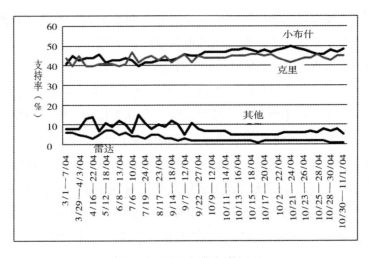

图 5—3　2004 年的大选角逐

资料来源：TIPP tracking poll（http://www. pollingreport. com/wh04gen. htm），2019 年 11 月 5 日下载。

　　显著的宗教动员是 2004 年大选的一个重要特征。图 5—4 呈现了 20 世纪 90 年代以来宗教动员的变迁趋势。对比 90 年代，我们可以看到，2004 年四类宗教信徒被动员的比例均有了一定的提高，其中又以黑人新教和福音派的动员最为突出（参见图 5—4）。我们可以看到 1996 年和 2004 年的宗教动员都是比较突出的。1996 年的宗教动员之所以比较显著，主要原因有以下三个：第一，克林顿来自南部保守的阿肯色州的美南浸信会，比较容易得到保守宗教团体的支持。第二，克林顿在 1993

年签署了《恢复宗教自由法案》（*The Religious Freedom Restora-tion Act*），强化联邦政府对宗教自由的保护。这项法案赢得了宗教团体的广泛支持。第三，克林顿又在 1996 年签署了《慈善选择法案》（*Charitable Choice Act*），允许联邦政府给开展社会慈善事业的宗教团体提供财政支持。这项法案进一步巩固了宗教团体对他的支持。这项法案日后也成为了小布什基于信仰的倡议项目的前身。

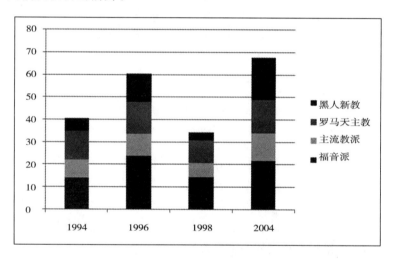

图 5—4　宗教动员的变迁趋势：1994—2004

资料来源：2004 年的数据来源于 National Study of Religion and Politics 2004，1994—1998 年的数据来自 Clyde Wilcox and Lee Sigelman，"Political Mobilization in the Pews: Religious Contacting and Electoral Turnout"，*Social Science Quarterly*，Vol. 82，2001，p. 529。图表笔者自制。

图 5—5 从动员主体这个层面呈现了 2004 年的宗教动员情况。动员主体主要包括党派、利益集团和堂会三类。党派接触包括了来自候选人和政党的接触。利益集团接触包括了来自自由的、保守的和宗教的利益集团。堂会的接触包括了来自神职人员的督促、教会内发放投票指引，以及在信仰团体内部信徒之间的动员等方式。我们可以看到，总体来看，堂会在 2004 年的动员水平要高于利益集团。这是一种突破常规的现象。通常情况下，党派和利益集团是选举动员的两大主体。这也比较容易理解，因为党派要赢得选举，利益集团要选出维护其利益的候选人。宗教

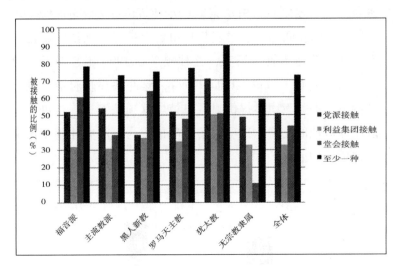

图5—5　2004年的宗教动员状况

资料来源：笔者自制，数据来源于 National Study of Religion and Politics，2004。

团体缺乏这样的政治和利益诉求，一般很少直接介入选举。但在福音派和黑人新教这两个比较活跃的宗教群体内，堂会的动员水平甚至要高于党派。此外，我们也看到在罗马天主教这个摇摆团体里，党派和堂会的动员水平非常接近。这些都说明宗教团体已成为一股影响选举进程的重要力量。

三　选举地理

由于在任总统赢得选举，2004年的选举地理并没有发生显著改变，只是小布什在各州的胜出程度要高于2000年。道德议题的凸显也使得红蓝州的边界更加明晰。为了更好地分析2004年的选举地理，笔者将先分析两党的区域基础，接着分析摇摆州和拉锯州的情况。

首先是两党的区域基础。从州来看，小布什赢得了31个州，而克里赢得了含华盛顿特区在内的20个州。民主党以东北部和西部沿海一带为基地，共和党则夺得了其他的地区。图5—6反映了两党在州一级的得胜情况。我们可以看到，小布什赢得南部和中西部绝大多数州的选举人团票，而克里则赢得东北部州和太平洋沿岸州的选票。小布什虽然夺得爱荷华和新墨西哥，却失去了新罕布尔。这使他比 2000 年多得 15 张选举人团票。从下面的分析，我们可以看到三个摇摆州同样也是拉锯州。这三个州都是更倾向于民主党的州。

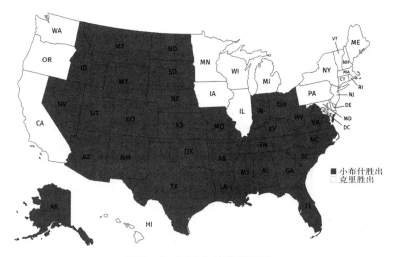

图 5—6　2004 年的选举地理

其次，从图 5—7 我们可以看到各州平均收入与两党得票的相关性。民主党的基地仍是平均收入比较高的富州，而共和党的基地依旧是平均收入偏低的穷州。与 2000 年相比，穷州和富州的投票布局变化不大，只是它们对两党的支持程度有轻微的变化。我们可以看到在美国选举中出现一种矛盾的现象：穷州选择了共和党，而富州则选择了民主党。与阶级因素相比，宗教文化因素能更好地解释这种现象。富州由于更多处于新英格兰和好莱坞所在的加州，一般具有比较开放的文化。穷州由于更多处于圣经带，一般在观念上比较保守。这反映出的是一种穷人的"鸦片"现象和富人的"后物质价值"现象。[①]换言之，穷人和富人

---

　　① 依据马克思的观点，穷人可能受到意识形态的影响，并不根据自己的物质利益进行行动。为此，唤醒劳工成为工人运动的重要任务。很多研究发现南部的工人阶级因持枪、同性恋和宗教议题转向共和党，而做出了违反自己阶级利益的选择。至于富人，根据英格哈特的观点，由于富人有更多闲暇关心文化和民权等后物质主义的主题，所以北部的富人反而转向民主党。这种转向还可能由于部分富人良心发现，转而支持穷人的事业。

均依照自己价值观念而非钱包进行投票。穷人因为宗教原因投票给削减福利支出的共和党，而富人因为持有自由价值观念投票给倡导增税的民主党。

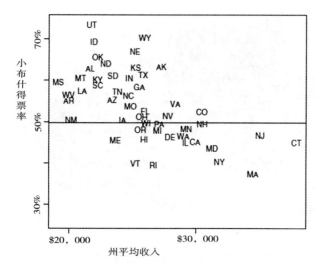

图 5—7　从收入看 2004 年美国各州选民的投票模式

说明：我们可以看到小布什赢得的州的收入水平要低于他输掉的州，但是州平均收入的增加并不必然带来得票率的下降。

资料来源：Andrew Gelman, *Red State*, *Blue State*, *Rich State*, *Poor State*: *Why Americans Vote the Way They Do*, Princeton: Princeton University Press, 2008, p. 51。

上面的图表只是简单地反映了两党忠诚的地区分布。我们可以通过两党胜出的比例，以及这些州在最近几次选举中的投票状况来深入了解各州党派忠诚的强烈程度以及稳定程度。图 5—8 反映的是小布什在各州的胜出程度。与 2000 年相比，小布什的胜出程度有了显著提高。小布什在绝大多数的州都是大比例胜出，在传统的红州都以 15% 以上的差额胜出。在其他地方胜出程度也远高于 2000 年。胜出比例低于 5% 的只有内华达、科罗拉多、新墨西哥、俄亥俄和爱荷华。从支持的稳定程度来看，全国 51 个州在近五次的大选中，有 15 个州是共和党的稳定基地（五次均胜出），有 12 个州是相对稳定的基地（至少有三次胜出），其他的都是摇摆的州或民主党的稳固基地。

最后，让我们再看看摇摆州和拉锯州的情况。由于三个摇摆

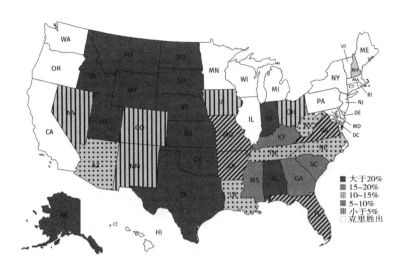

图5—8　2004 年小布什在各州胜出的程度

资料来源：Paul R. Abramson，John H. Aldrich and David W. Rohde，*Change and Continuity in the 2004 and 2006 Elections*，Washington，D. C.：CQ Press，2003，p. 61。

州均是拉锯州，所以笔者将把这两者合起来分析。在不同的标准下，拉锯州的数量会有不同。例如，一些美国政治分析网站把拉锯州定为 18 个，而美国国会分析家格施则把拉锯州定为 13 个（参见图5—9）。[①] 根据格施的分析，2004 年 13 个拉锯州的选举人团票为 142 张，占了总选人团票的 1/4。全国 538 张选举人团票中，小布什的稳固票有 161 张，偏向他的票有 35 张，要胜出仍需赢得的票有 74 张；克里的稳固票有 151 张，偏向他的票有 49 张，要胜出仍需赢得的票有 70 张。因此。拉锯州对两者的获胜有着非常关键的作用。

为了分析的统一性，笔者把胜出比例少于 5% 作为拉锯州的标准。于是 2004 年的拉锯州有：内华达、科罗拉多、新墨西哥、俄亥俄、爱荷华、明尼苏达、俄勒冈、宾州、密歇根、威斯康

---

① 这里界定拉锯州的依据不是最终的得票，而是竞选时的状况。具体论述参见 http://www. realclearpolitics. com/bush_ vs_ kerry_ sbys. html，2019 年 11 月 5 日下载。

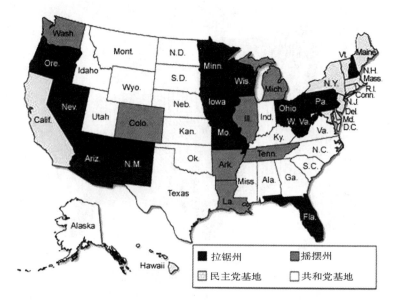

图 5—9　2004 年的两党地区支持的分布状况

资料来源：Mark Gersh，"The New Battleground"，*Blueprint Magazine*，May 7，2004。

星、佛罗里达和新罕布尔。图 5—10 反映了拉锯州的社会人口状况。如果以影响方向的一致性和各因素与小布什胜出程度的相关性为标准，从图 5—10 中我们难以找到性别、种族、价值朝向（是否强调道德，是否持有自由主义立场）、民主党人的比例、教育程度、收入与拉锯州的投票结果关联的模式。但是我们仍能发现一些大体的趋向：越强调道德因素的州，小布什胜出的程度也会越高（明尼苏达州是一个例外）。至于宗教在拉锯州的影响，我们可以从表 5—3 得知。从表 5—3 中我们发现虽然这些州没有压倒性的宗教构成，但在福音派比较多的州如科罗拉多、爱荷华、佛罗里达和俄亥俄，小布什都有比较理想的得票，其获胜的比例也会比较高。但在拥有较多罗马天主教、主流教派和没有宗教隶属选民的州，小布什输掉的可能性就会较大，如明尼苏达、密歇根和俄勒冈。

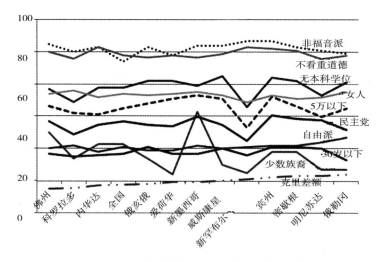

图5—10 2004年拉锯州的社会人口状况与克里的得票差异

说明：克里差额用克里得票率减去小布什得票率算出来，拉锯州的排序按克里得票差额的升序自左向右排列。其他的各项反映的是民主党联盟的比例。如果一个变量能够解释拉锯州的得票状况，那么这些变量也应该与克里差额有着相同的变化趋势。

资料来源：图由笔者自制，数据来源于 CNN 和 MSNBC （http：//www. cnn. com/ELECTION/2004/pages/results/states/US/P/00/epolls. 0. html；http：//www. msnbc. msn. com/id/5297310)，2019年11月5日下载。

四 投票模式

在上文中，笔者已对2004年的选举进行了竞选过程分析和选举地理分析。接下来，笔者将通过 CNN 的票站调查结果对投票模式进行分析。本部分将先对投票的基本情况做出分析，然后分别分析阶级因素和认同因素对投票模式的影响，最后通过投票差距和因子影响力比较两个模型对2004年投票模式的解释力。

从表5—4我们看到2004年的代际差异要比2000年明显。在2004年的选举里，克里在最年轻的选民中有更好的得票，而小布什则在其他群体中均有更好的得票。变化比较明显的是60岁以上的人，他们大幅度地从民主党转向了共和党。性别的差距

表5—3　　2004年拉锯州的宗教构成和小布什的胜出程度

	福音派（%）	主流教派（%）	拉丁新教（%）	黑人新教（%）	罗马天主教（%）	拉丁天主教（%）	基督教其他教派（%）	摩门教（%）	其他信仰（%）	伊斯兰教（%）	扩太教（%）	无宗教隶属（%）	差额（%）
佛州	24.6	15.7	3.3	10.0	16.3	9.7	1.4	0.5	0.5	0.2	3.9	14.0	-5.0
科罗拉多	25.0	18.1	3.0	2.3	12.0	11.0	2.1	2.1	1.3	0.3	1.7	21.0	-4.7
内华达	20.0	14.7	4.5	4.0	11.0	13.0	1.4	5.9	1.5	0.1	3.9	20.0	-2.6
俄亥俄	25.0	26.0	0.5	9.6	18.0	1.0	1.1	0.3	1.8	0.4	1.3	15.0	-2.1
爱荷华	25.4	33.8	1.4	2.0	21.0	2.0	0.5	0.5	0.1	0.2	0.2	12.9	-0.7
新墨西哥	18.0	12.0	4.8	0.5	10.2	30.0	1.0	2.3	2.5	0.1	0.6	18.0	-0.7
威斯康星	22.5	25.1	0.5	4.5	29.0	2.0	0.5	0.3	0.5	0.1	0.5	14.5	0.4
新罕布尔	22.3	20.6	0.5	0.5	34.0	1.0	1.0	0.2	1.8	0.3	0.8	17.0	1.3
宾州	21.5	21.0	1.1	8.6	26.0	1.4	2.0	0.2	2.6	0.6	2.3	12.6	2.5
密歇根	25.0	19.0	1.4	12.5	20.5	2.5	0.9	0.3	1.0	0.8	1.1	15.0	3.4
明尼苏达	25.2	29.6	0.3	2.0	22.0	3.0	0.7	0.4	1.6	0.3	0.9	14.0	3.5
俄勒冈	27.8	24.5	1.8	1.0	10.0	4.0	2.4	3.0	3.5	0.2	0.9	21.0	4.2

说明：数字均为百分比。差额用克里这里得票率率减去小布什得票率率算出来，并按升序排列。若宗教因素能解释得票差异，那么在福音派和拉丁新教比例较大的州，共和党的得票状况应该越理想。

资料来源：John C. Green, *The Faith Factor: How Religion Influences American Elections*, Westport, Conn.: Praeger Publishers, 2007, pp. 182–183。

有较大的减少，主要源于更多女性转向小布什。婚姻差距仍然十分显著，但与 2000 年相比几乎没有什么变化。此外，地区、意识形态和党派认同非常稳定，几乎没有变化。

表 5—4　　2004 年小布什和克里的得票状况（N = 13660）

	小布什 （%）	克里 （%）	04 差额 （%）	00 差额 （%）	变化 （%）
年龄					
18—29 岁（17%）	45	54	−9	−1.3	−7.7
30—44 岁（29%）	53	46	7	1.4	5.6
45—59 岁（30%）	51	48	3	1.2	1.8
≥60 岁（24%）	54	46	8	−3.4	11.4
性别					
男人（46%）	55	44	11	11.1	−0.1
女人（54%）	48	51	−3	−10.4	7.4
婚姻状态					
已婚（63%）	57	42	15	9.6	5.4
其他（37%）	40	58	−18	−18.1	0.1
意识形态					
自由（21%）	13	85	−72	−67.4	−4.6
居中（45%）	45	54	−9	−8.2	−0.8
保守（34%）	84	15	69	64.2	4.8
政党认同					
民主党（37%）	11	89	−78	−74.8	−3.2
独立选民（26%）	48	49	−1	2.5	−3.5
共和党（37%）	93	6	87	82.9	4.1
地区					
东部（22%）	43	56	−13	−16.6	3.6
中西部（26%）	51	48	3	1.0	2.0

续表

	小布什 (%)	克里 (%)	04 差额 (%)	00 差额 (%)	变化 (%)
南部（32%）	58	42	16	12.0	4.0
西部（20%）	49	50	−1	−2.5	1.5

说明：04 差额用 2004 年小布什得票率减去克里得票率算出，00 差额用 2000 年小布什得票率减去戈尔得票率算出，变化用 04 差额减去 00 差额算出。

资料来源：CNN Exit Polls, 2004（http://www.cnn.com/ELECTION/2004/pages/results/states/US/P/00/epolls.0.html）；Voter News Service General Election Exit Polls, 2000, 2019 年 11 月 5 日下载。

由于阶级认同数据的缺失，这里我们只通过教育、收入、工会成员等三个变量来分析小布什和克里的阶级基础，以及阶级投票的显著性（参见表5—5）。从教育来看，没有高中学历的群体是一个摇摆群体。除此以外，克里在有研究生以上学历的人那里有更好的得票，其他群体则更多支持小布什。明显的变化出现在没有受过高中教育的群体中，这个群体曾在 2000 年大比例地支持戈尔，但在这次选举里有很大一部分选民则转向了共和党。西班牙裔选民的转向以及低教育水平群体围绕持枪、同性恋和宗教议题投票可能解释这个变化。[①] 工会成员还是压倒性地支持民主党，但由于不属于工会的人（86%）占了绝大多数，并且更倾向于小布什，因此工会成员的支持不会给克里带来太多优势。从收入来看，家庭年收入低于 30000 美元的选民均大比例支持克里，50000 美元以上的更倾向于小布什，年收入在 30000—50000 美元的选民则为摇摆选民。与 2000 年相比，总体趋势没有多大的变化，只是克里在最低收入人群中赢得更多的选票，而小布什则在最高收入人群中赢得更多的选票。

---

① Thomas Frank, *What's the Matter with Kansas? How Conservatives Won the Heart of America*, New York: Metropolitan Books, 2004.

表5—5　阶级视角下小布什和克里的得票状况（N = 13660）

	小布什（%）	克里（%）	04 差额（%）	00 差额（%）	变化（%）
收入					
1.5 万以下（8%）	36.0	63.0	− 27.0	− 19.9	− 7.1
1.5 万—3 万（15%）	42.0	57.0	− 15.0	− 12.6	− 2.4
3 万—5 万（22%）	49.0	50.0	− 1.0	− 1.5	0.5
5 万及以上（55%）	56.0	43.0	13.0	7.6	5.4
工会成员					
是（14%）	38.0	61.0	− 23.0	− 29.6	6.6
否（86%）	54.0	45.0	9.0	7.7	1.3
教育					
无高中证书（4%）	49.0	50.0	− 1.0	− 20.5	19.5
一些大学教育（32%）	54.0	46.0	8.0	6.0	2.0
高中毕业（22%）	52.0	47.0	5.0	1.0	4.0
学士学位（26%）	52.0	46.0	6.0	6.0	0.0
研究生（16%）	44.0	55.0	− 11.0	− 8.4	− 2.6

说明：04 差额用 2004 年小布什得票率减去克里得票率算出，00 差额用 2000 年小布什得票率减去戈尔得票率算出，变化用 04 差额减去 00 差额算出。

资料来源：CNN Exit Polls, 2004（http://www.cnn.com/ELECTION/2004/pages/results/states/US/P/00/epolls.0.html）；Voter News Service General Election Exit Polls, 2000, 2019 年 11 月 5 日下载。

让我们再从认同视角看看 2004 年的投票状况（参见表5—6）。在种族方面，克里在所有少数族裔里均有更好的得票，而小布什则在白人选民里赢得了更多的支持。这基本上与 2000 年相仿，但是西班牙裔选民转向共和党是一个非常显著的变化（17.5%）。从表5—7 我们可以知道这个转向主要源自男性选民，新教选民，学历和低收入选民，以及东北、中西部和南部的选民。从表5—7 我们可以看到，除了宗教选民，其他选民在两次大选的投票模式基本一致。在 2004 年的大选里，新教徒（特别是重生派的新教徒）大幅度地选择了小布什。由此我们可以判断西班牙裔选民的转向更多源自宗教而非阶级。

表 5—6　认同视角下小布什和克里的得票状况（N = 13660）

	小布什（%）	克里（%）	04 差额（%）	00 差额（%）	变化（%）
种族					
白人（77%）	58.0	41.0	17.0	12.0	5.0
非裔（11%）	11.0	88.0	−77.0	−81.5	4.5
西班牙裔（8%）	44.0	53.0	−9.0	−26.5	17.5
亚裔（2%）	44.0	56.0	−12.0	−13.4	1.4
其他（2%）	40.0	54.0	−14.0	−15.3	1.3
宗教					
新教（54%）	59.0	40.0	19.0	13.5	5.5
天主教（27%）	52.0	47.0	5.0	−2.3	7.3
犹太教（3%）	25.0	74.0	−49.0	−60.6	11.6
其他（7%）	23.0	74.0	−51.0	−34.8	−16.2
无宗教隶属（10%）	31.0	67.0	−36.0	−30.7	−5.3
福音派/重生派					
是（23%）	78.0	21.0	57.0	Na	Na
否（77%）	43.0	56.0	−13.0	Na	Na
教堂出席率					
一周几次（16%）	64.0	35.0	29.0	27.2	1.8
每周都去（26%）	58.0	41.0	17.0	16.2	0.8
每月一次（14%）	50.0	49.0	1.0	−4.9	5.9
一年几次（28%）	45.0	54.0	−9.0	−11.9	2.9
从不（15%）	36.0	62.0	−26.0	−28.9	2.9

续表

	小布什 （%）	克里 （%）	04 差额 （%）	00 差额 （%）	变化 （%）
选民关注点					
关心民众（9%）	24.0	75.0	-51.0	-31.8	-19.2
宗教信仰（8%）	91.0	8.0	83.0	Na	Na
诚实可靠（11%）	70.0	29.0	41.0	64.6	-23.6
强势领导（17%）	87.0	12.0	75.0	29.6	45.4
聪明（7%）	9.0	91.0	-82.0	1.2	-83.2
带来变革（24%）	5.0	95.0	-90.0	Na	Na
立场清晰（17%）	79.0	20.0	59.0	Na	Na

说明：04 差额用 2004 年小布什得票率减去克里得票率算出，00 差额用 2000 年小布什得票率减去戈尔得票率算出，变化用 04 差额减去 00 差额算出。

资料来源：CNN Exit Polls，2004（http://www.cnn.com/ELECTION/2004/pages/results/states/US/P/00/epolls.0.html）；Voter News Service General Election Exit Polls，2000，2019 年 11 月 5 日下载。

表 5—7　2000 年与 2004 年西班牙裔选民的投票模式比较（单位：%）

	2000 年		2004 年	
	小布什	戈尔	小布什	克里
全国	28.2	52.7	36.0	53.9
男人	27.8	55.0	40.9	49.3
女人	28.6	51.0	31.7	58.3
宗教				
新教	42.7	40.5	51.3	40.8
天主教	23.2	58.1	29.9	58.9
年龄				
18—34 岁	30.8	50.6	35.3	54.0
35—50 岁	30.1	49.2	39.7	52.6

续表

	2000 年		2004 年	
	小布什	戈尔	小布什	克里
51—64 岁	21.4	57.9	29.8	58.5
65 岁或以上	20.0	67.1	35.6	52.5
教育				
高中或以下	24.6	55.9	34.3	55.0
一些大学教育	29.8	52.5	39.9	50.9
学士学位或以上	36.6	43.1	35.5	54.5
家庭年收入				
少于 2.5 万	18.8	55.4	29.8	58.0
2.5 万—5 万	32.1	52.8	37.2	53.9
5 万—7.5 万	35.5	47.7	43.5	50.5
7.5 万及以上	37.4	47.5	41.7	49.4
婚姻				
已婚	30.3	52.0	41.3	48.9
单身	21.2	56.4	27.4	64.6
地区				
东北	17.2	62.6	31.7	56.5
中西部	25.4	46.5	39.6	45.9
南部	34.9	50.8	50.1	42.2
西部	28.3	50.3	26.7	63.4
城乡				
城市	22.1	57.6	31.7	56.4
郊区	32.9	48.7	38.7	51.9
农村	33.1	48.8	42.4	52.3

资料来源：ANES, 2000 - 2004。

从宗教传统来看，小布什主要得到了新教（占 54%）的支持，克里主要得到了犹太教、其他教派和没有宗教隶属的人（共20%）的支持，而天主教则是摇摆选民（27%）。7.3% 的天主教徒在天主教徒竞选总统的时候却倒向其竞争对手，这是一个非常显著的转向。如果我们再对新教进行细分，我们会发现福音派压倒性地支持小布什。就宗教虔诚度与投票模式的关系而言，2004 年没有发生任何显著的变化。克里得到了偶尔上教堂的人的支持，而小布什则得到了经常上教堂的人的支持。就议题的优先次序而言，选民的投票模式有了非常显著的改变。税收和教育的重要性下降，伊拉克战争、恐怖主义和道德议题的重要性凸显。道德议题成为了首位的议题，看重道德议题的人会更多选择小布什。选民在战争议题上出现了分化，看重伊拉克战争的选民会更多选择克里，而强调恐怖主义议题的则会更倾向于小布什。于是，关注恐怖主义、税收和道德价值的人都大幅度地支持小布什，关心其他议题的选民则更倾向支持克里。在选择候选人的标准方面，强调诚实、宗教信仰、清晰的议题立场和领导力的人（合占53%）大比例地选择了小布什，而强调其他方面的人则更多支持克里。

在 2004 年，小布什的支持者联盟有福音派、其他基督徒（主要是摩门教徒）、拉丁裔的新教徒（合起来约占小布什总得票的40.9%），克里的支持者联盟有拉丁裔的天主教徒、没有宗教隶属的人、犹太教徒、信仰其他宗教的人和黑人新教徒（合起来约占克里总得票的40.1%）。两者的得票相近，最终结果取决于两个摇摆的群体——不太参与教会活动的主流教派的信徒和天主教徒。不过如果我们按这两个联盟在总体选民的比重来算，小布什的联盟占了 42.9%，而克里的联盟只占了 29.5%。这说明了小布什的联盟力量更大，而克里的得票更大程度上依赖于摇摆选民。

从表5—8 我们可以看到，种族、宗教隶属和教堂出席率差距是最主要的差距。收入差距虽然也很大（12%），且比2000 年有了4%的增长，但是还远不如宗教差距那么大。最小的差距是性别、代际和教育差距。表5—9 通过多元聚类分析呈现了诸因素的影响力。我们可以看到在 2004 年中，种族、年龄和宗教是核心的影响因子，而教育和收入是不太重要的因子。与 2000 年相比，种族的影响力在增强，婚姻与性别的影响力在下降。在宗教传统的影响力下降的同时，宗教传统主义的影响力则有了显著的提高。种族影响力的增强可能源于拉丁裔选民的转向。婚姻与性别影响力的下降可能源于宗教在价值议题显著的条件下对这些因子影响力的抵消。宗教传统影响力的下降和宗教传统主义影响力的增强说明了宗教内的投票差异要比宗教间的要显著，相当一部分天主教徒转向共和党可能是导致这种状况的重要原因。

表 5—8　　　　　　　　　2004 年的投票差距

	小布什（%）	克里（%）	差距（%）
宗教隶属			
白人新教	63.3	36.7	22.8
其他	40.5	59.5	
教堂出席率			
每周都去	61.1	38.9	17.0
少于每周都去	44.1	55.9	
收入			
50000 及以上	57.0	43.0	12.3
50000 以下	44.7	55.3	
教育			
少于或只有一些大学教育	53.1	46.9	3.2
本科学位以上	49.9	50.1	
种族			
白人	58.7	41.3	31.1
其他	27.6	72.4	
城乡			
郊区	54.5	45.5	7.6
城市	46.9	53.1	

续表

	小布什（%）	克里（%）	差距（%）
性别			
男人	55.5	44.5	7.3
女人	48.2	51.8	
代际			
40 岁及以上	53.3	46.7	4.4
40 岁以下	48.9	51.1	
地区			
红州	55.2	44.8	8.6
蓝州	46.6	53.4	
全体	51.0	49.0	2.0

资料来源：NEP, 2004。

表 5—9　　2000 年和 2004 年社会人口变量的影响力比较

	2000 Beta	2004 Beta
收入	0.09	0.05
教育	0.07	0.07
宗教传统	0.24	0.18
宗教传统主义	0.18	0.27
种族	0.15	0.23
年龄	0.09	0.10
婚姻与性别	0.20	0.09
R^2	0.22	0.23

资料来源：National Study of Religion and Politics 2000 and 2004。

最后，让我们再比较一下宗教投票和阶级投票的状况。图 5—11 反映了不同宗教传统和宗教虔诚度（通过教堂出席率测量）选民的投票状况。从图 5—11 我们可以看到以下几个模式：（1）在每个群体内，教堂出席率会带来显著差异。换言之，每个群体内部都出现一个显著的教堂出席率差距。例如，每周上教堂的黑人新教徒要比不每周上教堂的黑人新教徒更少比例地投克里的票（8.4%）。在白人天主教徒内，这个差距为 8.5%。事实上，在白人里，不管何种宗派传统，只要每周上教堂，都会更倾向于支持小布什。（2）在少数族裔里，宗教传统的差异也会带来显著的投票差异。例如，拉丁新教徒更倾向于小布什，拉丁天主教徒更倾向于克里，两个群体的投票差距达 20%。就宗教传统而言，从图 5—11 我们可以看到宗教差距在不同的团体里都是比较显著的。表 5—10 从宗教传统主义这个整合了宗派、信念和行为的综合指标呈现了不同群体的投票模式。从表 5—10 我们可以看到，宗教传统主义程度每减少一分，小布什的得票都会相应地减少。① 这样变化的程度在两个端点表现得最为明显。由此可见，宗教传统主义在 2004 年的投票中影响是一致的。

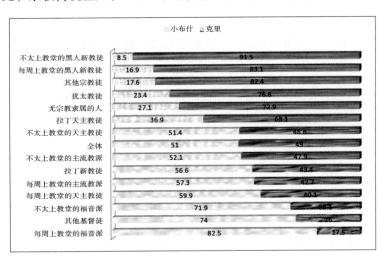

图 5—11 2004 年两党的宗教联盟和得票状况

说明：图中左侧部分代表的是该选民中支持小布什的比例，右侧部分是支持克里的比例。

资料来源：National Election Poll, 2004。

---

① 宗教传统主义为 7 是一个例外。可能的原因是在特定群体内信念和行为的影响力不是均等的，而宗教传统主义给信念和行为同等的权重，不能较好区分一些特别群体。

表 5—10　　　　从宗教传统主义看 2004 年的两党得票

传统主义程度	小布什（%）	克里（%）	差额（%）
1	82.7	17.9	-64.8
2	67.6	32.4	-35.2
3	64.5	35.5	-29.0
4	54.1	45.9	-8.2
5	52.9	47.1	-5.8
6	48.4	51.6	3.2
7	31.7	68.3	36.6
8	38.8	61.2	22.4
9	34.2	65.8	31.6
10	25.1	74.9	49.8
全体	51.2	48.8	-2.4

资料来源：National Survey of Religion and Politics 1992 - 2004，转引自 John C. Green, *The Faith Factor*: *How Religion Influences American Elections*, Westport, Conn. : Praeger Publishers, 2007, p. 59。

与宗教差距相比，虽然收入差距在每一个团体中都有体现，但是这样的差距并没有宗教差距那么明显。此外，从表 5—11 我们可以看到收入水平的提高并不必然伴随着小布什支持率的增加。收入因素对最低收入者和最高收入者影响最为显著，在家庭年收入为 5 万—20 万美元的选民中，小布什的得票基本上没有显著的变化。所以，从因素影响的一致性来看，认同模型的解释力要高于阶级模型。

表 5—11　　　　从收入看 2004 年的两党得票

	小布什（%）	克里（%）	差额（%）
低于 1.5 万（8%）	36	63	-27
1.5 万—3 万（15%）	42	57	-15
3 万—5 万（22%）	49	50	-1

	小布什（%）	克里（%）	差额（%）
5万—7.5万（23%）	56	43	13
7.5万—10万（14%）	55	45	10
10万—15万（11%）	57	42	15
15万—20万（4%）	58	42	16
20万及以上（3%）	63	35	28

资料来源：CNN Exit Poll 2004（http://www.cnn.com/ELECTION/2004/pages/results/states/US/P/00/epolls.0.html），2019年11月10日下载。

五　小结

在本章里，笔者已经对2004年的选举背景、竞选状况、选举地理和投票模式进行了详细的分析。突出的道德议题、候选人鲜明的信仰区分、空前的宗教动员使2004年成为了一个价值观选年。许多有实力的候选人角逐民主党的总统候选人提名使民主党的预选充满悬念。但是雄厚的资金和领先效应再次发挥显著的作用，推动了克里的胜出。

那么总的来说，阶级模型还是认同模型能更好地解释2004年的选举状况？我们可以从竞选过程、选举地理和投票模式这三方面比较这两个模型的解释力。就选举背景而言，道德议题成为了压倒性的议题。克里的自由立场把福音派和很大一部分天主教选民推向小布什。虽然很多人用在任总统优势和反恐战争的政绩来解释小布什的连任，但我们发现随着反恐战争的持续，小布什的支持率反而不断下降。此外，小布什在任内遭遇经济下滑，并同时陷入了反恐战争的泥潭。在这种情况下，在任不仅没有成为小布什竞选的优势，反而成为了他连任的障碍。1992年大选时，那时的在任总统老布什便因这类似的情况输掉了大选。笔者发现小布什的连任更多得益于保守宗教团体的支持。大打宗教牌，竞选时不断地谈论信仰对其个人的影响，允诺委任保守的大法官以阻止同性婚姻合法化，其任内通过了基于信仰的倡议这个资助宗教团体开展慈善活动的法案，这些均为小布什赢得了宗教团体的支持。笔者发现，相比于在任总统优势和反恐政绩，宗教因素能更好地解释小布什的连任。

就选举地理而言，2004 年与 2000 年相比变化不大，只有三个州改变了政党忠诚。不过，小布什胜出的比例要明显高于2000 年。红州与蓝州的界限也更加分明。红蓝州的对峙更多表现为一种文化冲突而不是阶级冲突，宗教因素要比其他因素更好地解释拉锯州的投票状况。

就投票模式而言，克里在最年轻的选民，学历最低和最高的选民，低收入者和自由主义者，以及不在婚人士和女性选民中有更好的得票。小布什则在高收入者和保守主义者，教育程度居中间水平的人和中老年选民里获得更多的支持。就投票差距而言，种族差距和宗教差距均要大于阶级差距。这说明了种族/宗教投票要比阶级投票更为明显。就阶级因子、种族和宗教因子的影响力而言，种族、宗教传统和宗教传统主义是最具影响力的因子，收入和教育是影响力较小的因子。种族因子和两个宗教因子的影响力均大于阶级因子。这说明认同因素的影响力要大于阶级因素。

综上，在 2004 年这个道德议题跃升为压倒性议题、候选人信仰区分鲜明、宗教动员突出的价值观选年，我们看到：红蓝州对峙更明显地表现为一种文化冲突，投票模式上宗教投票和种族投票要比阶级投票更为明显，种族因子和宗教因子的影响力也要大于阶级因子。因此，我们可以判定在 2004 年认同模型的解释力要大于阶级模型。

比较完两个模型的解释力后，让我们再来评估一下 2004 年大选对美国政治的影响。这次选举是对 9·11 的一次简单地回应？是 2000 年总统选举趋势的延续？还是 1968 年以来美国选举政治变迁的高潮？

2004 年的总统大选结束了分裂政府的局面。共和党不仅赢得了总统选举，还重新获得了国会两院的多数，结束了分裂政府的局面。有的学者凭此认为这是 20 世纪 60 年代以来政治发展趋势的一个高潮，因为它再次确立了共和党主导的政治局面。[①]在他的《一个决定命运的时刻》一书中，威廉·克罗提认为这是一个决定美国民众命运的时刻，因为"摆着大众面前的是两种完全不同的远景"。[②] 其实，从第二章和第三章的分析，我们已经可以看到这两种源自意识形态分歧的远景自 60 年代末已慢慢形成，并在里根总统任内到达高峰。小布什在这个价值观选年的当选，再次凸显了这种远景上的分歧。在这个决定命运的时刻，我们看到美国选民选择了小布什，并使得共和党重新执掌国会和白宫。但是，经济形势的急剧变化，人们对在任政府的不满不断累积，新的挑战者的出现都在改变这样的趋向。这是我们在 2008 年大选中看到的景观。那么在情势显著变化后，宗教因素是否仍会强烈地影响 2008 年的选举？价值的分歧是否仍能主导美国的选举还是会被其他社会分裂所取代？共和党将再次获胜还是会被民主党击败？笔者将在下一章继续分析这些问题。

---

① 菲利普斯早在 60 年代末就认为一个共和党主导的重组正在形成。他指出共和党之所以能成为多数得益于来自南部州的支持。具体参见 Kevin P. Phillips, *The Emerging Republican Majority*, New Rochelle, N. Y., Arlington House, 1969。很多学者认为 2004 年的选举是继 1968 年和里根总统之后，共和党的另外一个高潮。

② William J. Crotty, ed., *A Defining Moment: The Presidential Election of* 2004, New York: Routledge, 2005, p. 3.

第六章　2008：经济选年下的选举政治

　　在第二章，我们指出 20 世纪 60 年代末以来美国经历了一次政治再结盟。在这个重组的过程中，工人阶级的影响力已显著下降，福音派的政治影响逐步上升。种族与宗教因素的影响力不断上升，道德文化议题日益成为选举的关键议题，一场由精英发起并波及民众的文化战争正塑造着美国社会。宗教因素的作用不仅日益显著，其发挥作用的方式也发生了较大的改变。这些趋向在 2004 年有了一个集中的反映。这制造出一个价值观的选年，并使共和党得以同时执掌白宫和国会。2004 年让我们看到在一个道德文化议题突出、宗教动员显著和候选人宗教信仰区分鲜明的价值观选年中，宗教因素的突出作用。情势的变化使得 2008 年与 2004 年相比有了很大的不同。一方面，非裔候选人竞选总统使得种族因素变得突出；另一方面，金融危机使得经济议题成为压倒性的议题，贫富之间的阶级冲突可能因之加剧。2008 年的总统选举为我们提供了一个很好的实验机会，去分析在一个道德文化议题不显著、福音派组织衰落和宗教团体动员淡化的情况下，宗教因素对选举的影响力。通过对比 2004 年和 2008 年，我们也可以分析宗教影响的稳定性（如果宗教影响力不随选情而变化）或波动性（如果宗教影响力随选情而显著变化）。这一个选年里，种族因素和阶级因素都变得突出，也给我们提供了一个分析种族与阶级关系的机会，去看种族是更多体现出阶级的特征（即底层白人与少数族裔因同属一阶级而呈现类似的投票模式）还是认同的特征（即处于同一社会地位的底层白人与少数族裔因族裔不同而呈现出不同的投票模式）。笔者将围绕文化战是否已经终结，宗教的作用是否已经消退，奥巴马的当选是否已经宣告了里根时代的终结和民主党主导时代的到来这些核心问题对2008年的总统选举的竞选进程、选举地理和投票模式进行分析。由于族裔和代际因素在2008年变得非常突出，笔者也将对西班牙裔选民和年轻选民进行详细的分析。

一　大选背景与关键议题

在分析议题之前，我们需要先交代议题出现的具体背景。与2004年相比，2008年的总统选举有着许多不同的地方。2004年的选举是在恐怖主义的安全威胁下进行的。选出一个战时总统以打赢全球的反恐战争，确保美国的领土安全，是本次选举的核心关注之一。2008年的选举则要求美国人民选出一个能够解决当前金融危机，并能使美国摆脱伊拉克战争和阿富汗战争困境的总统。与2004年这个价值观选年不同，战争议题（伊拉克战争和阿富汗战争）和经济议题压倒性地影响了2008年的总统选举。在2008年的总统选举中，共和党候选人麦凯恩还要摆脱前任总统小布什给他带来的包袱。其实，自2001年起，小布什的支持率就一直走低。经济危机、小布什政府在处理卡特里娜台风救灾的失当和伊拉克战争引起的争议，使得人们对执政的共和党非常不满。尽管麦凯恩过去的经历以及他的选举策略都在表明他与小布什总统的不同，但是他还是很难摆脱小布什共和党政府的阴影。

在这个选年里，民主、共和两党候选人与宗教选民的关系也发生了很大的改变。自2004年大选失败后，民主党调整了他们与宗教团体的关系。民主党的候选人都强调信仰的影响，并加强了对宗教群体的接触。与之相比，麦凯恩却因着各种原因与宗教团体的关系走远。① 这带来一个非常矛盾的现象：当希拉里·克林顿、奥巴马和爱德华都加强对宗教团体的接触，都强调自己的信仰时，共和党的麦凯恩和鲁迪·朱利安尼（Rudy Giuliani）等候选人却与共和党的宗教选民鲜有密切的关系。由于宗教议题不是关键议题，外加 2004 年宗教动员所引起的争议，很多保守的宗教团体均放弃了积极的政治动员。他们不再设法左右选民的投票倾向。福音派也发表了《福音派宣言》，表明不再把宗教信仰与政党认同直接挂钩。②

在 2006 年的中期选举中，民主党获得大胜，重新夺回了参众两院的主导权。民主党在国会众议院中拥有稳固的 233 席（共和党 202 席），参院两党均拥有 49 席。这些都是 2008 年总统选举的重要背景。

除了上述选情的变化，2008 年的总统选举在很多方面都是非常特别的。例如，罗马天主教徒乔·拜登第一次成为副总统；自 1952 年以来，第一次没有在任的总统和副总统竞选总统职位；民主、共和两党都提名参议员为候选人，这是 1960 年以来第一次由在任的参议员当选总统；这是迄今为止角逐时间最长的选举。③

恐怖主义威胁的下降、道德文化议题的淡化和经济危机的恶化，使得核心议题的重要性次序发生了显著的改变。道德议题和社会议题已经从 2004 年的首要议题变为不太被关注的议题。此外，外交议题的重要性也在下降。从表 6—1 我们可以看到，经

---

① 麦凯恩在圣公会的家庭长大。在这种宗派传统的影响下，他很少公开谈论自己的信仰。在 2000 年与小布什角逐共和党的提名时他也公开批评保守宗教团体过于政治化。这些都使得他难以有效调动保守宗教团体为其拉票。

② 有关这个宣言的内容和报道请参见 http：//www. anevangelicalmanifesto. com 和 Adelle M. Banks，"Evangelicals Lament a Politicized Faith"（http：//www. christianityto-day. com/ct/2008/mayweb – only/119 –51. 0. html），2019 年 11 月 20 日下载。

③ James Ceaser，W. Andrew Busch and John J. Pitney，*Epic journey*：*The 2008 Elections and American Politics*，New York：Rowman & Littlefield Publishers，2010，p. xi.

济议题成为压倒性的议题。有63%的选民认为经济议题至为关键，这比第二位的伊拉克战争议题高出53%。不过，经济议题的优先性虽然提高，但是它的区分度却在下降。2004年的经济议题差距是62%，而2008年的差距则只有9%。核心议题和选举背景的改变，少数族裔竞选总统，宗教动员方式的改变都使得2008年的总统选举与2004年有着很大的不同。我们预计选举地理和投票模式会发生显著变化，阶级因素也会取代宗教因素成为主导选举的核心因素，而种族投票有可能更多体现出阶级投票的特征。下面的论述中，笔者将用数据来检验这些命题是否成立。

表6—1　　　2008年与2004年关键议题的比较分析

2008年最重要的议题	奥巴马（%）	麦凯恩（%）	08差额（%）	04差额（%）	变化（%）
经济（63%）	53	44	—9	—62	53
伊拉克战争（10%）	59	39	—20	—47	27
恐怖主义（9%）	13	86	73	72	1
保健（9%）	73	26	—47	—54	7
能源政策（7%）	50	46	—4	NA	NA

说明：08差额用2008年麦凯恩得票率减去奥巴马得票率算出，04差额用2004年小布什得票率减去克里得票率算出，变化用08差额减去04差额算出。

资料来源：CNN Exit Polls, 2004, 2008（http://www.cnn.com/ELECTION/2004/pa-ges/results/states/US/P/00/epolls.0.html；http://www.cnn.com/ELECTION/2008/results/polls/#val=USP00p1），2019年11月20日下载。

二　竞选过程

由于没有在任的总统和副总统角逐连任，两党的总统候选人提名均显得非常热闹。由于主要的候选人由老人、妇女和黑人组成，年龄、性别和种族成为了2008年大选非常突出的符号。身份认同因素更明显地影响着大选的进程。奥巴马利用脸书等社交媒体成功募集到巨额竞选资金，也使自媒体对大选的影响空前增加。笔者将先分析两党的主要候选人名录，接着分析两党的预选，最后分析全国的大选。

（一）候选人名录

让我们先看看民主党的候选人名录。2007 年 2 月，民主党全国委员会举行了一个听证会，确定了 10 位竞争者作为候选人。其中比较重要的有伊利诺伊州参议员奥巴马，纽约州参议员希拉里，达拉华州参议员拜登，康州参议员克里斯托弗·多德，北卡州前参议员爱德华，爱荷华前州长汤姆，新墨西哥州州长理查生和俄亥俄众议员库钦奇。募款能力成为了评价候选人能力的重要标准。在这个方面，奥巴马、希拉里和爱德华成为了领先人物。鉴于宗教在 2004 年的显著作用，三个候选人都通过不同的方式强调宗教对他们的重要性。《时代周刊》发表了奥巴马的《我的灵性旅程》，爱德华也强调"我的信仰影响了我所有的想法和行为"。《基督教世纪》（Christian Century）这本新教主流教派的旗舰杂志指出"民主党敌对信仰，在福音派前不自然的刻板印象已经消失"。《基督教科学监测》（Christian Science Monitor）也强调"民主党的候选人比共和党候选人更乐意谈论宗教问题"。①

希拉里作为前总统克林顿的太太，自 1992 年就一直活跃在政坛。奥巴马作为 2004 年民主党全国大会的演讲者，早已显示出他作为政治新星的地位。希拉里竭力吸引女性、西班牙裔、老人和蓝领工人，奥巴马则努力争取非裔、青年和高收入、高学历

---

① 有关该年总统候选人的宗教状况参见 Barack Obama，"My Spiritual Journey"，*Time* （http：//www. time. com/time/magazine/article/0，9171，1546579，00. html）；"Democratic Rivals at Ease with Faith Talk"，*Christian Century*，June 26，2007 （http：//www. christiancentury. org/article/2007－06/democratic－rivals－ease－faith－talk－0），2019 年 11 月 20 日下载。

的选民。爱德华在前两届的民主党候选人提名中均参与了角逐，还成为了 2004 年的民主党副总统候选人。

让我们再看看共和党的候选人名录。前麻州州长米特·罗姆尼（Mitt Romney），亚利桑那州参议员麦凯恩，前纽约市市长朱利安尼是主要的候选人。麦凯恩一直领先，朱利安尼的民意支持率与之接近，罗姆尼也被政治评论家当作第一梯队的候选人。过去，通过宗教动员、保守的宗教组织对共和党候选人提名产生了较大的影响。但是，2008 年选举中，三位共和党候选人则难以获得这些组织的好感。麦凯恩很少谈论自己的信仰，而且在 2000 年竞选时还公开批评宗教右翼的领袖。罗姆尼是摩门教徒。虽然民众对摩门教的接纳程度已大大提高，但是，在很多保守宗教团体的领袖和信众眼中，摩门教仍是一种备受争议的宗教。朱利安尼是一个很少上教堂的天主教徒，他对于堕胎和同性恋的看法亦与共和党的宗教同盟完全相反。这些都成为了这些候选人赢得福音派支持的核心障碍。

（二）预选动态

2008 年预选的独特性需要我们在历史的视野下去理解。图 6—1 反映的是 1976 年以来预选的概况。从图 6—1 我们可以看到 2008 年预选角逐的激烈程度在历史上都是罕见的，只有 1976 年、1984 年和 1988 年能与之媲美。这主要源于没有在任的总统和副总统参与竞选，而两党的候选人又旗鼓相当。

先让我们看看民主党的预选情况。在民主党的提名角逐中，希拉里一开始便遥遥领先。当奥巴马通过脸书募集到巨额资金，并成功赢得了爱荷华州的政党基层会议之后，他的支持率迅速攀升。然后，希拉里和奥巴马就进入了僵持阶段。希拉里赢得了新罕布尔州的预选，而奥巴马则在超级星期二赢得更多的州，这样的交锋一直到 5 月份才尘埃落定（参看图 6—2）。

The Nominalion Struggle 27

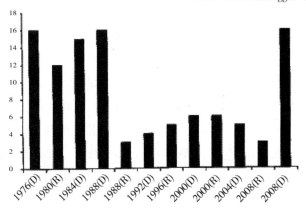

图 6—1　预选激烈程度的变迁趋势：1976—2008

说明：纵轴表示的是从新罕布尔州预选到角逐结束所需的周数，周数越多代表角逐越激烈。

资料来源：Paul R. Abramson, John H. Aldrich and David W. Rohde, *Change and Continuity in the* 2008 *Elections*, Washington, D. C.：CQ Press, 2010, p. 27。

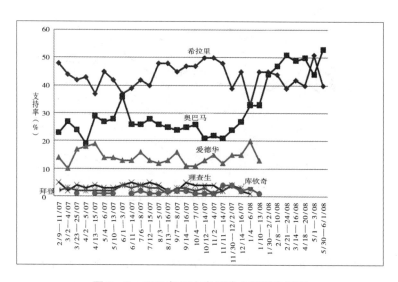

图 6—2　2008 年民主党候选人的潜在得票

资料来源：USA Today/Gallup Poll, http://www. pollingreport. com/wh08dem. htm, 2019 年 11 月 20 日下载。

再让我们看看共和党的预选动态。在预选初期，朱利安尼和麦凯恩是领先的候选人。麦克·赫卡比（Mike Huckabee）和罗姆尼后来追上。四人的潜在得票在 2007 年 12 月变得非常接近（参看图6—3）。赫卡比虽赢得了爱荷华州的政党基层会议，但是由于缺乏组织的支持和雄厚的资金，他未能把领先效应持续下去。当麦凯恩赢得了新罕布尔州的预选，并拿下南卡州和佛罗里达州之后，他凭着领先效应最终赢得了共和党的总统候选人提名。可见，真正转折点在于新罕布尔州的预选，资源的充足程度影响到领先效应的发挥。麦凯恩一直领先的支持率也是他胜出的一个重要原因。

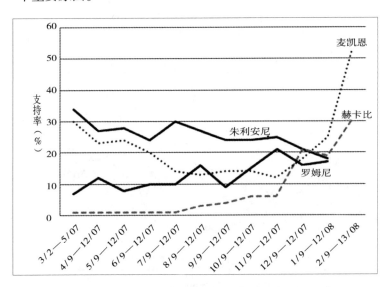

图6—3 2008 年共和党候选人的潜在得票

资料来源：American Research Group Poll（http://www. pollingreport. com/wh08rep. htm），2019 年 11 月 20 日下载。

如何理解 2008 年独特的预选动态？兰德尔·亚金斯等人建立的模型（简称亚金斯模型）和芭芭拉·罗兰德建立的模型（简称罗兰德模型）成为了有用的工具。两个模型均依据候选人的财力、在爱荷华州和新罕布尔州的预选结果和候选人的支持率等变量来预测。①表6—2反映的便是这两个模型的预测结果。这两个模型能很好地预测共和党的结果，并区分出两党的第一梯队和第二梯队的候选人，但是却无法准确预测民主党的预选。这是源于民主党和共和党不一样的选举动态。我们可以看到，一旦取得领先优势，麦凯恩便能把优势保持到最后，而民主党的两位候选人则一直僵持到最后。巴特把之归结为以下几个原因：身份政治（性别 vs. 种族）、选举资金和媒体排山倒海的报道。② 于是，他认为是身份而不是候选人的政策立场或者素质塑造了预选的动态。

表6—2　　　　　　　预测2008年预选结果的两个模型

共和党	麦凯恩	罗姆尼	赫卡比	朱利安尼	汤普森	保罗	
亚金斯模型	0.4	0.08	0.22	0.2	0.06	0.03	
罗兰德模型	0.21	0.17	0.21	0.18	0.13	0.09	
民主党	奥巴马	希拉里	爱德华	理查生	拜登	多德	库钦奇
亚金斯模型	0.27	0.53	0.17	0.003	0.013	0.005	0.001
罗兰德模型	0.23	0.31	0.15	0.08	0.08	0.07	0.08

资料来源：Paul R. Abramson, John H. Aldrich and David W. Rohde, *Change and Continuity in the 2008 Elections*, Washington, D. C.: CQ Press, 2010, p. 29。

（三）大选动态

在秋季的角逐中，奥巴马一直稳定地保持着3%—5%的领先优势。但一些事件却使选情时有起伏。主要的事件有共和党竞

---

① 对这些模型的介绍和使用请参见以下论文：Barbara Norrander, "The End Game in Post – Reform Presidential Nominations", *The Journal of Politics*, Vol. 62, 2000, pp. 999 – 1013; Wayne P. Steger, Andrew Dowdle and Randall E. Atkins, "The New Hampshire Effect in Presidential Nominations", *Political Research Quarterly*, Vol. 57, 2004, pp. 375 – 390; Randall E. Adkins and Andrew J. Dowdle, "How Important are Iowa and New Hampshire to Winning Post – Reform Presidential Nominations?" *Political Research Quarterly*, Vol. 54, 2001, pp. 431 – 444.

② R. Lawrence Butler, "Momentum in the 2008 Presidential Con – tests", *Polity*, Vol. 41, 2009, pp. 331—344.

选伙伴的确定和 9 月 7 日联邦政府对信贷公司的接管。不景气的经济一直有利于民主党的候选人，危机的加剧使得经济议题（有助于奥巴马）的重要性远超于外交议题（有助于麦凯恩），媒体的形象塑造——沉稳有力的拯救者奥巴马和年老乏力的麦凯恩，最终使奥巴马获得压倒性的胜利。

　　从图 6—4 我们可以看到，尽管在秋季的竞选中奥巴马基本上处于领先地位，但是有一段时间（从 7 月 29 日到 9 月 23 日）两者的差距非常接近。可以说，奥巴马的领先地位直到 9 月 23 日才最终确定。在僵持阶段，三个因素影响了选举的动态：形象危机、佩林效应和金融危机。[①] 形象危机出现前，奥巴马的支持率一直明显高于麦凯恩。形象危机出现后，两者的差距拉近。直到在丹佛全国会议上，奥巴马才最终摆脱了形象危机的负担。选择佩林作为竞选伙伴一开始给麦凯恩带来很多的优势（如吸引女性和保守的福音派选民），并增加了媒体对麦凯恩的关注度。但是，后来媒体的采访显示佩林在外交事务上一无所知且不思进取。这样的选择反而成为了麦凯恩的负担。[②] 随后麦凯恩的支持率一直走低。金融危机的爆发使麦凯恩的支持率进一步下跌，直至无力回天。从图 6—5 我们可以看到，奥巴马的支持率上升、麦凯恩的支持率下降与经济的恶化与和佩林的支持率下降存在一

　　[①] 美国一直有怀疑娱乐圈名人的传统。在 2008 年的竞选过程里，共和党把奥巴马建构成一个像摇滚明星一样受欢迎却没有实际执政能力的人，这极大影响了选民对奥巴马的支持。对形象危机的详尽分析参见 Jeffrey C. Alexander, "Barack Obama Meets Celebrity Metaphor", *Society*, Vol. 47, 2010, pp. 410 - 418。除此之外，奥巴马的形象危机还与他所在教会的牧师有关。奥巴马在芝加哥的教会牧师杰里迈亚·怀特（Jeremiah Wright）曾在布道时说信众不应该唱《天佑美利坚》（God Bless America），而应该唱《上帝谴责美国》（God Damn America）。他还指责美国之所以遭受"9·11"恐怖主义袭击，是因为她对黑人实施了恐怖主义。加上在国外出生的背景，这些都让选民怀疑奥巴马的爱国主义精神。

　　[②] 佩林是阿拉斯加州的州长。美国的副总统同时为参议院的议长，对外交和战争事务具有重大责任。麦凯恩选择佩林为竞选伙伴是希望通过她争取妇女和保守宗教团体的选票，但是佩林被媒体问及外交事务时一无所知并没有表现出要努力补课的意愿。这让选民进一步远离麦凯恩。

种正相关的关系。

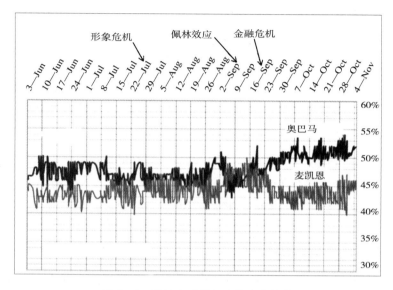

图6—4　2008年大选民意的变化趋势

资料来源：Jeffrey C. Alexander, "Barack Obama Meets Celebrity Metaphor", *Society*, Vol. 47, 2010, p. 411。

让我们再分析一下选举的议题是如何与两党所建构的选举主题相关联。金融危机加剧了人们对小布什政府的不满，两党候选人都努力建构合适的竞选主题以赢得选举。麦凯恩努力把自己塑造成一个富有经验的战争英雄和超越党派的政治家，并通过自己过去在参议院的投票记录来说服选民。奥巴马则把"希望"和"改变"作为自己的竞选主题。他通过自传和雄辩的演讲来传达这些信息，把自己塑造成一个改革者和拯救者。①奥巴马努力把麦凯恩与小布什政府联系在一起，而麦凯恩则一再强调奥巴马缺乏执

① 请参见 Barack Obama, *The Audacity of Hope: Thoughts on Reclaiming the American Dream*, New York: Crown Publishers, 2006; Barack Obama, "2004 Democratic National Convention Keynote Address" (http://www.americanrhetoric.com/speeches/convention2004/barackobama2004dnc.htm), 2019 年 11 月 10 日下载。民主党的竞选口号 "Yes, we can!" 也带出这种乐观主义的色彩。

政经验。① 但是，相形之下，奥巴马的主题更加鲜明，策略更加成功。麦凯恩的竞选主题不够明确，至多可以用"我不是小布什"来概括。凯特·坎斯基等学者指出 2008 年大选背后的形象战：

> 作为固守派的麦凯恩（McSame）和作为加税增支的自由分子奥巴马（tax – and – spend liberal）。奥巴马努力把自己塑造成一个能带来改变的人，却把麦凯恩与布什政府和华盛顿的失败政策联系起来。麦凯恩努力把自己塑造成一个特立独行的人（maverick），同时努力使人相信奥巴马的自由政策会使经济恶化，并损害到中产阶级的利益。②

结果是奥巴马的竞选要远比麦凯恩的成功，这可能与奥巴马的个人魅力、竞选资金和新型技术手段的使用有关。凯特·坎斯基等人认为网络的利用、微观接触技术的使用以及放弃联邦资金、改用社交媒体募集资金等竞选方式都推动了奥巴马的当选。③詹姆斯·凯撒等学者把则奥巴马的获胜归结为以下六个原因：成功地把握了选举的主题——改变和后党派（post – partisanship），灵活有力的候选人形象，非常强大和创新的竞选组织，筹措资金的强大实力，作为非裔美国候选人（可利用种族议题），

① 有关竞选策略的分析请看 Corwin Smidt, Kevin den Dulk, Bryan Froehle, James Penning, Stephen Monsma and Douglas Koopman, *The Disappearing God Gap Religion in the* 2008 *Presidential Election*, New York：Oxford University Press, 2010, Chapter 5；Kate Kenski, Bruce W. Hardy and Kathleen Hall Jamieson, *The Obama Victory：How Media, Money, and Message Shaped the* 2008 *Election*, New York：Oxford University Press, 2010；Robert E. Denton, Jr., ed., *The 2008 Presidential Campaign：A Communication Perspective*, New York：Rowman & Littlefield Publishers, 2009。

② Kate Kenski, Bruce W. Hardy and Kathleen Hall Jamieson, *The Obama Victory：How Media, Money, and Message Shaped the* 2008 *Election*, New York：Oxford University Press, 2010, p. 27.

③ Kate Kenski, Bruce W. Hardy and Kathleen Hall Jamieson, *The Obama Victory：How Media, Money, and Message Shaped the* 2008 *Election*, New York：Oxford University Press, 2010, p. 6 – 7.

各大主流媒体非常正面的报道。① 在 2008 年，我们再次看到了媒体和金钱的重要性。但是我们不应忽略选举背景的限定，以及政党标签作为候选人识别的稳定性（麦凯恩＝共和党＝小布什）。从图 6—5 我们可以看到麦凯恩潜在得票的下降是与经济的恶化、佩林的支持率下降联系在一起的。

三　选举地理

分析完 2008 年的选举动态之后，让我们再看看该年的选举地理。执政党的候选人麦凯恩竟选落败，作为挑战者的奥巴马却大比例胜出，使得人们很自然地怀疑选举地理已发生了较大的改变。但实际上，无论是州一级还是县一级都没有发生显著的忠诚转移。在这一部分，笔者将会分析两党的区域基础、摇摆州和拉锯州的情况。

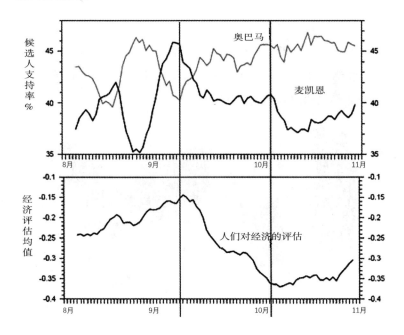

---

① James Ceaser, W. Andrew Busch and John J. Pitney, *Epic Journey：The* 2008 *Elections and American Politics*, New York：Rowman & Littlefield Publishers, 2010, pp. 15 – 30.

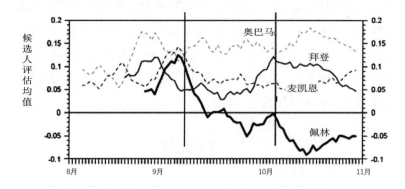

图6—5 2008年经济形势、支持率和潜在得票的变迁趋势

说明：经济评估均值的负号代表人们认为经济在恶化，绝对值越大代表人们对经济评估越负面。候选人评估均值的负号代表选民对候选人有负面的评价，正号代表选民对候选人有正面的评价。数值越大代表评价越高。

资料来源：Richard Johnston and Emily Thorson，"*Coalitions in Presidential Campaigns，2000 – 2008：Structure and Dynamics*"，Paper Presented to the 2009 Annual Meeting of the Midwest Political Science Association，2009，p. 24。

首先，从州一级的情况来看，奥巴马赢得了 29 个州，而麦凯恩赢得了 22 个州。图 6—6 反映了两者在州一级的得胜情况。奥巴马赢得了东北、环湖流域和西海岸的州，麦凯恩则赢得了南部、中部和北部山区的州。

图6—6 2008年的选举地理

其次，让我们看看摇摆州的情况（参见图6—7）。2008年的摇摆州有内华达州、新墨西哥州、科罗拉多州、爱荷华州、俄亥俄州、佛罗里达州、印第安纳州、弗吉尼亚州和北卡罗来纳州。
其中印第安纳州、弗吉尼亚州和北卡罗来纳州是传统的蓝州，只
是在2004年被小布什夺取。新墨西哥州和爱荷华州也是传统的蓝
州，民主党在最近五次选举里赢得了四次。俄亥俄州则是偏向民
主党的州，在最近五次选举中三次被民主党夺得。科罗拉多州和
佛罗里达州是偏向共和党的州，在最近五次选举中三次被共和党
夺取。因此，失去了两个传统的红州和一些过去被小布什夺得的
蓝州，是共和党失利的重要原因。但是，这并不表明选举地理发
生了重大的改变。

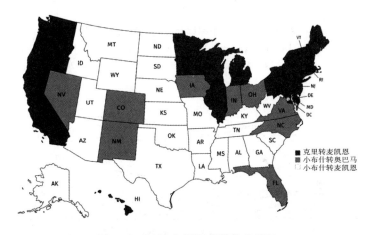

图6—7 2008年摇摆州的分布状况

资料来源：Paul R. Abramson, John H. Aldrich and David W. Rohde, *Change and Continuity in the* 2008 *Elections*, Washington, D. C. ：CQ Press, 2010, p. 16。

最后，让我们再看看拉锯州的情况。2008年的拉锯州主要
有科罗拉多州、佛州、密歇根州、密苏里州、北卡州、俄亥俄
州、宾州和弗吉利亚州。奥巴马在拉锯州的胜出比例是比较大
的。从图6—8我们看到，他以小比例胜出的州（胜出率小于
5%）只有俄亥俄州、印第安纳州和佛罗里达州，其他都是大比
例胜出的。

分析拉锯州的社会人口状况，有助于我们理解拉锯州的得票
状况。如果以影响方向的一致性和各因素与奥巴马胜出的程度的
相关性为标准，从图6—9我们可以看到性别、种族、选民对价

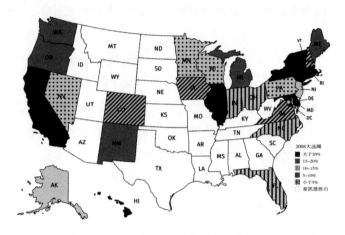

图6—8　2008年奥巴马在各州胜出的程度

资料来源：Paul R. Abramson, John H. Aldrich and David W. Rohde, *Change and Continuity in the* 2008 *Elections*, Washington, D. C. : CQ Press, 2010, p. 70。

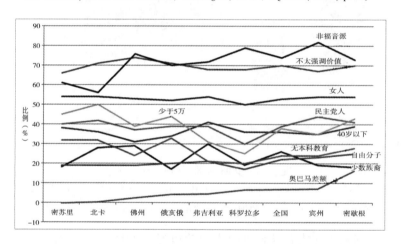

图6—9　2008年拉锯州的社会人口状况与奥巴马的得票差异

说明：奥巴马差额用奥巴马得票率减去麦凯恩得票率算出来。其他的线反映的是民主党常规联盟的比例，如女人、年轻选民、自由分子、少数族裔等。如果一个因素能解释奥巴马在拉锯州的得票状况，那么它应该与奥巴马的得票差额有类似的变化趋势。

资料来源：笔者自己绘制，数据来源于 CNN Exit Poll 2008（http://www. cnn. com/ELECTION/2008/results/polls/#val = ALP00p1），2019 年 11 月 20 日下载。

值的强调程度、自由分子的比例、民主党人的比例、教育程度、收入对拉锯州的投票结果的影响不太明显。因此，种族和阶级不太可能是型塑拉锯州投票的核心因素。

让我们再看看宗教对拉锯州投票的影响。从图 6—10 我们可以发现福音派比例越高，每周上教堂的人数比例越高，认为宗教很重要的人数比例越高的州，奥巴马的得票差额也会越小。在宗教性比较强，福音派比例比较高的州（如密苏里、佛罗里达、北卡和弗吉尼亚），麦凯恩往往有比较好的得票。这说明了宗教保守程度大体上与民主党得票率成反比。所以，宗教因素比其他因素能够更好地解释两党在拉锯州的得票差异。

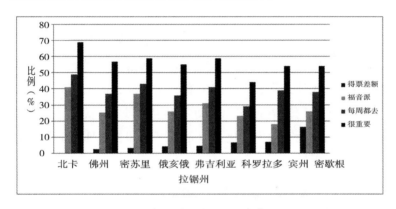

图 6—10　2008 年奥巴马在拉锯州胜出的程度

说明：每一个拉锯州从左到右的柱子分别代表奥巴马得票差额、福音派的比例、每周都去教堂的比例和认为宗教很重要的人的比例。得票差额用奥巴马得票率减去麦凯恩得票率算出来。州按得票差额从小到大的顺序排列。我们可以看到，得票差额在增加的同时，各州的宗教保守程度（通过福音派的比例、每周上教堂的人的比例和认为宗教很重要的人的比例来衡量）的总体趋势也是下降的。这说明宗教越保守的州，民主党的得票率也会越低。

资料来源：National Study of Religion and Public Life 2008。

四　投票模式

在上文中，笔者已对 2008 年大选的竞选过程和选举地理进行了分析。在本部分，笔者主要通过 CNN 的票站调查结果来进行投票模式分析。本部分将先对投票的基本情况做出分析，然后分别对阶级因素和宗教因素进行分析，最后通过各种差距的大小和各种因子的影响力来比较两个模型对 2008 年投票模式的解释力。

从表 6—3 我们看到代际差异在 2008 年选举中变得明显起来，尤其是年轻人和中年人有了显著的变化，他们更多地支持奥巴马。在种族方面，奥巴马赢得了大多数少数族裔选民的选票，其中又以非裔和西班牙裔人最为显著。虽然奥巴马作为一个非裔的候选人，但是非裔和白人的投票模式没有发生显著的变化。变化最为明显的是西班牙裔。经历了 2004 年的转向后，他们又一次大幅度地归回到民主党的阵营里。这推动了奥巴马的当选。性别的差距和婚姻差距均发生了比较明显的变化，已婚人士和男性更少地支持共和党，而不在婚人士和妇女更多支持民主党。此外，从意识形态来看，变化最大的是中间选民和保守选民，他们显著地减少了对共和党的支持。就地区而言，虽然党派忠诚没有发生变化，但是奥巴马却在中西部和西部赢得了更多的支持。

表6—3　2008 年奥巴马和麦凯恩的得票状况（N = 17836）

	奥巴马（%）	麦凯恩（%）	08 差额（%）	04 差额（%）	变化（%）
年龄					
18—29 岁（18%）	66	32	−34	−9	−25
30—44 岁（29%）	52	46	−6	7	−13
45—64 岁（37%）	50	49	−1	3	−4
65 岁及以上（16%）	45	53	8	8	0
性别					
男人（47%）	49	48	−1	11	−12
女人（53%）	56	43	−13	−3	−10
婚姻状态					
已婚（66%）	47	52	5	15	—10
其他（34%）	65	33	—32	−18	—14

续表

	奥巴马（%）	麦凯恩（%）	08 差额（%）	04 差额（%）	变化（%）
意识形态					
自由派（22%）	89	10	—79	—72	—7
中间派（44%）	60	39	—21	—9	—12
保守派（34%）	20	78	58	69	—11
政党认同					
民主党（39%）	89	10	—79	—78	—1
共和党（32%）	9	90	81	87	—6
独立选民（29%）	52	44	—8	—1	—7
地区					
东北（21%）	59	40	—19	—13	—6
中西部（24%）	54	44	—10	3	—13
南部（32%）	45	54	9	16	—7
西部（23%）	57	40	—17	—1	—16

说明：08 差额用 2008 年麦凯恩得票率减去奥巴马得票率算出，04 差额用 2004 年小布什得票率减去克里得票率算出，变化用 08 差额减去 04 差额算出。

资料来源：CNN Exit Polls, 2004, 2008（http://www.cnn.com/ELECTION/2004/pages/results/states/US/P/00/epolls.0.html；http://www.cnn.com/ELECTION/2008/results/polls/#val = USP00p1），2019 年 11 月 20 日下载。

这里我们通过教育、收入和工会成员等三个变量来分析奥巴马和麦凯恩的阶级基础及阶级投票的显著性（参见表6—4）。从教育程度来看，奥巴马赢得了所有群体的支持，其中又以没有高中学历和具有研究生及以上学历的人的支持率最高。变化最明显的是没有高中学历的人，经过了 2004 年的转向之后，他们又再次回到了民主党的阵营里。工会成员对民主党的支持没有改变，反而是非工会成员明显转向奥巴马。从收入看，几乎所有的群体都转向民主党，其中又以具有最低收入和最高收入人士的改变最为明显。

表6—4　阶级视角下奥巴马和麦凯恩的得票状况（N = 17836）

	奥巴马（%）	麦凯恩（%）	08 差额（%）	04 差额（%）	变化（%）
收入					
1.5 万以下（6%）	73	25	−48	−27	−21
1.5 万—3 万（12%）	60	37	−23	−15	−8
3 万—5 万（19%）	55	43	−12	−1	−11
5 万及以上（62%）	49	49	0	13	−13
工会成员					
是（12%）	60	37	−23	−23	0
否（88%）	52	46	−6	9	−15
教育					
无高中（4%）	63	35	−28	−1	−27
高中毕业（20%）	52	46	−6	5	−11
一些本科教育（31%）	51	47	−4	8	−12
本科毕业（28%）	50	48	−2	6	−8
研究生及以上（17%）	58	40	−18	−11	−7

　　说明：08 差额用 2008 年麦凯恩得票率减去奥巴马得票率算出，04 差额用 2004 年小布什得票率减去克里得票率算出，变化用 08 差额减去 04 差额算出。

　　资料来源：CNN Exit Polls, 2004, 2008（http://www.cnn.com/ELECTION/2004/pages/results/states/US/P/00/epolls. 0. html；http://www.cnn.com/ELECTION/2008/results/polls/#val = USP00p1），2019 年 11 月 20 日下载。

　　从宗教传统来看（参见表6—5），麦凯恩主要得到了新教（占54%）的支持，奥巴马则得到了其他教派和没有宗教隶属的人的支持。其中，新教徒、天主教徒和没有宗教隶属的人都显著地从共和党转向了民主党。从宗教虔诚度来看，奥巴马得到了很少上教堂的选民的支持，而麦凯恩则得到了经常上教堂的人的支持。从议题来看，只有关心恐怖主义的人更多支持麦凯恩，关心其他议题的人都更多选择了奥巴马。此外，关心经济和伊拉克战争的选民在 2004 年和 2008 年之间有了最为显著的改变。考虑到所有转向比较显著的人群，我们可以认为这样的转向主要是源于经济危机下人们对共和党政府的普遍不满。2008 年的选举某种意义上反映的是人们的不满，这种不满使人们疏远执政的共和党。于是，奥巴马的胜出某种程度上是选民对小布什政府所属政党惩罚的结果。

表6—5 认同视角下奥巴马和麦凯恩的得票状况（N = 17836）

	奥巴马（%）	麦凯恩（%）	08 差额（%）	04 差额（%）	变化（%）
种族					
白人（74%）	43	55	12	17	−5
黑人（13%）	95	4	−91	−77	−14
西班牙裔（9%）	67	31	−36	−9	−27
亚裔（2%）	62	35	−27	−12	−15
其他（3%）	66	31	−35	−14	−21
宗教					
新教（54%）	45	54	9	19	−10
天主教（27%）	54	45	−9	5	−14
犹太教（2%）	78	21	−57	−49	−8
其他（6%）	73	22	−51	−51	0
无宗教隶属（12%）	75	23	−52	−36	−16
福音派/重生派					
是（26%）	24	74	50	57	−7
否（74%）	62	36	−26	−13	−13
教堂出席率					
一周几次（12%）	43	55	12	29	−17

续表

	奥巴马 （%）	麦凯恩 （%）	08 差额 （%）	04 差额 （%）	变化 （%）
一周一次（27%）	43	55	12	17	−5
一月一次（15%）	53	46	−7	1	−8
一年几次（28%）	59	39	−20	−9	−11
从不（16%）	67	30	−37	−26	−11

说明：08 差额用 2008 年麦凯恩得票率减去奥巴马得票率算出，04 差额用 2004 年小布什得票率减去克里得票率算出，变化用 08 差额减去 04 差额算出。

资料来源：CNN Exit Polls, 2004, 2008（http://www.cnn.com/ELECT-ION/2004/pages/results/states/US/P/00/epolls.0.html；http://www.cnn.com/ELECTION/2008/results/polls/#val = USP00p1），2019 年 11 月 20 日下载。

从表6—6 我们可以看到，种族在 2008 年的选举中扮演着重要的角色。非裔和白人的投票差距是 52%。这样的差距与非裔选民动员的增加相伴，使得种族因素起到了更大的作用。此前，黑人的投票率一直远低于白人。但该年因为有黑人候选人竞选总统，黑人的投票率大大提高，并已接近白人的投票率。性别、教育和工会的差距不太明显，收入的差距也要小于其他的差距。地区和城乡的差距依然明显。年轻选民的积极动员使得代际差距有了明显的提高。在共和党政府不受欢迎、经济危机加剧的背景下，因着议题优先次序的转移和福音派动员水平的下降，宗教隶属差距开始减少。天主教徒和新教徒的投票差距仅为 11%（表6—6 中没有显示出来），但是福音派与非福音派的差距（38%），经常去教堂和偶尔去教堂的选民的投票差距（14%）依然非常显著。当性别差距减少的时候，婚姻的差距并没有减少。比较三个阶级差距（工会差距、收入差距和教育差距）和两个宗教差距（宗教隶属差距和教堂出席率差距），我们可以看到宗教投票要比阶级投票更加明显。

表 6—6　　　　　　　　　　2008 年的投票差距

	奥巴马（%）	麦凯恩（%）	差额（%）
工会			
工会成员	60	37	8
其他	52	46	
收入			
少于 5 万	60	38	11
5 万及以上	49	49	
教育			
无本科学位	53	46	1
本科学位以上	53	45	
宗教隶属			
福音派/重生派	24	74	38
其他	62	36	
教堂出席率			
每周都去	43	55	14
其他	57	42	
种族			
白人	43	55	52
黑人	95	4	
地区			
南部	45	54	14
东北部	59	40	
城乡			
城市	63	35	18
农村	45	53	
代际			
30 岁以下	66	32	16

续表

	奥巴马（%）	麦凯恩（%）	差额（%）
30 岁及以上	50	48	
性别			
男人	49	48	7
女人	56	43	
婚姻			
在婚	47	52	18
其他	65	33	

资料来源：CNN 2008。

表 6—7 让我们可以从一个因果的维度去看不同因素的影响力。我们可以看到在 2008 年中，种族、教育、婚姻与性别和宗教是核心的影响因子，而年龄和收入是不太重要的因子。虽然年轻选民是 2008 年选举的一个焦点，代际差距也有了显著的增长，但我们发现代际因子的影响力反而下降了。这主要源于奥巴马在不同年龄的选民里均有比较好的得票，使得代际因子的影响力反而下降。在缺乏显著道德文化议题的背景下，宗教传统主义影响力的下降是可以预料的。没有宗教传统主义的抵消作用，婚姻与性别因子的影响力亦有了一定程度的增加。宗教传统影响力的增强与天主教徒再次转向民主党有很大的关系。教育因子影响力的提高与奥巴马在所有教育程度的选民中都胜出有着很大的关系，其中尤其是低教育水平选民的重大变动起到至关重要的作用。通过 2000—2008 年三次选举的比较分析，我们可以发现道德议题显著的时候，宗教传统主义因子和代际因子会增强，而婚姻与性别因子、收入因子和宗教传统因子会下降。对比两个宗教因子和两个阶级因子的影响力，我们可以看到宗教因素的影响力依然大于阶级因素。

表6—7　　2004 年和 2008 年社会人口变量的影响力比较

	2004 Beta	2008 Beta
收入	. 05	. 07
教育	. 07	. 15
宗教传统	. 18	. 21
宗教传统主义	. 27	. 18
种族	. 23	. 31
年龄	. 10	. 06
婚姻与性别	. 09	. 13
R2	. 23	. 28

资料来源：National Study of Religion and Public Life 2008；National Study of Religion and Politics 2004。

　　道德议题重要性的下降，保守宗教团体政治动员水平的下降，麦凯恩与福音派关系的疏远，这些均让人们怀疑 2008 年宗教因素的影响力是否会显著下降。人们对宗教的关注往往会被对西班牙裔选民和年轻选民的关注所取代。很多学者指出奥巴马之所以能胜出是与以下三个群体投票率的上升和对民主党的支持密切相关：非裔、西班牙裔和年轻选民。更有学者预测，这三个正在增长的群体将会推动民主党主导时代的到来。[①] 为了更好地检视宗教、族裔和代际三个因素在选举政治中的作用和潜在影响，笔者将对宗教群体、西班牙裔选民和年轻选民在最近几次美国总统选举中的投票状况做一个分析。

　　首先让我们比较一下这三个因素在 2008 年的显著性和影响力。从表6—6 中我们可以看到，种族差距为 52%，宗教隶属差距为 38%，教堂出席率差距为 14%，而代际差距则为 16%。可见，种族、宗教和代际三个因素在 2008 年大选中都是非常明显

　　① James Ceaser, W. Andrew Busch and John J. Pitney, *Epic Journey: The 2008 Elections and American Politics*, New York: Rowman & Littlefield Publishers, 2010.

的。媒体的报道也反映了这样的事实。就影响力而言，种族因子的影响力为 0.31，代际因子的影响力为 0.06，而宗教传统和宗教传统主义因子的影响力分别为 0.21 和 0.18。可见，种族和两个宗教因子的影响力都是非常大的。年龄因素虽然在 2008 年凸显，但是其影响力是非常小的。

其次让我们看看这三个因素的变化趋势。与 2004 年相比，种族差距（非裔 v. 白人）有了 5% 的增长，代际差距有了近 7% 的增长，而宗教隶属差距（新教 v. 其他）和教堂出席率的差距则分别下降了 1% 和 3%。至于因子的影响力，种族因子有了 0.08 的增长，代际因子有了 0.04 的下降，宗教传统因子有了 0.03 的增长，而宗教传统主义因子则下降了 0.09。

最后让我们分析一下年轻选民、西班牙裔选民和宗教选民在 2008 年的投票状况。在 2008 年的大选里，年轻选民的作用备受媒体的关注。这些年轻的选民中有更多的少数族裔、低收入阶层、未婚人士和没有宗教隶属的人。这些社会人口特征是民主党支持者的常规特征。随着社会阶层的流动和个人处境的变化（例如结婚成家），这些代际的差异会持续还是消失，仍有待观察。但从历史的角度来看，这些选民一直与其他选民保持着相似的投票倾向，只是从 2004 年起代际差距才开始显著增大，直到 2008 年达到 13% 的高位。从议题来看，这些年轻选民与其他选民在议题的优先次序方面相似，但是他们的立场却与其他选民有较为显著的差异。他们更倾向于依靠政府解决问题，更反对伊拉克战争和在国内进行石油勘探，更多持自由的立场。但是这些代际的差异在福音派这个群体中并不显著。因此，我们可以认为是文化朝向而不是经济利益催动着这些选民的投票，这能够解释为何代际差距自 2004 年起迅速增大。2008 年候选人的年龄和特质，也可能是代际差距增大的原因。

在 2008 年，西班牙裔选民也备受关注。从构成来看，西班牙裔选民主要由低学历、低收入、本地出生、偶尔上教堂的天主教徒组成。他们绝大多数选择民主党。但随着这个群体学历、收入、年龄和新教比例的提高，他们选择共和党的比例也会相应提高。换言之，随着西班牙裔美国人这个群体的社会流动和更好地融入美国社会，他们也会更多地选择共和党。

至于宗教选民，通过对比 2008 年与 2004 年的宗教动员状况，我们可以看到宗教的重要性不仅没有减少，而且还增加了（至少就竞选团队的动员而言是增加了）。从表 6—8 我们可以看到，2008 年两党和利益团体都明显地增强了对各大宗教团体的动员，福音派、主流教派、天主教徒、犹太教徒和没有宗教归属的人仍是他们动员的重点。与此相比，神职人员和宗教团体的竞选动员则显著下降。这部分源于福音派动员组织的衰落和 2004 年神职人员动员选民引起的争议，部分源于缺乏促使他们进行动员的议题。不过，候选人的宗教状况仍是媒体关注的焦点。从选举动员和宗教在区分候选人的作用等方面来看，宗教在 2008 年仍扮演一个非常重要的角色。

表 6—8 　　　　　　　2004—2008 年的宗教动员变迁

	福音派（%）	主流教派（%）	黑人新教（%）	罗马天主教（%）	犹太教（%）	无宗教隶属（%）	全体（%）
党派接触							
候选人	9	8	8	4	4	6	6
政党	6	12	19	6	4	6	9
利益集团接触							
保守的	16	14	6	12	25	7	13
自由的	4	6	0	6	9	0	4
宗教的	−4	4	−9	2	−5	1	0
堂会接触							
神职人员敦促	−17	−14	−19	−19	−19	7	−13
选民指引	1	−1	−2	−6	12	6	0
与朋友讨论	−7	−2	9	−4	−18	7	−2

续表

	福音派（％）	主流教派（％）	黑人新教（％）	罗马天主教（％）	犹太教（％）	无宗教隶属（％）	全体（％）
至少有上述的一种	2	6	−4	2	−4	11	2

说明：表中的数字代表 2008 年宗教动员与 2004 年宗教动员的差额，通过 2008 年的动员比例减去 2004 年的动员比例求得。

资料来源：Bliss Institute National Survey of Religion and Politics 2004；Henry Institute National Survey on Religion and Public Life，2008。

从图 6—11 我们可以看到不同宗教团体的信众，以及相同宗教团体里不同宗教虔诚度的信众的政党认同和投票模式均有着显著的差异。这些都说明宗教投票是很明显的，而宗教传统和宗教传统主义能较好地解释投票的差异。

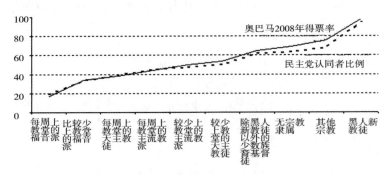

图 6—11　2008 年的各宗教的政党认同和投票模式

资料来源：Pew Research Center，"How the Media Covered Religion."（http://pewresearch. org/pubs/1040/how-the-media-covered-religion），2019 年 11 月 20 日下载。

五　小结

压倒性的经济危机，不受欢迎的在任总统，两党候选人与宗教团体关系的微调，都使得 2008 年的总统选举呈现出与 2004 年很不一样的景象。种族因素和阶级因素的作用变得突出。不过，宗教因素对大选的影响仍然十分显著。宗教差距只是在减少，并没有消失。文化战没有终结，仍将与兴起中的种族冲突和复苏中的阶级冲突，继续影响美国政治的走向。

　　缺乏在任总统和副总统参与竞选，两党的预选都十分激烈。领先优势能较好地解释麦凯恩的当选，而认同政治则解释了民主党的预选景观。鲜明的主题、个人的魅力、更高的竞选投入、更强大的竞选组织和创新的竞选手段较好地解释了奥巴马的当选。虽然民主党在各州获胜的比例有了较大的提高，但是地区忠诚没有发生较大的变化。虽然保守宗教团体减少了自身的政治动员，但党派和利益集团对宗教团体的政治动员却变得显著起来。宗教因素能更好地解释候选人在拉锯州的得票情况。

　　就投票模式而言，与克里在2004年的得票情况相比，奥巴马在所有选民中均有更好的得票。奥巴马在少数族裔，30岁以下的选民，低收入者、工会成员、自由主义者，以及不在婚人士和妇女选民中都有更明显的优势。种族差距、宗教隶属差距、城乡差距和婚姻的差距是最大的差距，而教育差距、工会差距和性别差距则是相对较小的差距。代际和种族差距凸显，收入和教育差距变化不大，教堂出席率差距有了轻微的下降。种族、宗教传统和宗教传统主义是最具影响力的因子，收入和代际则是影响力较小的因子。总体而言，虽然认同模型的解释力在下降，阶级模型的解释力在增强，但认同模型的解释力仍高于阶级模型。

　　除选举景观的不同之外，2008年总统选举的重要性也值得强调。很多评论家从种族和阶级的角度来衡量这次选举的重要性。因为这一次选举产生了美国历史上第一位非裔总统，而且奥巴马的选举政纲中有着很多"进步主义"的政策，如医疗改革。有的学者把这次选择当成是一个历史的完成，认为这次大选让废奴运动和民权运动所致力于的"美国梦想"得以实现，是对罗斯福新政和林登·约翰逊的伟大社会计划的复兴。[①] 支持时代转

---

　　① Harold Meyerson, "A Real Realignment", *Washington Post*, November 17, 2018, p. 19.

化的学者还有怀特和朱莉娅·汉娜。例如，怀特认为社会人口的
变化已经结束了里根开创的时代，并将确立民主党的主导。他认
为在过去的时代里中老年人、富人和白人成为了共和党的主要支
持力量，但随着西班牙裔、非裔和年轻人的增多，以及人们文化
观念和宗教表达方式的改变，民主党将有着更广泛的选民基础。
他认为奥巴马与富兰克林和里根一样都是变革时代的总统，他用
"奥巴马的美国"来概括这个时代的特征。① 朱莉娅·汉娜则将
2008 年的选举与 1968 年的选举联系起来去分析时代变迁的含义。
她指出，1968 年的大选导致了自由主义时代的结束和保守主义
时代的到来。在她看来，2008 年意味着是这个保守主义时代的
终结。她还指出这两次选举的相似性：不受欢迎的战争（越战和
伊战），突发的事件（马丁路德金与肯尼迪的被刺和华尔街的金
融危机）。种族因素、对正义的强调和对美国的世界角色的再思
也是这两次选举相似的地方。②

　　但是，笔者认为对这次选举的评估应该超越特定阶级、族群
的视域和目的论的概念框架，并把着眼点放在对二战以来美国政
治发展趋势和民主体系演变的影响上。在这样的视角下，奥巴马
的当选并没有带来新政时代的复兴，保守主义时代的终结。詹姆
斯·凯撒等学者反对把 2008 年看成是里根时代的结束和民主党
时期的到来。他们指出：

　　　　我们没有看到比较大的忠诚转移，事实上以前选民主党
　　的群体还选民主党，只是选得更多；以前选共和党的人还选
　　共和党，只是选得更少。我们也没有看到什么新的压倒性的

---

　　① John Kenneth White, *Barack Obama's America*: *How New Conceptions of Race*, *Family*, *and Religion Ended the Reagan Era*, Ann Arbor: University of Michigan Press, 2009.

　　② Julia Hanna, "The Election in Historical Context: From 1968 to 2008", *Radcliffe Quarterly* (Winter, 2009) (https://iiif. lib. harvard. edu/manifests/view/drs: 427992540 $13i), 2019 年 11 月 20 日下载。

议题使得再结盟成为可能。我们也没有看到显著的意识形态的转向。[①]

奥巴马的当选并没有带来民主党的主导。实际上，在 2010 年的中期选举里，民主党输掉了国会选举，让共和党重新夺回了众议院。2012 年奥巴马连任时，他的获胜比例也要显著低于 2008 年。虽然奥巴马凭着经济的改善赢得了连任，却因争议重重的医改政策让民主党输掉了 2016 年的大选。

从影响选举的因素着手，我们可以看到，背景因素（不景气的经济和不受欢迎的政府）、竞选动员因素（募款和新型技术的使用），以及宗教因素（社会道德议题不显著，奥巴马善用宗教，麦凯恩不受福音派欢迎和福音派动员的下降）、种族（非裔和西班牙裔）和年龄（年轻人）因素都是民主党胜出的重要原因。这次选举是这些因素复合作用的结果，我们难以断定哪一个是压倒性的因素。这次选举基本上没有出现新的因素，这些因素的分量和发生作用的方式基本上没有出现显著的改变。

由于政党认同和意识形态朝向是长期稳定的变量，并且能够很好地预测政治的走向，我们可以通过这些变量评价奥巴马的胜利。从图6—12 我们也可以看到 20 世纪 90 年代以来，意识形态并没有发生显著的变化。此外，在这三次选举中，共和党人减少了4%，中间选民增加了3%，民主党的选民几乎变化不大。[②] 这些变化只反映了共和党选民对在任总统的不满，但并不代表选民根本的转向（变化比例较少，且共和党人只是更加中立）。因此，我们可以认为政党忠诚没有发生显著改变。

从两党的地区基础来看，2004 年和 2008 年各州的投票模式

[①] James Ceaser, W. Andrew Busch and John J. Pitney, *Epic Journey: The 2008 Elections and American Politics*, New York: Rowman & Littlefield Publishers, 2010, p. 13.

[②] Kate Kenski, Bruce W. Hardy and Kathleen Hall Jamieson, *The Obama Victory: How Media, Money, and Message Shaped the 2008 Election*, New York: Oxford University Press, 2010, p. 20.

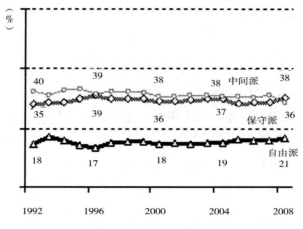

图6—12　意识形态的变迁趋势：1992—2008

资料来源：Pew Research Center（http：//pewresearch. org/pubs/1042/winds-of-po-litical-change-havent--shifted-publics-ideology-balance），2019 年 11 月 20 日下载。

是很相似的。从图 6 - 13 我们可以看到，各州基本上分布在一条与图的对角线平行的线上，这说明2004 年与 2008 年各州的投票模式是基本接近的，只是奥巴马在各州胜出的比例要高于 2004 年。唯一例外的是奥巴马的出生地夏威夷，奥巴马的支持率升高了 20%。如果我们看各县的情况，我们会发现两年的相似程度就更大。从地理上我们可以看到奥巴马的胜出没有带来两党基础的地区改变。

　　从投票模式和两党的选民基础来看，与 2004 年相比，红蓝州的分野更加明显（胜出比例 15% 以上的州从 21 个增长到 26 个），宗教的分裂持续，代际和种族的分裂加大，两党的分裂也在加大。[①]民主党越来越成为年轻人、少数族裔和自由分子的政党，而共和党则越发成为居住在小城镇和乡村的中老年人、白人和社会保守派的政党。有些学者认为女性与非裔、亚裔和西班牙裔的支持正推动着民主党多数的形成。这个联盟跟新政联盟有很

　　① Alan I. Abramowitz, "Transformation and Polarization：The 2008 Presidential Elec-tion and the New American Electorate", *Electoral Studies*, Vol. 30, 2010, pp. 1 - 10.

多的相似，这个形成中的多数能否带来新政联盟那样民主党的主导仍有待观察。但是，我们不能忽略新政联盟中的南方白人和天主教徒的力量。失去了多数南方白人和一部分天主教徒的忠诚，这个形成中的多数能带来新政时代那样的民主党主导也是值得怀疑的。总体来说，两党的选民基础也没有发生太大的变化。

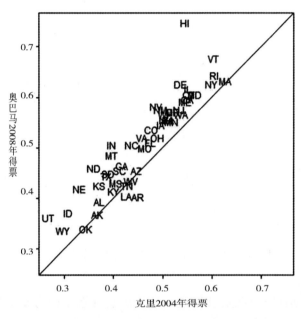

图 6—13　2004 年和 2008 年各州投票的相关程度

因此，虽然奥巴马在 2008 年的选举中取得了压倒性的胜利，但是从选举地理、选民基础和投票模式等方面来看，这并不是一个转折性的选举。在下面一章里，笔者将对三次选举进行总结分析，并在一个历史的维度下分析这三次选举的含义，我们将能更好地理解奥巴马当选的含义和美国选举政治的走势。

第七章　2004—2008 年大选的比较分析

在前面三章里，笔者已经对 2000 年、2004 年和 2008 年三次美国总统选举的竞选进程、选举地理和投票模式进行了细致的分析。在这一章里，笔者会对这三次大选做一个系统的比较，重点分析阶级、宗教和种族等核心因素的恒与变。笔者还会利用这三次大选的数据去检验第二章所建立的情景交互假设，从而概括出选情与投票差距的基本模式。

一　三次大选的概况比较

从前面三章我们会发现，这三次总统选举的背景、核心议题、竞选动态、突出因素、政党和社会团体的动员状况以及候选人的个人状况都是非常不一样的。这三次大选的基本模式与核心差异如表 7—1 所示。在这一部分，笔者将围绕着选举的背景、竞选过程、选举地理和投票模式这四个方面逐一对这三次大选的核心差异进行分析。对这三个选年进行系统比较既有助于我们概括出大选的基本模式和变迁趋势，也有助于我们识别出型塑投票模式、推动选举政治变迁的核心因素。

表 7—1　　　　　　三次总统选举的比较分析

	2000 年	2004 年	2008 年
背景	好经济	反恐战争、经济恶化	战争泥潭、金融危机

续表

	2000 年	2004 年	2008 年
角逐的双方	副总统 v. 州长	总统 v. 参议员	参议员 v. 参议员
在任总统影响	没有转化为优势	帮助连任	成为负担
议题	经济与教育为主	反恐和道德议题	经济和伊拉克战争
突出因素	没有	宗教、族裔和性别	代际、种族和宗教
预选	两党候选人均依靠领先效应轻易获胜	民主党候选人接近，但克里借领先优势获胜	认同政治和领先优势分别解释民主、共和两党的结果
大选	竞争激烈，候选人诚信受关注	接近，但小布什有优势，候选人信仰受关注	奥巴马有较大优势，两党候选人宗教形象逆转
选举地理	红蓝对峙，11 个州由民主党转向共和党	与 2000 年相似，只是胜出比例略为增加	红蓝对峙，9 个州由共和党转向民主党，胜出比例显著增加
主要差距（前三位）	种族、城乡和宗教	种族、宗教和收入	种族、宗教和婚姻
关键因子（前三位）	种族、宗教和性别婚姻	种族、宗教和代际	种族、宗教和教育
候选人获胜原因	独立候选人的帮助和最高院的判决	在任优势，反恐战争和宗教因素	金融危机，厌战情绪，奥巴马魅力
模型解释力	种族/宗教投票模型更好	种族/宗教投票模型更好	种族/宗教投票模型更好

资料来源：笔者自制。

（一）大选背景比较

这三次大选的背景状况是很不一样的，我们可以从选年的内外形势、大选的核心议题、在任总统的影响和候选人的来源等方面看出来。考虑到 21 世纪以来，美国的经济经常波动，而反恐战争又时常影响到美国的大选，经济状况与反恐战争形势常常是大选的关键背景因素。从这两方面来看，2000 年的大选是在比较好的经济与战争形势的背景下展开的，而 2004 年和 2008 年则在比较紧张的经济与战争形势下进行的，其中又以 2008 年的形势最为严峻。该年美国出现了战后最为严重的金融危机，而且还陷入了伊拉克战争和阿富汗战争的泥潭里。好的经济与战争形势为执政党再次赢得白宫增添了筹码，而恶劣的经济与战争形势则成为了执政党候选人的巨大负担。2000 年，戈尔是带着前任的资产进行角逐的，而 2004 年小布什的连任和 2008 年麦凯恩的竞选则背负了沉重的负担。

不一样的选举背景也会催生出不一样的大选议题。随着恐怖主义的兴起，战争议题越发成为美国大选的重要议题。这在某种程度上改变了美国大选重内政轻外交的局面。此外，随着同性恋运动和女权主义运动的兴起，保守宗教团体也发起了反堕胎、反同性恋等对抗性运动。最高法院也卷入其中，成为美国人合宜（legitimate）生活方式的重要裁决者。这些均使得社会道德议题成为大选辩论的焦点。但学界在这些议题的相对重要性上仍存在分歧。有的学者认为经济议题总是压倒一切的。另外一些学者则认为经济议题并不总是占主导地位的。经济议题虽然重要，但其重要性会随选年而波动。在一定的情景下，社会道德议题和外交议题甚至会超过经济议题。

其实，人们对议题相对重要性的不同理解背后也反映了人们对阶级政治与认同政治孰轻孰重的不同认知。当克林顿的竞选团队在 1992 年提出"是经济、傻瓜"，并为民主党两度赢回白宫时，那时人们觉得新政时代已经复兴，阶级冲突将再次归来，推动阶级因素重新成为主导性的因素。2008 年和 2012 年，当奥巴马再次为民主党赢回白宫时，这种新政时代复兴的遐想被再度唤起。① 但是，这种时代复兴的迷思被共和党的胜出一再击破。事实上，从三次选举议题的排序和区分度来看，我们可以看到经济不总是压倒性的议题，外交事务和道德议题才是大选的核心议题，并在某些选年成为了主导议题。表 7—2 显示了这三次大选议题的排序和投票的差距。我们可以看到，经济议题只有在 2008 年才是压倒性的议题。与其说这是经济议题重要性的正常展现，还不如说这是金融危机下人们的应激反应。如果金融危机爆发跟大选投票有更长的间距，那么经济议题的重要性可能会显著下降。由此，我们可以概括出一个模式：经济议题的重要性唯有在经济下滑的条件下才会凸显。经济状况良好时，经济议题一般不会成为主导议题。例如，在 2000 年，只有 18% 的选民认为经济就业是最重要的议题。此外，从税收和教育议题的重要性的大幅下降（从 2000 年的 14% 和 15% 下降到 2008 年的 5% 和 4%），我们也可以看出阶级政治重要性在下降。

再让我们看看道德议题和外交议题。从表 7—2 我们可以看到，外交议题和道德议题也是比较重要的议题。在 2004 年这个关乎反恐战争将何去何从，同性婚姻是否会合法化的选年，这两类议题的重要性甚至超过了经济议题，分别占 34% 和 22%。由于 2008 年的票站调查并没有询问道德议题，我们无法得知选民对这类议题的认知。但我们仍可以看出外交议题的重要性。战争是仅次于经济议题的关键议题（占 19%）。与 2000 年相比，外交议题的重要性也有了近 10% 的增长。从 2008 年以后的三次大选来看，堕胎、同性恋仍是大选辩论的重点。预计在未来的选举中，经济和医疗保险将继续成为核心议题，但是外交和道德议题的重要性也不容忽视。

---

① John Kenneth White, *Barack Obama's America：How New Conceptions of Race, Family, and Religion Ended the Reagan Era*, Ann Arbor：University of Michigan Press, 2009.

最后，让我们再透过投票差距看看议题的区分度。议题区分度可以从侧面反映阶级因素和认同因素多大程度上成为了分化选民投票的关键因素。从表7—2我们可以看到，议题的区分度会随着背景的改变而有较大的波动。例如，在2000年，经济议题的区分度是22.1%；在2004年道德议题凸显的时候，它的区分度增加到62%；而在2008年这个经济危机非常严重的时候，它的区分度只有9%。减税、道德和外交议题往往给共和党候选人带来优势，而其他议题则给民主党带来优势。不过，因为伊拉克战争不受欢迎，反而成为了一个例外。因此，我们可以得出如下结论：当下的美国大选已出现了经济、外交和社会道德议题三足鼎立的局面，阶级政治和认同政治均对大选有一定影响。

表7—2　　2000—2008年三次选举的议题排序和区分度

2000 年议题	00 差额（%）	2004 年议题	04 差额（%）	2008 年议题	08 差额（%）
经济就业（18%）	-22.1	经济就业（20%）	-62.0	经济（63%）	-9.0
教育（15%）	-7.9	教育（4%）	-47.0	教育（4%）	-47.0
税收（14%）	63.3	税收（5%）	14.0	税收（5%）	14.0
保健（8%）	-31.2	保健（8%）	-54.0	保健（9%）	-47.0
世界事务（12%）	13.5	伊拉克战争（15%）	-47.0	伊拉克战争（10%）	-20.0
社保（14%）	-18.8	恐怖主义（19%）	72.0	恐怖主义（9%）	73.0
医疗（7%）	-21.5	道德价值（22%）	62.0	能源政策（7%）	-4.0

说明：区分度通过共和党候选人得票减去民主党候选人得票选出来，数值越大区分度越大。排序按照每一年议题的重要性。

资料来源：Voter News Service General Election Exit Polls, 2000；CNN Exit Polls, 2004, 2008 （http://www.cnn.com/ELECTION/2004/pages/results/states/US/P/00/epolls.0.html；http://www.cnn.com/ELECTION/2008/results/polls/#val = USP00p1），2019年12月4日下载。

（二）竞选过程比较

预选的结果更多可以通过候选人状况（实力的差异和募款能力的差异）和领先效应来解释。换言之，谁的实力更强，谁就有望募得更多的竞选资金，并在预选中胜出。谁能在爱荷华的政党基层会议和新罕布尔州的初选中胜出，谁就有望靠着领先效应赢得预选。从这三次总统选举的预选过程来看，2000 年体现出比较明显的领先效应，两党的预选不算激烈。当 2004 年民主党预选开始时，候选人基本上势均力敌。但是当克里赢得了爱荷华的政党基层会议后，领先效应最终帮助克里赢得了预选。2008 年两党的预选均非常激烈，但是麦凯恩基本上可以凭着领先效应赢得预选，而民主党的预选则一直僵持到最后，并体现出一种认同政治的特征。选择一名妇女还是一名少数族裔来做美国的总统成为了民主党选民的重要抉择。这抉择背后体现了性别和种族等认同因素的考量。领先效应、媒体的报道和募款能力基本上解释了预选的选举结果，而阶级因素和宗教因素对预选的直接影响均不是很明显。

从这三次总统选举的大选过程来看，两党候选人的潜在得票都是非常接近的，并僵持了较长时间。虽然候选人的获胜程度在这三年有着显著的不同，但是赢在边缘是这三次大选的一个基本特征。一般来说，经济状况对选举有重要的影响，但是候选人的潜在得票也往往随着竞选而波动。从这三次大选我们可以看到一个模式：经济状况和战争绩效是影响在任总统能否连任，执政的政党能否继续执政的重要因素。但这更多通过惩罚机制而非奖励机制发挥作用。换言之，好的经济状况与战争业绩并不能保证连任和继续执政，而恶化的经济状况和战争形势则往往导致白宫易主。例如，2000 年好的经济形势并不能使民主党继续执政。同样的模式也发生在 2016 年。民主党均在好的经济形势下失去执政地位。2004 年，经济已经下滑，而反恐战争也没有太大起色，若不是保守宗教团体的大力支持，小布什也很可能失去连任的机会。2008 年的金融危机和民众对伊拉克战争不满的加剧最终使共和党失去执政地位。

虽然这三个选年的背景状况很不一样，但是宗教对竞选的影响还是清晰可见。2000 年，民主党内有牧师杰克逊参加竞选，而小布什则靠着富有同情心的保守主义吸引了许多保守信徒的支持。在 2004 年这个价值观选年里，小布什与克里这两个总统候选人的信仰状况和文化立场对大选结果具有突出的影响。小布什在竞选时强调信仰对其生命转向与治国理念的影响，并把委任保守大法官阻挡同性婚姻合法化作为其竞选承诺。这极大调动了保守宗教团体的政治动员，使得这个群体的投票率有了显著的提高。相反，克里虽然作为天主教徒候选人，但其对堕胎的自由立场则使相当一部分天主教徒转向小布什。2008 年，经济议题取代社会道德议题成为大选的核心议题。由于道德议题不再是大选的核心，保守宗教团体也大大地减少了政治动员的水平。不过，意识到宗教团体对 2004 年大选的突出影响，政党组织和利益团体均加大了对宗教团体的动员。在这一年里，民主党候选人也开始竭力吸引宗教选民的支持。虽然怀特牧师的分裂性言论对奥巴马的竞选带来挑战，但奥巴马能自如地利用黑人新教积极入世的传统来吸引宗教选民。相反，麦凯恩这个共和党的候选人则因 2000 年与小布什角逐时批评福音派而难以唤起保守宗教团体对他的热情。种族因素在 2000 年和 2004 年的竞选过程并不突出，但却因 2008 年奥巴马竞选美国总统而凸显。虽然之后再没有少数族裔成为两党的总统候选人，但是种族议题却逐渐成为了选举的重点。非裔当选美国总统一方面提高了少数族裔改善自己政治地位的期望，另一方面则造成了白人对自身地位下降的焦虑。非裔的动员助推奥巴马当选，而白人的怨愤则把特朗普推上总统的宝座。

（三）选举地理比较

从这三次大选的选举地理中可以看到，1968 年以来美国大选的一个基本显著变迁：从压倒性的胜利到微弱的胜利。用一个形象的比喻便是从一统河山到红蓝对峙。20 世纪 60 年代末至 90 年代初的大选，获胜的候选人往往能拿下全美大多数的州，获得在州层面的压倒性胜利。例如，1968 年尼克松拿下了 32 个州（民主党的休伯特·汉弗莱只拿下 14 个州），1980 年里根拿下了 44 个州，1988 年老布什拿下了 40 个州。当 1972 年尼克松连任和 1984 年里根连任时，他们均拿下了 49 个州。1976 年卡特当选所形成的选举地理是一个例外，因为当年水门事件让美国陷入分裂，而卡特作为一个来自南部州保守的浸信会信徒则赢得了大多数南部州的支持，形成了民主、共和两党南北对峙的局面。当下的选举地理模式基本上是在克林顿任期里形成的。在这样的模式里，无论哪个党获胜，都只能拿下略多于半数的州，形成红蓝州对峙的局面。在这种格局里，南部和中西部是共和党的大本营，东北部和西部环太平洋地区则是民主党的大本营，而许多摇摆州和拉锯州则夹杂在其中。2000 年小布什的低比例当选和 2008 年奥巴马的大比例获胜均没有改变这种选举地理景观。奥巴马的当选只是部分地将选举地理恢复到 1996 年的状态。

从前面几章的分析中，我们也总结出了选举地理的几个特点：获胜者拿下绝大多数州的现象已成为历史，最近的选举都是小比例的获胜，大多数州已形成稳定的政党认同，成为铁杆的红州或蓝州；美国已形成红蓝州对峙的格局，东北部和西太平洋沿岸等自由的州选择了民主党，南部和中西部等宗教氛围浓厚的保守州则选择了共和党；在微弱胜出的模式下，摇摆州成为大选获胜的关键；五大湖环湖的工业基地和佛罗里达州已成为了摇摆州，底层白人因种族怨愤而转向共和党是这些州摇摆的重要原因；宗教因素比其他因素更好地解释了拉锯州的投票情况。于是，我们可以认为，美国的选举地理更多反映的是文化冲突而不是穷富对立。

至于选情对选举地理的影响，我们发现选情不会改变红蓝对峙的格局，但会改变摇摆州的投票倾向。无论选情如何，红州仍旧会投共和党的票，蓝州仍旧会投民主党的票。经济状况良好时，摇摆州会更倾向于投共和党的票；当经济恶化时，这些州又会转向民主党。

（四）投票模式比较

一般而言，经济背景、在任总统的状况、议题和突出因素的状况能较好地解释大选的结果。笔者将结合这些方面去分析三个选年的投票模式。在这个部分，我们将先对三次大选投票模式给出一个总体性的描述，再重点围绕阶级、种族和宗教这三个因素进行深入分析。笔者也会把这三次大选放到一个更长的历史视域中进行分析，从而对 2000 年以来的大选达到一个更准确的定位。分析投票模式的走向也有助于我们更好地理解社会分裂是如何影响美国选举政治的走向和政治再结盟的趋势。

表 7—3 呈现了这三次大选里各个群体的基本投票状况，通过这个表格我们可以看到这三次选举的恒与变。我们可以看到一个基本的模式：2004 年小布什连任时和 2008 年奥巴马当选时，他们均能获得更多的选票。这可以用在任总统优势和在任总统的不受欢迎这些短期因素来分别解释。由于各个群体的投票方向没有根本转向，他们对两党的支持没有大幅度的增加，我们可以由此认为这三次大选并没有带来一个政治的再结盟。除了支持率随在任总统状况而轻微摆动这个基本模式，这里还有几个值得强调的方面。在这里变化最大的是年轻选民的投票倾向。30 岁以下的选民对民主党的支持一直在显著地增多（变化达到 18.4%）。这并没有因小布什的连任而改变，而奥巴马的当选则加速了这个过程。由于 30 岁以上的选民变化不大，这使得代际差距逐渐上升。代际差距之所以加大更可能是源自文化的差异而非阶级差异。不在婚姻里的人（主要是未婚者和离婚者）和持自由主义意识形态朝向的人对民主党支持率的大幅提升也值得注意，因为这两个群体的转向（分别为 8.4% 和 8.6%）要大于平均水平（约为 4%）。除了在任总统不受欢迎这个一般性的因素，文化认

同是另外一个重要的原因。这是因为奥巴马倡导文化上的自由价值（赞同堕胎与同性婚姻合法化），并在其任内完成了同性婚姻合法化。新教以外的团体 7% 的显著转向同样值得关注。这可能是奥巴马的自由议程使得世俗主义者加大了对民主党的支持，而其少数族裔身份则把一部分因宗教原因而在 2004 年转向共和党的西班牙裔选民再次拉回到民主党的阵营。最后，奥巴马在工会成员里得票率的下降非常吊诡。因为奥巴马的救市政策和医改政策本是有助于提高这个底层群体的社会福利，但他们反而转离民主党。种族因素可能是他们转向的重要原因。综上，我们可以认为除在任总体状况这个背景因素外，种族和宗教因素是推动选举变迁的重要动力。经过三次大选，美国选民的投票方向基本上没有什么显著变化，低收入者、低学历者、年轻人、妇女、未婚人士、少数族裔、工会成员、自由主义者、很少上教堂的人和新教以外的宗教信徒均会更倾向选择民主党，其他人则会更多地选择共和党。但是种族因素和宗教因素正削弱着阶级因素的影响，并带来了西班牙裔选民和底层白人的部分转向。经过这三次大选，美国选民的阶级差距变化不大，但文化冲突却在加剧。这可以从代际、婚姻和意识形态这三个方面的显著变化中看出来。

表 7—3　2000—2008 年三次大选投票模式的变迁（单位：%）

	2000 年		2004 年		2008 年		00—08
	戈尔	小布什	克里	小布什	奥巴马	麦凯恩	变化
年龄							
18—29 岁	47.6	46.3	54.0	45.0	66.0	32.0	18.4
≥30 岁	48.0	52.0	51.0	49.0	50.0	48.0	2.0
性别							
男人	42.4	53.5	44.0	55.0	49.0	48.0	6.6
女人	53.7	43.3	51.0	48.0	56.0	43.0	2.3
婚姻							
已婚	43.6	53.2	42.0	57.0	47.0	52.0	3.4

	2000 年		2004 年		2008 年		00—08 变化
	戈尔	小布什	克里	小布什	奥巴马	麦凯恩	
其他	56.6	38.5	58.0	40.0	65.0	33.0	8.4
意识形态							
自由	80.3	12.9	85.0	13.0	89.0	10.0	8.7
中立	52.4	44.2	54.0	45.0	60.0	39.0	7.6
保守	17.1	81.3	15.0	84.0	20.0	78.0	2.9
政党认同							
民主党	86.2	11.4	89.0	11.0	89.0	10.0	2.8
共和党	7.8	90.7	6.0	93.0	9.0	90.0	1.2
独立	45.2	47.7	49.0	48.0	52.0	44.0	6.8
地区							
南部	43.9	56.1	42.0	58.0	45.0	54.0	1.1
其他	53.0	47.0	51.0	49.0	54.0	46.0	1.0
工会资格							
工会成员	62.9	33.3	61.0	38.0	60.0	37.0	-2.9
其他	44.4	52.1	45.0	54.0	52.0	46.0	7.6
收入							
少于 5 万	54.1	45.9	57.0	43.0	60.0	38.0	5.9
多于 5 万	46.2	53.8	44.7	55.3	49.0	49.0	2.8
教育							
无学士学位	49.0	51.0	46.9	53.1	53.0	46.0	4.0
学士学位及以上	50.0	50.0	50.1	49.9	53.0	45.0	3.0
种族							
白人	42.1	54.1	41.0	58.0	43.0	55.0	0.9

续表

	2000 年		2004 年		2008 年		00—08 变化
	戈尔	小布什	克里	小布什	奥巴马	麦凯恩	
非裔	90.0	8.5	88.0	11.0	95.0	4.0	5.0
西班牙裔	61.6	35.1	53.0	44.0	67.0	31.0	5.4
宗教归属							
新教	42.0	56.0	40.0	59.0	45.0	54.0	3.0
其他	55.0	39.0	57.0	35.0	62.0	52.0	7.0
教堂出席率							
每周都去	39.8	60.2	38.9	61.1	43.0	55.0	3.2
其他	57.5	42.5	55.9	44.1	57.0	42.0	-0.5

说明：00—08 变化用 2008 年奥巴马得票率减去 2000 年戈尔得票率算出，反映的是民主党得票状况的变化。

资料来源：Voter News Service General Election Exit Polls，2000；CNN Exit Polls，2004，2008（http://www.cnn.com/ELECTION/2004/pages/results/states/US/P/00/epolls.0.html； http://www.cnn.com/ELECTION/2008/results/polls/#val＝USP00p1），2019 年 11 月 10 日下载。

二　阶级因素与认同因素的恒与变

上文我们已经对三次大选的基本投票模式给出了一个总体性的描述。这里我们将把焦点放在阶级、种族和宗教这些核心因素上。让我们先看看阶级因素的恒与变。在前三章里，笔者已经用了选民信息数据库和 CNN 的票站调查分析了阶级投票的基本情况，但是由于这些民意调查均没有收集职业信息这个阶级因素的重要指标，我们仍难以窥见阶级投票的全貌。为了弥补这个不足，笔者在此选用了美国全国选举研究这个包含职业信息的数据库对阶级因素再做一次综合的分析。图 7—1、图 7—2、图 7—3 和图 7—4 分别从教育、收入、职业和工会成员资格这四个方面呈现了阶级投票的基本状况。从这四个图我们可以看到，1964

年的大选、1972 年的大选和 1996 年的大选是三个比较重要的转折点。1964 年约翰逊的当选使民主党的得票进入高峰，1972 年尼克松的连任则使民主党得票跌入低谷，1996 年克林顿的连任则使民主党的得票再次回升。这种波动在不同教育、收入、职业和有无工会成员资格的人身上均有反映，只是波动的幅度和时间节点有微小差异。

　　图 7—1 呈现了战后教育差距的变迁趋势。1948 年，教育差距主要存在于受过大学教育和没受过大学教育的选民之间，他们之间的差距达 40% 左右。2008 年，教育差距则主要存在于只受过一些高中教育和其他人之间，拿高中文凭的人和拿大学文凭的人之间已几乎没有差距。虽然受教育水平相近，但 2008 年民主党候选人在拿到高中文凭和没拿到高中文凭选民之间却存在20% 的差距。这更可能是种族差距在底层民众中的反映，因为没拿到高中文凭的很可能是少数族裔，而拿到高中文凭的更可能是底层白人。我们也看到民主党在受过大学教育的选民中的得票率有了较大的提高，从 1948 年的 30% 左右提高到 2008 年的 50%左右。高学历人群转向民主党使民主党在社会议题上迅速自由

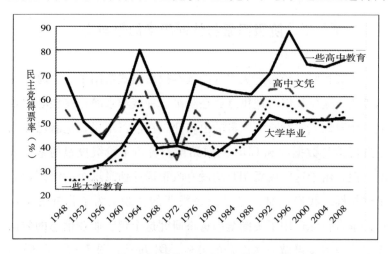

图 7—1　从教育看投票差异的变迁趋势：1948—2008
资料来源：笔者自制，数据来源于 ANES 1948 - 2008。

化。民主党加大种族政策立法，推进自由化议程可能是低学历的底层白人疏远民主党的重要原因。

图 7—2 呈现了战后不同收入群体投票状况的变迁趋势。在这里笔者选择分位数而非二分变量来呈现选民的投票状况，以便更全面地捕捉因收入而来的投票差距。对应基伯特的阶级模型（参见图 2—3），16 分位以下的人为社会底层，17—33 分位的人为中下阶级，34—67 分位的人为中产阶级，68—96 分位的人为中上阶级，96 分位以上的人则为资本家。从图 7—2 我们可以看到，1948 年，投票差距主要存在于 4% 的富人和广大的选民之间。但 1972 年之后，不同收入段的选民的投票差距均比较明显。共和党在中上阶级和大资本家（即收入排 68% 以上的选民）中获得更多的支持，而民主党则获得其他选民的支持。就此而言，穷富之间的阶级差距依旧存在，但阶级的边界已发生挪移。昔日，阶级差距主要存在于中产阶级和工人阶级之间。但现在随着中产阶级的壮大和内部分化，工人阶级与中产阶级之间的差距已显著缩小，而中上阶级和中产阶级的差距正逐渐加大。阶级的碎片化在某种意义上削弱了阶级冲突的明显程度。

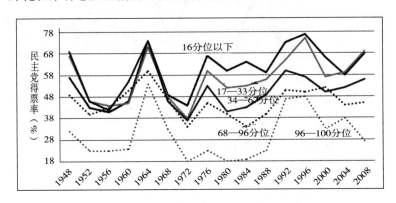

图 7—2　从收入看投票差异的变迁趋势：1948—2008

资料来源：笔者自制，数据来源于 ANES 1948 – 2008。

图 7—3 从职业层面呈现了阶级投票的变迁趋势。昔日，阶级差距主要存在于高职业威望（白领和专业人士）与低职业威望群体（无技艺工人和蓝领工人）之间。但现在专业人士与蓝

领工人之间几乎不存在投票差距，而无技艺工人和蓝领工人之间
则存在近20%的差距。专业人士因意识形态原因转向民主党是
他们与蓝领工人差距减少的重要原因。无技艺工人和蓝领工人之
间差距很可能是种族因素带来的，因为前者更可能是少数族裔移
民，而后者更可能是底层白人。农民是一个波动性比较大的群
体。1964 年之前，这个群体对民主党有较多的支持。但是，
1964—1972 年以及 1976—1984 年，这个群体大幅度地减少了对
民主党的支持。约翰逊的种族立法所引发的种族不满和里根的保
守主义革命所带来的感召可能是这个群体转向的重要原因。1984
年之后，这个群体对民主党的支持逐步回升。民主党重福利和强
调全民医保可能是这个群体归回的重要原因。因此，我们可以判
断种族和宗教改变了原来的阶级差距，或者说种族因素和宗教因
素已部分取代了阶级因素的影响力。

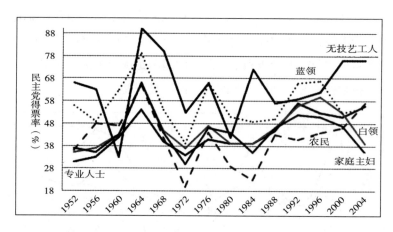

图7—3　从职业看投票差异的变迁趋势：1952—2004

说明：由于 2008 年的数据缺少职业信息，这里无法呈现 2008 年不同职业类型选
民的投票状况。

资料来源：笔者自制，数据来源于 ANES 1952 – 2004。

此外，从职业来看，不同职业的选民的投票波动较大，但
是专业人士转向民主党是一个比较明显的趋势（参见图7—
3）。白领工人和家庭主妇一般更倾向共和党，而其他职业的人
士则支持民主党。1980 年以来，白领工人和蓝领工人的差距一

直很小，主要的差距存在于没有技艺的工人和其他职业人士之间。这种差距在 2000 年比较显著，但是考虑到其他职业群体投票倾向的相似性，阶级投票在该年并不算太明显。就职业而言，2000 年，白领工人、专业人士与蓝领工人基本上不存在投票差异，主要的差异存在于无技艺工人与其他人之间。我们可以认为在 2000 年这个经济形势比较好的选年，因职业而来的投票差距比较小。2004 年随着经济形势恶化，蓝领与白领之间的差距开始拉大，阶级投票也因此比较明显。虽然我们缺少2008 年的数据，但是我们可以预想该年的金融危机会使阶级投票变得更加明显。

从图 7—4 我们可以看到，战后工会差距已显著下降，从1948 年的 40% 左右下降到 2008 年的 5% 左右。这说明了阶级的冲突已显著下降。工会成员原是新政联盟的核心组成部分，但他们对民主党的支持度已明显下降。尼克松的南方战略和小布什的富有同情心的保守主义大大地降低了工会成员对民主党的忠诚度，以至于奥巴马当选时工会成员对其支持率仍进一步下降。种

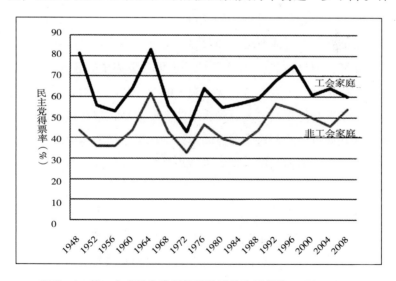

图 7—4　从工会成员资格看投票差异的变迁趋势：1948—2008

资料来源：笔者自制，数据来源于 ANES 1948 – 2008。

族因素是削弱工会成员忠诚度的重要原因。约翰逊的种族政策和奥巴马的少数族裔身份激起了白人的不满，导致了底层白人工人的转向。

接着让我们看看种族因素的恒与变。从表7—3我们可以看到，2004年当小布什连任时，他在所有族裔的得票率均有微小的上升。这种上升可以用在任优势来解释。但是，如果我们把焦点放在西班牙裔这个群体，我们会发现小布什在这个群体得票率的增长幅度（近10%）要显著大于其他两个群体（约4%）。在第五章里，笔者已经指出宗教是小布什在西班牙裔选民中得票率显著上升的主要原因。2008年，奥巴马这位少数族裔的候选人在非裔和西班牙裔选民里的得票率均有一定的提升（约5%）。这可以用在任总统的不受欢迎和奥巴马的少数族裔身份来解释。在任总统的不受欢迎使得选民转离共和党，奥巴马的非裔身份则吸引少数族裔来支持民主党。在斥力和引力的共同作用下，我们期待奥巴马在包含白人在内的所有群体内均有更高的得票。但事实上我们发现奥巴马在白人选民里几乎没有增加选票（增幅低于1%）。我们可以认为他的种族身份导致了白人的疏离，这抵消了他本可能在这个群体所增加的票数。这种趋势随着奥巴马8年的执政而变得明显，并在2016年的大选里有更集中的表现。因此，我们可以把种族因素在这三次大选里的变迁状况概括如下：在任总统的状况会使得候选人的种族得票有所波动；宗教显著增加了小布什在西班牙族裔这个群体的得票，而奥巴马的少数族裔身份虽吸引了少数族裔向民主党的进一步靠近，却导致了白人与民主党疏远。

再让我们看看宗教因素的恒与变。微软全国广播公司节目（MSNBC）在三次大选里均做了有关宗教群体投票状况的调查，借此我们可以得知宗教群体在三次大选中的投票模式（如表7—4所示）。这些调查发现2000—2008年，各宗教传统的比例变化不大，人们的宗教参与也没有多少的变化。白人基督教徒占了54%左右，福音派约占了20%，没有宗教隶属的也占了10%左右。

从表 7—5 可以看到，2000 年和 2004 年的宗教投票状况是非常相似的，变化比较大的是天主教。我们可以认为宗教因素在 2000 年与 2004 年一样显著，虽然 2004 年的议题和福音派的动员能够更好地让我们感到宗教的作用。宗教投票状况变化比较大的是 2008 年，几乎所有的宗教团体都增加了对民主党的支持率（非福音派的新教徒是例外，因他们本来就是民主党的忠实支持者）。宗教信徒转向一方面得益于奥巴马善于展现自己的宗教性来吸引宗教选民，另一方面主要源于在任总统的不受欢迎。与麦凯恩相比，奥巴马能更自如地表达自己的宗教信仰，更善于利用宗教。不过，宗教信徒转向奥巴马并没有终结而只是缩小了宗教差距。① 2008 年另外一个与宗教相关的变化是宗教团体并没有像 2004 年那样积极主动地为候选人拉票。但是，宗教团体政治动员水平的下降并不意味着宗教作用的下降。宗教还是型塑选举结果的重要因素，各党派和利益集团也因此加大了对宗教团体的动员。虽然 2008 年的宗教团体减少了政治动员，但由于其他团体加大了对宗教团体的接触，使得总体宗教动员水平没有下滑。从包含了党派、利益集团和宗教团体三类群体在内的、综合的宗教动员水平来看，2008 年的宗教动员水平事实上还略高于 2004 年（参见表 6—8）。因此，从宗教投票差距和宗教因素的影响力来看，2008 年的宗教作用和区分度基本上与 2004 年相当。尽管三次总统选举的背景发生了显著的变化，但是每周上教堂的人均更多选择共和党的候选人，很少上教堂的人则更多选择民主党的候选人。随着教堂出席率的下降，共和党的得票也会相应减少。因此，我们可以认为在这三次总统选举中，宗教因素的影响力和宗教投票模式没有发生显著变化。

---

① Corwin Smidt, Kevin den Dulk, Bryan Froehle, James Penning, Stephen Monsma and Douglas Koopman, *The Disappearing God Gap? Religion in the* 2008 *Presidential Election*, New York：Oxford University Press, 2010.

表 7—4　　　2000—2008 年宗教团体投票模式的变迁

	2000 年		2004 年		2008 年	
	戈尔 （%）	小布什 （%）	克里 （%）	小布什 （%）	奥巴马 （%）	麦凯恩 （%）
全体	48	48	48	51	53	46
新教或其他基督徒	42	56	40	59	45	54
白人新教徒或其他 基督徒	35	63	32	67	34	65
福音派	NA	NA	21	79	26	73
非福音派	NA	NA	44	56	44	55
天主教徒	50	47	47	52	54	45
白人天主教徒	45	52	43	56	47	52
犹太教徒	79	19	74	25	78	21
其他宗教的信徒	62	28	74	23	73	22
无宗教隶属的人	61	30	67	31	75	23

资料来源：数据来源于 MSNBC；图表转引自 Pew Research Center, http://pewresearch. org/pubs/1022/exit – poll – analysis – religion，2019 年 11 月 10 日下载。

让我们把阶级差距、种族差距和宗教差距放在一个更长的视域下观察它们的变迁趋势。图 7—5 反映了里根总统以来各种投票差距的变迁趋势。从图 7—5 我们可以看到，阶级差距和工会差距呈现出下降趋势，种族差距则呈现出先降后升的趋势。为了减少民权运动所带来的冲击，里根和老布什这两位共和党的总统减少了种族立法，这使得 20 世纪 80 年代的种族差距显著下降。但是，克林顿强化民主党与少数族裔更深结盟的政策使得种族差距再度上升，并在奥巴马这位非裔总统下达致高点。意识形态差距、宗教隶属差距和出席率差距则均呈现出上升趋势，其中又以意识形态的差距上升最为明显。诚然，意识形态差距可能由传统的、以阶级为核心的左右之争所导致，也可能由新的、以文化认同为核心的世俗与保守之争所引发。但从阶级差距下降、文化认同差距上升的总体趋势来看，意识形态差距更可能由文化战争而非阶级冲突所导致。里根引发的保守主义革命和民主党与少数族裔的更深结盟使得意识形态差距迅速上升。换言之，宗教因素和种族因素是意识形态差距飙升的助燃剂。

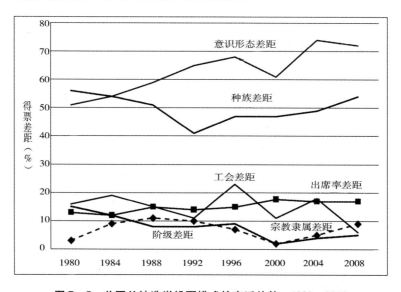

图 7—5　美国总统选举投票模式的变迁趋势：1980—2008

说明：种族差距通过黑人投民主党票的比例减去白人投民主党票的比例算出来；工会差距通过家中有工会成员的人投民主党票的比例减去没有工会成员的人投民主党票的比例算出来；阶级差距通过工人阶级投民主党票的比例减去中产阶级投民主党票的比例算出来；宗教隶属差距通过天主教徒投民主党票的比例减去新教徒投民主党票的比例算出来；出席率差距是用非每周上教堂的人投民主党票的比例减去每周上教堂的人投民主党票的比例算出来；意识形态差距用自由主义者投民主党票的比例减去保守主义者投民主党票的比例算出来。

资料来源：ANES, 1980－2008。

上面我们已经对各种投票差距的历史变迁给出了一个描述统计，下面让我们从一个因果的角度看看各因素影响力的变化情况。表 7—5 不仅呈现了这三次大选诸因素的影响力大小（由 Beta 系数来反映），还提供了 1964 年这个历史性的参照。从表 7—5 我们可以看到，在 1964 年大选里不重要的种族、婚姻与性别以及宗教传统主义因子在其后的三次选举中都成为影响力很大的因子。相反，以前比较有影响力的年龄和教育因子在近几次的选举中有了较大的减少。不过，教育在 2008 年大选以及年龄在 2004 年大选则是一些例外。与它们相比，收入因素的影响力相对较低，而且变化不大。当道德文化议题凸显的时候，收入因子、婚姻与性别因子和宗教传统因子的影响力会被削弱，而宗教传统主义和代际因子的影响力会被增强。总体而言，宗教传统、宗教传统主义和种族一直都是影响力最大的因子。从阶级因子影响力的下降，以及种族和宗教因子影响力的增长，我们可以认为随着阶级政治的削弱和认同政治的上升，美国的选举政治已经渐渐地从阶级冲突转向文化战争。

表 7—5　　　　　　　社会人口变量影响力的变迁趋势

	1964 Beta	2000 Beta	2004 Beta	2008 Beta
收入	.09	.09	.05	.07
教育	.12	.07	.07	.15
宗教传统	.27	.24	.18	.21
宗教传统主义	.01	.18	.27	.18
种族	.08	.15	.23	.31
年龄	.13	.09	.10	.06
婚姻与性别	.05	.20	.09	.13
R2	.16	.22	.23	.28

资料来源：The Anti – Semitism Study 1964；National Study of Religion and Public Life 2008；National Study of Religion and Politics 2004。

三　情景交互假设检验

从表 7—1 我们可以看到这三个选年的背景条件是很不一样的，这使得选举地理和投票模式也出现了一定的差异。这为我们检验因素和选举结果的因果联系提供了一个很好的实验条件。根据选举背景和议题状况，我们可以把 2004 年看作是一个价值观选年，把 2008 年看成是一个经济选年，而 2000 年则是一个一般选年。根据第二章所建立的假设，我们预计在经济选年阶级差距会显著增加，在价值观选年宗教差距会明显加大，而在一般选年阶级差距和宗教差距则会处于中间水平。在这里我们可以通过比较三个选年的诸种差距的大小来检验这些假设是否成立，并概括出选年状况与投票差距的交互模式。

　　2000 年的大选是一个没有突出议题的一般选年。根据我们的情景交互假设，这一年阶级投票、种族投票和宗教投票都不会太明显。由于这一年经济形势良好，而在任总统又比较受欢迎，民主党候选人本可以凭着这些优势赢得选举。2004 年是一个宗教信仰备受关注，宗教动员迅速加大的价值观选年。随着社会道德议题成为焦点议题，而候选人的信仰又变得突出（一个是自由的天主教徒，另一个是比较保守的新教徒），我们预计该年的宗教投票会变得突出。随着经济形势恶化，该年的阶级投票差距也会大于 2000 年。在任总统优势诚然会增加小布什连任的可能，但是恶化的经济和不受欢迎的战争也会减弱他作为在任总统的优势。2008 年是一个候选人种族身份备受关注，经济形势迅速恶化的经济选年。因此，该年种族投票和阶级投票会变得明显，而宗教投票则会因宗教团体动员的减弱而变得不太明显。在选举地理方面，我们会期待无论是小布什的连任还是奥巴马的当选都会较大地改变选举版图。在经济选年，阶级因素会对摇摆州的投票有更大的影响。相反，在价值观选年，宗教因素则会对这些州的投票有更大的影响。

　　我们可以通过投票差距和因子的影响力来衡量阶级、种族和宗教投票的突出程度。当阶级投票凸显时，我们预计能看到阶级投票差距加大。在其他条件不变的情况下，我们预计阶级因素的 beta 系数也会加大。同样当种族投票和宗教投票凸显时，我们预计种族差距和宗教差距，种族因素和宗教因素的 beta 系数均会加大。图 7—5 和表 7—5 分别呈现了投票差距和诸因素 beta 系数的基本状况。我们看到，大体而言，在三个选年里，2008年的阶级差距是最大的，2004年次之，2000年最小。于是，我们可以认为阶级投票的明显程度跟经济议题的突出程度成正比这个假设基本成立。不过需要指出的是，阶级差距的不同组成部分并不总是随经济形势恶化而增大。工会差距在经济形势恶化的2008年反而要少于经济良好的2000年，这是因为种族因素显著地削弱了经济形势对阶级因素的影响。此外，如果我们从教育和收入等阶级因素的beta系数来看，这三年阶级因素的影响力并没有呈递增趋势。因为这些年经济形势对阶级投票的催化作用受到了宗教和种族因素的抑制。受到宗教因素的强烈影响，2004年阶级因素的影响力是三个选年里最小的。小布什保守的宗教信仰吸引了一批西班牙裔选民投共和党的票是该年阶级因素影响力下降的重要原因。受到种族因素的影响，2008年收入因素的影响力也要低于2000年。

就种族投票而言，种族差距和种族因素的beta系数逐年加大，并在2008年达致最高值。我们可以认为种族投票的明显程度跟种族议题的突出程度成正比这个假设基本成立。

最后，让我们再检验一下有关宗教因素的情景交互假设。我们从表7—5和图7—5看到，这三个选年的宗教差距总体来说变化不大。这是因为民主与共和两党在社会道德议题的差异泾渭分明，无论什么样的选情，保守的宗教信徒都会大比例地选共和党的候选人，而世俗的选民和持自由主义立场的信徒则会更倾向于民主党的候选人。不仅宗教差距基本没有显著变化，宗教因素总体的beta系数也变化不大。这一方面是因为2004年和2008年总体的宗教动员水平相似，使得这两个选年里宗教因素的影响力旗鼓相当。另一方面，这是因为保守宗教团体在2004年的积极动员虽提升了宗教传统主义这个因子的影响力，但因为小布什能有效吸引天主教选民到共和党阵营里，这反而削弱了宗派传统这个因子的影响力。这两个宗教因子一升一降，最终使宗教因子的总体影响力保持不变。因此，我们可以判断宗教投票的明显程度跟社会道德议题的凸显程度成正比这个命题并不成立。

四　小结

在这一章里，笔者已经围绕大选背景、竞选过程、选举地理和投票模式对 2000—2008 年的三次大选进行了系统比较，并采用投票差距和 beta 系数这两个工具重点分析了阶级、宗教和种族等核心因素在三个选年的恒与变。笔者发现三个选年的选举背景具有较大差异。2000 年为一般选年，民主党候选人具有在任总统优势却输掉了选举。2004 年是一个价值观选年。该年的社会道德议题突出，候选人的宗教信仰备受关注，宗教团体的动员也空前加大。得益于保守宗教团体的大力支持，凭借着微弱的在任总统优势，小布什成功连任。2008 年是一个经济选年。该年的金融危机激化了阶级矛盾，奥巴马的少数族裔身份也备受关注，种族投票现象凸显。在金融危机和普遍的厌战情绪下，共和党的候选人背负着在任总统的负资产，并最终输掉了选举。虽然这三次大选的选情具有较大的差异，但是选举地理模式基本变化不大：三次大选均没有在州层面取得压倒性胜利，红蓝对峙的局面没有明显变化。选情的变化没有改变选举地理的基本格局，只是改变了一些摇摆州的投票方向。

至于阶级、种族和宗教在这三个选年的变迁，我们发现就大体而言，阶级因素会随着经济状况的恶化而变得明显，但宗教和种族会对这种效应有抑制作用。2004 年，阶级投票因宗教而减弱。2008 年，阶级投票则因种族而减弱。种族因素会随着候选人的种族身份而凸显，并在 2008 年达致高峰。宗教因素在这三个选年则变化不大。

笔者还检验了三个情景交互假设。笔者发现有关阶级投票和种族投票凸显的假设基本成立。换言之，阶级投票的明显程度跟经济议题的突出程度成正比，而种族投票的明显程度也跟种族议题的突出程度成正比。我们发现阶级投票随着经济形势的恶化而变得明显。但我们也发现虽然阶级差距呈上升趋势，但阶级因素里的不同因子已经出现一些变化。例如，受到种族因素的影响2008年工会投票差距反而是最小的。这种因素也影响了收入差距和职业差距。受到文化影响，教育差距也发生了一定的变化，高中文凭者与大学学历者已不存在显著的投票差距。种族和宗教因素也抑制了经济形势对阶级投票的催化作用。但是，有关宗教因素的情景交互假设基本上不成立。宗教投票的明显程度没有跟社会道德议题的凸显程度呈现出正比关系。其中一个可能的原因是总体的宗教动员水平没有因道德议题的突出与否而变化。另外一个可能的原因是两党在社会道德议题上的立场已泾渭分明，因此选情的变化基本上不会改变宗教选民的投票模式。2004年，小布什能成功吸引天主教选民使得宗教隶属差距减少。小布什对保守信徒的有效动员则使得世俗与保守选民的差距拉大。这使得宗派传统和宗教传统主义这两个因子互相抵消，最终使宗教因素的作用总体不变。

对这三次大选的比较分析也可以帮我们窥见美国大选政治的变迁趋势。从上面的分析，我们可以看到1964年以来阶级因素的影响在下降，宗教因素和种族因素的影响在增大，文化的战争正逐渐取代阶级冲突在美国政治中的位置。在最近三次的选举中，种族、宗教等认同因素要比阶级因素的影响力更大，种族/宗教投票模型的解释力也要大于阶级投票模型。虽然，种族因素和宗教因素并没有取代阶级因素，但昔日阶级主导的局面已不复存在。阶级、种族和宗教三足鼎立的格局已渐渐形成。种族因素、宗教因素和阶级因素复杂互动正影响着美国的政治进程。预计未来，种族因素将发挥更大的作用，阶级冲突和文化战争的走向取决于宗教因素和阶级因素与种族因素的互动。西班牙裔选民将因其高增长率和摇摆性受到越来越多的关注。

第八章 2008 年后的美国大选走势分析

2008 年至今，美国又进行了三次总统选举。当下，2022 年的中期选举进程已经开始。随着福音派政治动员的减弱，贫富分化的进一步加大，美国的文化战争是否开始向阶级冲突折回？经历了最近三次的大选，美国政治极化的程度加大了还是减少了？经过几轮执政党的更换，美国分裂政府的局面是否有所改善？当前的社会变迁趋势将推动民主党的复兴还是继续维持两党均势的局面？美国的选举政治又将向何种方向变迁？在本章里，笔者将围绕这些问题对 2008 之后的大选进行简要的分析，并在此基础上概括出美国选举政治的变迁趋势。

一 2012—2020 年的大选概况

下面，笔者将从大选概况、选举地理和投票模式三个方面对 2008 年之后的三次大选做一个简要的分析。

首先让我们看看这三年的大选概况。奥巴马在 2012 年的大选里成功连任。奥巴马虽获胜连任，但是他获胜的比例已经有所下降（降幅为 1.8%），并失去了北卡州和印第安纳州。该年，奥巴马要面对的是一个分裂的政府，因为民主党只拥有参议院的微弱多数，而共和党则掌握了众议院的多数席位。其实，2008 年奥巴马获胜之后，他一直未能凭借胜利促成一个民主党主导时代的来临。在 2010 年的中期选举中，民主党便在参众两院失去席位（在众议院失去了 63 个议席，在参议院则失去了 6 个议席），沦为了众议院的少数派。在 2014 年的中期选举中，民主党又进一步失去了参议院。民主党在中期选举不断败北反映了选民对奥巴马救市政策、医改政策与同性恋合法化等自由化政策的不满，以及某种程度上对经济复苏缓慢的不耐烦。

在 2016 年的大选里，共和党候选人特朗普击败了民主党候选人希拉里，为共和党重新赢回了白宫。[①] 共和党再次重掌白宫和国会，建立起一个短暂的统一政府。笔者认为民主党在该年大选败北的主要原因不在于该党提名了一个不太受欢迎的候选人，而是因为奥巴马政府的一系列政策。这些政策导致了宗教不满和种族怨愤。这些不受欢迎的政策包括华尔街救市政策，奥巴马的医改政策，以及在其任内通过的、由最高法院作出的、有关同性婚姻合法化的司法裁决。同性婚姻合法化的裁决激起了保守宗教团体的强烈反弹，加剧了文化自由主义者与保守主义者的裂痕。少数族裔当选美国总统不仅提高了少数族裔提升社会地位的期望，也激起了他们对社会不公正对待的抗争，造成一种少数族裔权力崛起的表象。这又刺激了种族主义者的神经，引发了白人的"反击"运动。奥巴马对华尔街无条件的救市政策激起了底层民众占领华尔街的运动，[②] 而这在经济下行、民生恶化的情况下很容易被看成是一种"阶级背叛"而非一种务实的政治抉择。这种"阶级背叛"在种族的棱镜下往往被归结为种族身份所致。换言之，同属一阶级的奥巴马之所以"出卖"底层民众是因为

---

① 在这次大选里，特朗普未能取得大众选票的多数，他是靠着选举人团票的多数当上美国总统的。这种现象在 2000 年的大选里也出现过。

② 为了应对金融危机，稳住市场，奥巴马政府给银行提供了大量的财政救援。因为救市心切，奥巴马并没有要求这些得到财政救援的银行作出诸如加强自身监管、改善员工待遇，增加对底层民众贷款的承诺。当银行渡过难关后，它们便重回旧路，延续昔日的运作逻辑。本该受到处罚的银行反而得到这种无条件的激励，而本该得到救助的民众却因这样的政策未能得到实质的帮助，反而成为银行不当行为的买单者。这极大削弱了奥巴马政府的民众基础。

他的种族身份。于是，救市这种经济行为外溢到种族领域，最终加剧了种族冲突。在种族冲突加剧，世俗与宗教裂痕加深的情况下，奥巴马的医改政策成为了压垮民主党这只骆驼的最后一根稻草。在不少人眼里，医改政策不再是一个减小贫富分化的资源再分配问题，而是一个美国白人身份存亡的问题。在这些白人眼中，奥巴马总统不仅拿去了他们的宗教信仰自由，白人的优越地位，他还要通过医改政策拿掉美国白人身份中一个十分关键的要素——自由。因为医改政策被建构成一场国家在医保领域全面接管市场的威权运动。这种身份认同冲击所带来的强烈反弹是茶党运动得以崛起的重要社会心理机制，也是特朗普击败希拉里的关键法宝。因此，奥巴马的少数族裔身份，其任内通过的一系列法律与政策削弱了民主党的阶级基础，使得民主党失去了更多底层白人的支持，导致环湖流域的州转向共和党。

当选总统后，特朗普在经贸、税收、移民管理和外交方面均改弦更张。在经贸领域，特朗普大打贸易战，与中国、欧盟、日本、墨西哥和加拿大等国家和区域联盟进行贸易谈判，重订贸易协议。在外交领域，特朗普强调"美国优先"，弱化了跟西方盟友的关系，并且不顾盟友反对单方面退出了美国跟伊朗签订的《伊朗核协议》。在税收方面，特朗普签署了 30 年来美国最大规模的减税法案。在移民管理方面，特朗普大筑边境墙，强行分隔没有合法证件的移民家庭，并签署了针对中东七个穆斯林国家公民的旅行禁令。特朗普也竭力推动国会废除奥巴马的医改政策。但由于党内的阻力和民主党的一致反对，他未能在第一个任期内取得突破性进展。在这些方面，特朗普打破了不少政治正确的禁区，采取了许多违反美国传统价值的行动。这些"政治不正确"的事情包括白人至上主义，性别歧视，疏远西方盟友，抨击言论自由，非人道地隔离移民家庭。特朗普也因此被很多人评价为非美国（un‐American）的总统。他也因此成为了美国最不受民众欢迎的总统之一。民众对他的满意度常常低于50%。^① 不过，从现实效果来看，特朗普的做法虽有违美国价值，但是却能回应社会变迁所引发的焦虑。在特朗普的支持者看来，这些做法虽不合美国主流价值，却能有效应对美国的社会问题。不可否认的是，他上任以来的确在内政外交方面取得了一定的突破。他的减税政策对经济的刺激作用已明显地表现出来。通过与中国、欧盟、加拿大和墨西哥等国家或区域组织重新进行贸易谈判，美国跟这些国家的贸易逆差已有所减少。除了经济方面，特朗普在社会治安和非法移民管制方面也取得一定成绩。与2017年相比，犯罪率也有所下降，其中暴力犯罪率下降了0.2%，财物犯罪率下降了3%。在边疆安全方面，由于部分拉美经济的动荡和经济不景气，力图跨越美国边界的人数有所增多。但因为美国以经贸向墨西哥施压，使得墨西哥政府采取了措施拦截移民非法闯入美国边界，所以非法移民的数量已大大减少。^②

　　然而，2020年的大选最终以拜登的当选，特朗普的落败告终。疫情没有暴发之前，特朗普本可以凭着良好的经济状况，靠着福音派和白人的支持获得连任。那时，美国的经济曾处于2008年金融危机之后的最好水平。根据美国国家统计局的数据，2018年美国的家庭收入排除通胀之后与2017年相比增长了1%，贫困率降到了11%（2001年以来的最低水平），失业率从2017年的4.7%下降到现在的3.7%（50年来的最低水平），国内生产总值的年增长率从2016年的1.6%增长到2019年末的3.1%。特朗普原本可以凭着这样良好的经济状况获得连任。因为在经济

① 对于民众满意度我们需要结合时代背景去看。在政治极化之前，受欢迎的总统能同时赢得民主、共和两党选民的喜爱，使得民众满意度能达到80%以上。但是，政治极化之后，无论总统本人如何，民众满意度都难以达到昔日的高位。研究也发现选民的满意度已呈现出党派化的现象，即民主党选民会对本党的政治家有虚高的评价，对共和党的政治家则持过于负面的评价。

② 具体数据及其来源请参看 https://www.factcheck.org/2019/07/trumps-numbers-july-2019-update/，2019年12月20日下载。

状况良好的时候，人们会更渴望维持现状而非改变。白宫易主可能会导致经济变坏，所以人们出于保守的考虑会继续支持现任的总统。但是，疫情的暴发极大地改变了选情。特朗普政府对这种全球流行的新冠病毒缺乏足够的重视，并没有及时采取有效的防控措施，使新冠肺炎疫情在美国迅速扩散。在疫情的冲击下，美国的股市多次熔断，大量企业倒闭，2000 多万的民众因此失业，市民的生活长期不能恢复正常。这抹平了特朗普已有的政绩。改变而非维持现状成为了民众的共识。痛苦而愤怒的民众通过选举惩罚特朗普政府的执政失当，最终把拜登推上了白宫的宝座。此外，民主党在 2018 年的中期选举中赢回了众议院亦为拜登的胜出创造了条件。

在 2020 年的大选里，民主党不仅赢得了白宫，还夺回了国会，重新建立起统一的政府。拜登上任后出台了一系列的抗疫和社会救助政策，较为有效地应对了疫情。拜登政府也通过了上万亿美元的基建法案去更新美国的基础设施。在外交上，拜登也竭力修复美国与西方盟友的关系。现在看来，拜登政府在内政外交方面可谓毁誉参半。他的基建法案创造了大量的就业机会，但也使美国的财政赤字不断增加，通货膨胀居高不下。在外交上，美军从阿富汗的仓皇撤退使拜登的声望大跌，而美国在俄乌战争所发挥的作用则为拜登赢回了声誉。笔者还需要指出的是，虽然拜登是在统一政府的条件下执政的，而民主党又在众议院占了多数议席，但因为民主、共和两党在参议院里各占了 50 席，所以拜登政府难以通过那些具有较大分歧（民主党内也可能有参议员反对）或者需要 2/3 多数才能通过的法案。根据最近的民意调查，在来临的中期选举里民主党很可能会失去国会，拜登政府有可能再次陷入分裂政府的困局，而这会给拜登的连任蒙上阴影。① 当

---

① 这里需要指出的是，对充满变数的选举进行任何预测都是危险的。两党均势也使得选举预测变得困难。事实上，社会科学的长项在于事后的解释而非事前的预测。人所具有的主体性使得人类社会不会像自然界一样规律地运作。（转下页注）

下，美国的通货膨胀率已接近两位数，拜登政府一旦应对不力就很可能导致市场崩溃，经济衰退。在这种情况下，资源的争夺会变得激烈。种族冲突的概率也会因此加大，导致部分底层白人进一步转向共和党。最近，两党围绕 1973 年堕胎判决所进行的司法博弈也可能使保守宗教团体继续向共和党靠拢。在种族因素和宗教因素的共同推动下，特朗普有可能东山再起。

再让我们看看选举地理的走向。2008 年之后，我们发现一些州发生了一些微妙的转向。在 2012 年的大选里，奥巴马失去了北卡和印第安纳这两个州。在 2016 年的大选里，爱荷华、威斯康星、密歇根、俄亥俄和宾州等传统蓝州（民主党的稳固基地）又转向了共和党。在 2020 年的大选里，亚利桑那州和乔治亚州等传统红州（共和党的基地）则转向了民主党。2008 年的大选和 2020 年的大选均是在危机下进行的选举，且均由民主党的候选人获胜，因此这两个选年具有较大的可比性。图 8—1 呈现的是 2008—2020 年选举地理的转向。从图 8—1 中我们可以看到选举地理的基本格局并没有发生显著变化。共和党仍以南部州和中西部为自己的大本营，而民主党则以东北部和西部太平洋沿岸为自己的根据地。在这两个选年里发生转向的有爱荷华、印第安纳、俄亥俄、佛罗里达、北卡、亚利桑那和乔治亚州。佛罗里达州地处加勒比海沿岸，一直受移民的困扰，是一个摇摆州。爱荷华、印第安纳、俄亥俄和北卡等北部州一直是民主党的稳固基地，而亚利桑那和乔治亚州则一直是共和党的大本营。

因为时间仍比较短，两党在这些州的获胜比例并不大，而且这些州在不同选年里摇摆，所以我们现在仍难以对选举地理的变迁趋势下定论。不过，我们需要注意一些地区的微妙转向，因为它们可能预示着一种根本性的变化正悄然发生。这些有可能正经

（接上页注①）但是，选举研究一直有一个预测的传统，*PS: Political Science and Politics* 这个选举研究的核心期刊在 2000 年以来的大选前都会专门推出一期选举预测专刊。感兴趣的读者可以看看该刊历年的选举预测。

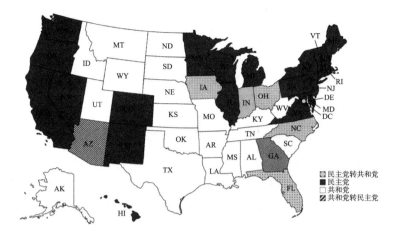

图 8—1 2008—2020 年的选举地理变迁

历着微妙转向的区域主要有两个：一个是五大湖环湖各州，另一个则是亚利桑那州和乔治亚州等南部州。爱荷华是美国的农业基地，农业和制造业是该州的支柱产业。该州有大量的农民和产业工人。威斯康星、密歇根、俄亥俄和宾州等州是美国传统的工业基地，这里有很多蓝领工人。他们曾是民主党新政联盟的重要组成部分。民主党提高最低工资、增加社会保障的措施吸引了他们追随民主党。罗斯福新政之后，这些州一直是民主党的稳固基地。但在最近几次大选里，这些州却转向了共和党。种族可能是这些州转向的重要原因。奥巴马政府的几项政策（如自由贸易政策和华尔街救市政策）激起了这些底层白人的怨愤，导致他们转向共和党。

亚利桑那州和乔治亚州一直是共和党的稳固基地。昔日，种族和宗教是促使南部州选择共和党的重要原因。出人意料的是，这些南部州在 2020 年的大选里却转向了民主党。我们现在还不太确定这些转向的性质和意涵。这是一种短期的偏离还是根本性的转向？这些转向是由一些短期的偶然因素（如疫情和候选人状况）造成的，还是由一些长期的、结构性因素（城市化和移民）所导致？这些转向会局限于少数几个南部州还是会在多数南部州发生？

如果五大湖环湖各州的转向是稳定的，而亚利桑那州和乔治亚州等南部州的转向亦是根本性的，那么美国的选举地理就可能会发生显著的改变。北部不再是民主党的稳固基地，南部也不再是共和党的大本营，红蓝州的对峙不再以南北划界。不过从现有的数据来看，这种根本性转向的可能性仍比较小。

最后，让我们再看看这三次大选投票差距的变迁状况。从表8—1我们可以看到，这三次大选里最显著的差距仍然是宗教和种族等身份认同差距，它们均显著高于收入、教育和工会差距等阶级差距。宗教隶属差距一直保持在40%左右的高位，且变化不大。种族差距也一直在30%以上，但已出现了明显的下降。种族差距下降是因为有部分西班牙裔选民转向了共和党。工会差距下降了2%，收入差距则下降了10%。现在，工会差距和收入差距仅有5%。阶级差距下降的一个可能原因是部分底层工人因为种族怨恨转向了共和党。代际差距和婚姻差距略为下降，性别差距则略为上升。但这些差距仍在10%以上，差距主要源于文化上的不同观念。这些均说明了阶级政治的下降和身份政治的稳固。

表8—1　　　　2012—2020年大选的投票差距比较

	奥巴马（%）	罗姆尼（%）	希拉里（%）	特朗普（%）	拜登（%）	特朗普（%）
工会差距						
工会成员	58	40	53	44	56	40
其他	49	48	48	51	50	49
收入差距						
少于5万	60	38	56	42	55	44
5万及以上	45	53	44	58	51	47
教育差距						
无本科学位	51	48	46	52	48	50
本科学位以上	49	52	51	47	55	43

续表

	奥巴马 （%）	罗姆尼 （%）	希拉里 （%）	特朗普 （%）	拜登 （%）	特朗普 （%）
宗教隶属差距						
福音派	21	78	15	84	24	76
其他	60	37	60	38	62	36
种族差距						
白人	41	59	38	60	41	58
其他	80	20	74	24	71	26
城乡差距						
城市	58	41	60	34	60	38
其他	40	60	47	53	48	51
代际差距						
30 岁以下	60	37	55	36	60	36
30 岁及以上	47	53	41	50	49	49
性别差距						
男人	45	52	41	52	45	53
女人	55	44	54	41	57	42
婚姻差距						
已婚	42	56	42	55	46	53
其他	62	35	57	42	58	40

资料来源：CNN Exit Polls，2012 年、2016 年和 2020 年。

二　阶级、种族和宗教因素的变迁

2008 年后的美国大选呈现出三个重要的转向。一是阶级差距没有因为经济议题的升温而加大，反而有所下降。二是虽然种族冲突因奥巴马和特朗普的当选而加剧，但种族差距反而有所减少。三是宗教差距没有因为福音派组织的衰落和宗教团体政治动员的下降而减少，反而保持基本稳定，并在个别选年有所加大。

首先，让我们看看阶级差距的变迁。2008 年之后，美国的经济遭遇到多重的挑战。尽管奥巴马上任后立刻采取了救市政策稳定美国的金融秩序，但是 2008 年的金融危机对美国经济的影响仍持续了很长一段时间。2020 年以来的新冠肺炎疫情又对美国的经济带来了强烈的冲击，造成股市多次熔断，大量企业倒闭，失业率迅速攀升。虽然拜登出台了一系列抗疫救助政策稳住了经济，但是通胀率居高不下又对人们的日常生活造成较大的影响。这些都导致了经济议题的升温，且有可能使阶级政治再次变得显著起来。但从阶级差距的走向来看，阶级政治其实并没有升温。CNN 的票站调查数据（参见表 8—1）显示 2012 年的工会差距为 9%，2016 年的工会差距为 5%，2020 年的工会差距为 7%。由此我们判断工会差距一直处于比较低的水平，且略有下降。2012 年的收入差距为 15%，2016 年的收入差距为 12%，2020 年的收入差距则进一步下降到 4%。收入差距的大幅下降显示穷富的分野可能不再是美国社会的主要裂痕。教育差距有了一定的增长，从 2012 年的 2% 增加到 2020 年的 7%。但我们发现工会差距和收入差距跟教育差距的变迁方向并不一致。因此，我们不能仅凭教育差距增大就认为阶级政治升温。笔者认为昔日教育促进社会流动，造成阶级分化的作用机制可能已经发生改变。现在，大学教育可能更多给人们注入的是一种自由价值。因此教育差距可能更多反映的是自由与保守的意识形态分化，而非阶级分化。工人数量的减少，部分蓝领工人的转向，工会组织的衰落，这些都使阶级政治缺乏组织基础。这些可能是经济议题升温未能推动阶级政治增长的原因。我们亦看到大规模地增加政府投资，竭力提高社会保障水平是奥巴马政府和拜登政府的共同特征，这些都有新政的遗风。但是，他们均难以复兴新政联盟，因为阶级政治已发生了显著的变化。

其次，让我们看看种族差距的变迁。全球化时代的自由贸易导致产业转移，使不少底层白人失去了工作。西班牙裔移民的大量涌入加剧了种族竞争，民权运动的迅速发展挑战了白人的优势地位，妇女解放和"我也是"运动则冲击了传统的男权社会。这些都加深了美国白人的身份焦虑，为种族政治升温提供了土壤。奥巴马政府和特朗普政府的政策与言论则使种族冲突进一步恶化。

奥巴马政府出台的几项政策激起了底层白人的怨愤，导致他们转向了共和党。一是奥巴马政府对华尔街的无条件救市行为被看成是对富人的妥协，对穷人的背叛。这激起了声势浩大的占领华尔街运动。二是奥巴马的自由贸易政策使得很多制造业都把生产线转到国外，造成了工业基地的蓝领工人大量失业。三是奥巴马的非裔身份，以及他在南卡州查尔斯顿教堂发生枪击事件后更深地与非裔认同起来，导致了底层白人对民主党的进一步疏离。① 之前，奥巴马曾刻意与非裔保持距离，以免遭受非议。底层白人一开始主要抱怨少数族裔抢走了他们的工作，占了他们的福利，并不觉得少数族裔会对他们的政治地位会构成太大的冲击。但是当非裔当上美国总统后，他们对黑人权力的恐惧，对白人地位下降的焦虑开始加大。特朗普上台之后发表了很多煽动种族仇恨的言论，不断暗示白人有被非白人取代的危险，支持白人至上主义者的游行示威。这刺激了白人至上主义者的神经，引发了弗格森骚乱和夏洛茨维尔骚乱等大规模种族冲突事件。2020年爆发的黑命关天（Black lives matter）运动则进一步加剧了种

---

① 2015年6月17日晚，一名21岁的青年白人持枪进入了南卡罗来纳州的非裔卫理公会教堂杀死9名非裔。悲剧发生后，奥巴马亲临教堂现场发表了悼念演讲。他在演讲中指出，是美国的种族主义原罪导致了这场悲剧。他强调虽然这场枪杀案目的是要震慑黑人，但黑人不必害怕，因为像马丁·路德·金、安德鲁·杰克逊等黑人领袖曾靠着上帝的恩典勇往直前。在有着深刻种族冲突的美国，当非裔总统如此强烈地跟非裔认同起来时，民众很自然会认为这是非裔的代言人而非代表全体美国民众的总统。

族冲突。①

虽然种族冲突加剧，但数据显示种族差距却在不断下降。2012 年的种族差距为 39%，2016 年的种族差距则下降到 36%，2020 年的种族差距进一步下降到 30%。笔者认为种族差距在种族冲突加剧的情况下反而有所下降，主要是因为西班牙裔选民发生了转向。当下美国的种族冲突主要体现为白人与非裔美国人的冲突。这会导致越来越多的白人支持共和党，越来越多的非裔美国人支持民主党。但是，种族差距不仅包含了白人与非裔的投票差距，还包含了白人与西班牙裔的投票差距。我们发现尽管特朗普收紧边境，强行分离移民家庭，但是西班牙裔人对特朗普的支持率反而提高了，由 2016 年的 28% 上升到 2020 年的 38%。白人与西班牙裔美国人投票差距的降幅大于白人与非裔美国人投票差距的涨幅，最终导致种族差距下降。我们发现西班牙裔选民与非裔选民具有较大的不同，他们构成更加多元，社会流动更为顺利，价值观念更为保守。因此他们不会像非裔选民那样，无论处于什么社会地位，均会凝结成一个整体压倒性地支持民主党。这个群体强调家庭伦理、保守价值和辛勤工作，这些价值理念跟共和党倡导的社会伦理比较匹配。如果他们像其他美国移民一样随着代际的更替不断融入美国社会，他们就可能不断转向共和党，最终成为摇摆选民。

最后，让我们看看宗教差距的变迁。宗教差距在 2008 年暂时缩小后又开始增大。福音派与非福音派的差距由 2008 年的 38% 增加到 2016 年的 45%。尽管特朗普任内丑闻不断，还遭国会两度弹劾，但是 2020 年的宗教差距仍保持在 38% 的水平。事实上，福音派白人还增加了对特朗普的支持，由 2016 年的 77% 提高到 2020 年的 84%。由此可见，尽管从宗教来看特朗普并不

---

① 黑命关天运动的导火索是非裔美国人乔治·弗洛伊德的死。弗洛伊德是得克萨斯州休斯敦市的市民，事发时他在明尼苏达州明尼阿波利斯市的小酒馆当保安。他被当地白人警察暴力执法致死。这激起了全美范围内大规模的游行示威，在不少城市还引起了社会骚乱。

是一个理想的总统,但福音派仍压倒性地支持他。许多人(包括为数众多的保守基督徒)是基于实效和政策理念的一致,而非个人品质而支持特朗普。保守宗教团体对共和党的支持不减反增是因为特朗普在任内不仅任命了三名保守的最高法院大法官,推动了一些限制堕胎的立法,还高调地推动宗教自由议程(包括营救在土耳其被囚的安德鲁·布伦森牧师,举行了两次部长级的宗教自由会议,并在联合国大会期间举办了宗教自由会议)。因此,那些认为宗教差距在 2008 年大选之后会迅速消失的观点是有问题的。

综上所述,从阶级、种族和宗教因素的走向来看,我们发现过去三次大选呈现出阶级差距和种族差距有所下降,宗教差距保持稳定的特征。经济议题升温,种族冲突加剧并没有使阶级冲突凸显,文化战争仍是美国选举政治的核心特征。种族和宗教等因素仍将是导致美国政治极化的关键因素。

三 美国选举政治的走向

在本书的第三章里,笔者已分析了战后美国社会的核心变迁以及政党的转向。接着,笔者对 2000 年、2004 年和 2008 年的三次大选进行了深入的个案分析,呈现了不同选情对种族、宗教和阶级因素的影响。在本章的前面两节,笔者又简要分析了 2012—2020 年的大选状况,并围绕着种族、宗教和阶级三个方面总结了最近三次大选的变迁趋势。在这个部分,笔者将综合上述分析对战后美国选举政治的变迁趋势做一个小结。

本书的一个核心关切是分析新政遗产和里根遗产如何影响了最近几次的选举。里根之后的选举反映了共和党的衰落、民主党的复兴,还是两党均势?周期性的两党轮替是预示了一个去结盟时代的确立还是正孕育着一个新的政治再结盟?阶级政治与认同政治正往哪个方向变迁?美国的政治极化将加剧还是缩小?民主、共和两党孰将主导美国的政治?下面笔者将对这些问题逐一进行分析。

(一) 民主党的复兴还是两党均势?

夸大单次大选胜利的压倒性，并把它看成是年代转换的标志已成为大选政治评论的风尚。当里根为共和党赢得压倒性的胜利时，很多人认为共和党主导的时代已经来临。[①] 但是，里根的继任者老布什只当了一届总统便被民主党的候选人克林顿击败。同样，当克林顿和奥巴马大选获胜并成功连任时，很多学者也预测民主党主导的时代已经来临。[②] 但是，事实上这两位民主党的总统均在中期选举里失去了国会。他们当完两届总统后，共和党又赢回了总统的席位。这些都是政党主导预测的否证。

如果尼克松的当选和里根的压倒性胜利推动了共和党的复兴，带来了一次政治再结盟的发生，并促成了一个保守主义时代的来临，[③] 那么克林顿、奥巴马和拜登等民主党候选人的获胜对这个时代意味着什么? 有些学者认为克林顿和奥巴马已复兴了新政联盟，并再次缔造了一个民主党主导的时代。[④] 当然，这些民主党主导的预言随着小布什和特朗普的当选而不攻自破。于是，学者们开始采取一种更中庸的立场，认为纵使克林顿和奥巴马当选未能带来民主党的主导，但已严重削弱了共和党的选民基础，

---

① Steven F. Hayward, *The Age of Reagan: The Fall of the Old Liberal Order, 1964 – 1980*, New York: Crown Forum, 2001; Sean Wilentz, *The Age of Reagan: A History, 1974 – 2008*, New York: Harper Collins, 2008.

② John Kenneth White, *Barack Obama's America: How New Conceptions of Race, Family, and Religion Ended the Reagan Era*, Ann Arbor: University of Michigan Press, 2009.

③ David G. Lawrence, *The Collapse of the Democratic Presidential Majority: Realignment, Dealignment, and Electoral Change: From Franklin Roosevelt to Bill Clinton*, Boulder: Westview Press, 1996.

④ John Kenneth White, *Barack Obama's America: How New Conceptions of Race, Family, and Religion Ended the Reagan Era*, Ann Arbor: University of Michigan Press, 2009.

并正推动着一个新时代的来临。① 在这个孕育中的时代里，阶级因素将取代种族和宗教等认同因素的地位，阶级政治将取代认同政治，美国社会将从文化战争再次转向阶级冲突。

事实上，1992 年克林顿的胜出对于民主党来说是一个惊喜，因为当时克林顿只赢得了 43% 的选民的支持。若不是老布什政府支持率的低迷（从 89% 下降到 36%），以及独立候选人罗斯·佩罗抢走了本属于共和党的 19% 的选票，克林顿的当选是比较困难的。如果不是小布什把美国带入战争泥潭，并在其任内出现战后最为严重的金融危机，奥巴马的当选也有一定的难度。若不是新冠肺炎疫情所引发的危机几乎抹平了特朗普的政绩，拜登的当选也是比较困难的。事实上，克林顿和奥巴马都未能带来民主党主导的时代，他们均在中期选举中失去国会，民主党也在两任期满后失去白宫。② 同样的模式也可能在拜登任内出现。

笔者认为那些预言里根时代已经终结，新政时代已经复兴，美国在不久的将来将迎来民主党主导的论调是有问题的。这可以从民主党多次在中期选举里失去国会，共和党多次赢回白宫看出来。事实上，工人阶级比例的下降，工会的衰落，新政联盟里天主教和底层白人分别因宗教和种族原因所发生的转向，这些均使得新政时代难以在短期内复兴。里根总统所建立的保守主义联盟虽因民主党的上台而遭受挫折，保守宗教团体的政治动员也因选情而时有起伏，但是，经济保守主义、文化保守主义者与共和党的结盟仍非常牢固，并常常帮助共和党候选人赢回白宫。这些都是里根时代并没有终结的证据。

---

① 由于拜登是在疫情的强烈冲击下、以较少的差额赢得选举的，人们并没有对拜登获胜的意涵作过多的诠释。有关克林顿和奥巴马当选意涵的分析参看 Demetrios James Caraley，"Three Trends over Eight Presidential Elections, 1980 – 2008：Toward the Emergence of a Democratic Majority Alignment?" *Political Science Quarterly*，Vol. 124，2009，pp. 423 – 442。

② 值得一提的是，克林顿在 1994 年中期选举中的失败。这是对民主党执政的一个重要打击，因为这使民主党失去了其掌控达 40 年之久的众议院。

如果里根时代没有过去，保守主义的联盟仍旧牢固，那么如何理解民主党多次赢得白宫？笔者认为这很大程度上是由于经济周期性衰退所导致的。我们不难发现克林顿当选和奥巴马当选的相似性。他们都是在经济衰退时以新锐变革者的形象赢得大选的。当经济状况恶化时，人们对在任总统的不满陡增。在任总统在外交上的政绩被忽视（老布什成功地把入侵科威特的伊拉克驱逐出去，小布什领导了反恐战争重创基地组织及其支持者塔利班），选民普遍期待改变。当年克林顿竞选团队亮出的三个口号——"是经济，傻瓜"，"改变还是不变"，"不要忘记保健"，与奥巴马的竞选主题——"改变"、"希望"和"全民医保"，也有着很大的相似性。① 在 1992 年和 2008 年这两次大选里，民主党候选人均借着经济议题和改变的口号获胜。此外，克林顿和奥巴马所属宗教传统也帮助他们赢得宗教选民的支持，从而入主白宫。不过，虽然民主党候选人能够利用经济形势和宗教身份赢得白宫，但他们却难以确立民主党的主导。克林顿在 1996 年的大选和 1998 年的中期选举里失去国会。白宫与国会对峙使克林顿政府陷入政治僵局，并最终导致联邦政府关门。同样，奥巴马也在 2010 年的中期选举里失去了国会。在这样的背景下，共和党分别在 2000 年和 2016 年的大选里再次赢回白宫。这些都是新政时代远未归回，里根时代仍在延续的重要证据。不过，由于两党均势，而经济又经常波动，所以我们看到白宫经常易主。事实上，两党频繁更替是政治极化时代的显著特征。

里根之后的九次总统大选，民主党赢得了五次，共和党赢得了四次。由此我们可以判断当下两党处于均势水平。无论大选胜败，民主、共和两党都难以在短期内确立其主导地位。里根之后的时代是以两党频繁更换、分裂政府为特征的僵持时代，民主党与共和党都难以形成压倒性的多数来主导美国政府。两党之所以

---

① Richard Alleyne, "Gordon Brown: It's the economy, stupid!" *The Daily Telegraph*, 2008-05-23.

没有形成压倒性的多数，笔者认为原因主要有以下三个：（1）缺乏持续的、全国性的危机，选民的政党认同难以出现根本性的转向。之前的政党主导均源自全国性危机下的关键选举。1860 年林肯的获胜与 1932 年罗斯福的获胜都是关键性的选举，之后分别带来了共和党的主导与民主党的主导。这两次关键性的选举都是以全国性的危机为背景的，前者是奴隶制引发的国家分裂，后者是大萧条引起了举国恐慌。林肯和罗斯福分别通过战争和新政的方式解决了国家危机，从而为其所在政党主导地位的确立奠定了基础。但是，尼克松和里根的当选都不是以全国性的危机为背景的，选民的转向也是非常有限的。（2）党内选民与政策主张的多元化和政治极化使得两党均难以形成统一的意志把大选胜利转化为政党主导的资本。民主党内出现了白人与少数族裔、底层与精英的分化。共和党内则出现了富人和底层白人、温和派与保守派的分化。极端保守派茶党的出现，特朗普跟麦凯恩的冲突便是体现。（3）政党实力的不足也是阻碍主导政府出现的原因。这可以从两党的认同者的比例以及两党对联邦和州主要席位（如州长和议员）的占据比例能看出来。两党的认同者均在 40% 左右，两党在联邦和州也分别占据了 50% 的重要席位。由于现在两党认同者均不过半数，都难以形成压倒性的多数，而 20% 的摇摆选民则往往随着选情而改变投票方向，这些都不利于政党主导局面的形成。两党均势使得主导性政府难以出现。因此，我们可以预期两党频繁轮换、分裂政府在相当一段时间内仍将是美国政治的常态。

（二）去结盟还是再结盟？

民主党候选人多次赢得白宫不仅对自 1968 年以来所确立的共和党的执政地位提出了现实的挑战，还对学界提出了一个理论的挑战——当下美国正处于一个去结盟的时代还是再结盟的时代？有的学者认为尼克松和里根等共和党总统均未能确立共和党主导的统一政府，因此新政之后，美国已经进入了一个去结盟的时代。有的学者认为因尼克松和里根的当选，新政之后的确出现了一次政治再结盟，并促成了一个保守主义时代的到来。但这个时代因克林顿和奥巴马的上台而终结，美国已经进入一个去结盟的时代。有的学者则认为去结盟的时代正在结束，新的政治再结盟正在形成中。但由于民主、共和两党一直未能建立一个持续的多数，这种政治再结盟并不太清晰。①

笔者认为要推进这场争论既需要我们对再结盟理论有一个全面的认识，也需要我们对 20 世纪 90 年代至今的时代与这之前的里根时代的关系有一个准确的把握。有的学者认为鉴于当下两党频繁更替，分裂政府经常出现，美国已进入去结盟时代。有的学者走得更远，认为因为尼克松和里根未能带来共和党对三个政府分支的主导，所以战后的政治再结盟并没有发生。不难发现这些学者对政治再结盟理论的认知是跟压倒性胜利的大选和政党主导联系在一起的。笔者认为这只是政治再结盟的一种类型，新政时代便是这种类型的生动体现。但是，政治再结盟理论的奠基人 V. O. 基早已指出再结盟存在关键性的再结盟和一般性的再结盟两种类型。尼克松和里根带来的是一种一般性再结盟。这种再结盟缺乏关键性再结盟所具有的动力，因此不容易带来政党的主导。后来，共和党的地位又因克林顿和奥巴马等民主党候选人的当选而进一步削弱。于是，我们看到分裂政府的出现和两党频繁的更替。这些看似成为了去结盟的证据。然而，笔者认为选民转向和地区转向而非主导地位才是再结盟的关键。因为再结盟这个词寓意着政治忠诚的转移。当下我们并没有看到选民和地区忠诚的显著转向，因此我们不认为一个新的再结盟正在形成。鉴于尼克松以来的总统的确带来南方的转向，以及白人和保守宗教团体与共和党的结盟，当下这种结盟依旧稳固，南部州与东北部和太

---

① Demetrios James Caraley, "Three Trends over Eight Presidential Elections, 1980 – 2008: Toward the Emergence of a Democratic Majority Alignment?" *Political Science Quarterly*, Vol. 124, 2009, p. 423.

平洋沿岸各州的红蓝对峙鲜有动摇；因此，我们依此可以认为战后在种族和宗教因素的推动下的确出现了一次政治的再结盟，而这次再结盟一直延续到当下。至于未来的趋向，笔者认为这仍取决于新政联盟与里根联盟的力量对比，以及阶级、宗教与种族三大因素的博弈。如果阶级、宗教和种族三足鼎立的局面没有显著改变，如果新因素、新议题和新选民也没有出现，我们可以预计当下的结盟状态将会持续一段时间。

从阶级冲突与文化战争的关系来看，我们可以预计阶级的影响力并不会快速地回升，种族和宗教的影响力也不会急速下降，文化战争而非阶级冲突将继续成为美国选举政治的主导模式。在经济下行的情况下，不同社会群体对资源争夺的激烈程度会加大。资源稀缺程度的加剧，贫富差距的拉大，这些都会导致阶级政治的上升。但是，在这场资源争夺战中，族群间的冲突可能要比阶层间的冲突更大。特朗普的反移民政策，拜登对非裔选民的动员，均会使白人与少数族裔的张力加大，促使种族影响力的提升。两党在堕胎、同性恋等社会道德议题上的立场均已固化，民主党跟美国公民自由联盟的联姻，共和党跟保守宗教团体的结盟均已非常稳固。只要美国政治围绕着文化自由主义与文化保守主义的分歧依旧存在，只要世俗与宗教团体均不放弃对公共领域的争夺，那么宗教对美国政治的影响力并不会迅速下降。阶级政治与认同政治的变迁趋势也可以从阶级差距、宗教差距和种族差距的走向看出来。图 8—2 呈现了里根总统至今三类选举差距的变迁趋势。我们可以看到，工会差距总体呈下降趋势，而种族差距和宗教差距（通过教堂出席率衡量）则基本上均呈上升趋势。种族差距和宗教差距也要明显大于工会差距。因此，由种族因素和宗教因素所推动的文化战争将依旧存在，认同政治仍将是美国大选里的重要方面。

至于政治极化的未来，笔者认为政治极化的局面不会因拜登的当选而改变。鉴于拜登是一个温和主义者，他也把修复美国裂痕、加强两党合作作为自己竞选的核心主张，预计在短期内他的

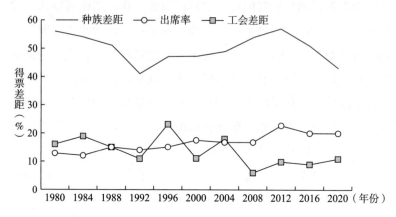

图 8—2　1980—2020 年主要投票差距的变迁趋势

　　说明：种族差距通过黑人投民主党票的比例减去白人投民主党票的比例算出来；工会差距通过家中有工会成员的人投民主党票的比例减去没有工会成员的人投民主党票的比例算出来；出席率差距是用非每周上教堂的人投民主党票的比例减去每周上教堂的人投民主党票的比例算出来。

　　资料来源：ANES, 1980 - 2020。

当选不会加剧美国政治的极化。但是我们也不要对个别政治精英抱过高的期望。这里我们通过奥巴马从合作到对抗的转向便可以窥探出拜登削弱政治极化的前景。在 2004 年的民主党全国大会上，奥巴马发表了建构美国合一的著名演讲。在这个演讲里，奥巴马指出：

　　　　这里并不存在一个自由的美国和一个保守的美国，这里只有一个统一的美国。这里并不存在一个白人的美国、一个非裔的美国，一个拉丁裔的美国和一个亚裔的美国，这里只有一个统一的美国。有博学家愿意将我们的国家分成红州和蓝州，支持共和党的红州，支持民主党的蓝州。但我想说的是即便在蓝州中，我们也都信奉万能的主，即便在红州里我们也不喜欢联邦的机构对我们的藏书指指点点。我们在蓝州里有人执教少年棒球联盟，在红州里也有同性恋朋友。有爱国人士支持伊拉克战争，也有爱国人士反对出兵伊拉克。我们都是一国之民，都效忠于伟大的星条旗，所有的人都热爱我们的祖国——美利坚合众国。①

　　在2008年竞选时，奥巴马也重申要修复美国社会的裂痕。上任伊始，他也尝试通过两党合作的方式去推动国会立法。但是，共和党的对抗使他所推动的政策（如削减政府债务和医改方案）难以有实质性进展。他向全美民众表达了他的不满：

　　　　所以，在过去20个月里他们都在否决，甚至否决他们过去所支持的政策。他们否决给中产阶级减税，他们否决给小商户支持。他们否决了他们曾共同支持的两党减少财政赤字委员会。如果我说天是蓝的，他们就说不是。如果我说海里有鱼，他们就会说没有。他们认定了只要奥巴马倒了，他们就赢了。②

　　他发现只有以反击抗衡共和党的对抗才能有所作为。于是，他便发动民众向共和党的议员发难。他也利用总统的权力单方面强推他的议程。这最终使两党变得更加极化，美国社会变得更加分裂。作为奥巴马政府的副总统，拜登在很多议题的立场与做法都跟奥巴马比较类似。预计，拜登跟奥巴马一样难以改变美国政治极化的局面。如果民主党在中期选举中失去国会，两党的对抗性就可能迅速加大。在这种情况下，拜登采用单方强推而非两党合作的方式去推动自己的政策议程。需要指出的是把分裂的社会重新团结起来是各位总统候选人竞选时的重要承诺。但是，当这些候选人上任之后，这些承诺并没有变为现实，政治极化的程度

---

　　① Barack Obama, "Barack Obama's Keynote Address at the 2004 Democratic National Convention" (https://www. pbs. org/newshour/show/barack-obamas-keynote-address-at-the-2004-democratic – national – convention#transcript), 2019年12月10日下载。

　　② Barack Obama, "Obama's Speech at a Rally in Philadelphia" (https://www. real-clearpolitics. com/articles/2010/10/10/obamas _ speech _ at _ a _ rally _ in _ philadelphia _ 107514. html), 2019年12月10日下载。

反而日益加剧。例如，克林顿有关修复美国社会的裂痕承诺，小布什所倡导的富有同情心的保守主义（compassionate conservatism），[①] 以及奥巴马所提出的不分肤色与政见的统一的合众国的主张，均没有变为现实。在这些总统任内，美国社会不是变得更加团结，而是更加分裂。可以说政治极化是由结构性因素所导致的，个别政治家难以在短期内使之发生根本性的改变。因此，从长远上来看，政治极化仍将是美国政治的常态。

（三）民主、共和孰主白宫沉浮？

2020 年的大选是否会改变两党均势和频繁更替的局面？答案是否定的。根据上述的分析，拜登虽然竞选成功，但他只是小比例获胜。民主党在国会中也只有微弱优势，并且很可能会在来临的中期选举中失去多数派的地位。这意味着白宫虽然将继续由民主党所执掌，但国会很可能被共和党夺去，分裂政府的局面将再次出现。在这种情况下，共和党有可能凭借其在国会的优势地位阻碍白宫法案的通过。这会削弱拜登政府的执政基础，并为共和党赢得 2024 年的大选创造条件。

如果民主党能保住其在国会的多数席位，拜登连任的可能性就会大大提高。不过，在政治极化的条件下，预计两任下来，民众对民主党执政的反感程度会不断加大，而这很可能会导致新一轮政党更替的出现。因此，从短期来看，分裂政府不断出现，两党频繁更替很可能成为美国政治的常态。

如果短期内两党频繁更替仍是美国政治的基本特征，那么长期的社会变迁是否会促成主导性政党的出现？当下的社会变迁更有助于哪个政党的崛起？未来民主党、共和党谁主白宫沉浮？下面笔者将从人口结构的变化、种族构成的变化以及政党认同的变

---

① 不同于以维护现状为核心的传统保守主义，这是一种强调通过市场等保守主义者常用的手段去帮助弱者，解决贫困问题的政治哲学。2000 年，小布什竞选时多次强调这是他执政的核心理念。他力图通过这个口号表明共和党不仅关注大企业的发展，也关心小市民的祸福。他也通过社会福利改革去落实这种执政理念。

迁这三个方面分析两党执政的前景。

　　代际的更替会影响两党的前景。图 8—3 反映了 2000 年以来美国代际构成的变迁趋势。我们可以看到，在年龄结构方面，年轻人口（20 岁以下）和中老年人口（45—64 岁）将变化不大，中青年人口（20—44 岁）将会显著下降，老龄人口（65 岁及以上）将会显著增加。这说明美国正在经历一个快速的老龄化过程。老龄化将有利于共和党的执政。因为，一般来说，民主党在年轻选民中有更多的支持者，而共和党则在中老年人中有更多的追随者。此外，随着老龄人口的增加，预计医疗保健和养老将成为一个非常重要的社会议题。在这个方面，民主党倡导政府主导医疗改革，使得医保能覆盖全民，共和党则主张通过市场去解决医保的问题。少数族裔和底层白人更倾向于民主党的医改方案，而中产白人则更倾向于共和党的医保方案。至于哪种方式能更有效地解决医疗的问题，我们仍需进一步观察。

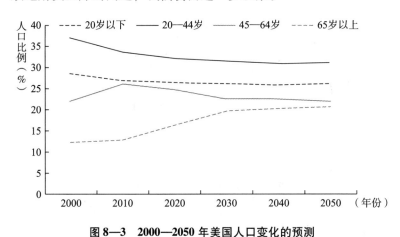

图 8—3　2000—2050 年美国人口变化的预测

　　资料来源：U. S. Census Bureau, 2004, "U. S. Interim Projections by Age, Sex, Race, and Hispanic Origin"（http://www.census.gov/ipc/www/usinter-improj），2019 年 12 月 20 日下载。

　　种族结构的变化也会影响到两党的执政前景。表 8—2 反映了 2000 年以来美国种族结构的变迁趋势。我们可以看到，在未来 40 年里，非西班牙裔白人的比例会下降 19%，西班牙裔美国人会增加 12%，非裔美国人则将有 2% 的增长。换言之，美国人口的少数族裔化，特别是西班牙裔的快速增长，是未来美国人口结构变迁的主要趋势。少数族裔的增加一般来说会增加民主党执政的可能性。但我们需要注意到西班牙裔选民的自身特征。与非裔选民相比，这个群体具有一定的摇摆性。这个群体有较多的天主教徒，而且在经历一个新教化的趋势。鉴于天主教已成为一个摇摆群体，而新教与天主教相比又更倾向选择共和党，在没有其他因素干扰的情况下，西班牙裔选民有转入共和党的趋势。此外，这个群体存在经济议题和宗教议题的张力。就经济议题而言，他们会因自身较低的社会地位而更支持民主党的政策。但就社会道德议题而言，他们则会因自身比较保守的宗教立场而更支持共和党的政策。因此，西班牙裔选民的政党认同仍存在较大的开放性。他们不可能像非裔一样压倒性地、持续性地支持民主党。

表 8—2　美国种族结构的变迁趋势：2000—2050（单位：%）

	2000 年	2010 年	2020 年	2030 年	2040 年	2050 年
全体白人	81.0	79.3	77.6	75.8	73.9	72.1
非裔	12.7	13.1	13.5	13.9	14.3	14.6
亚裔	3.8	4.6	5.4	6.2	7.1	8.0
其他族裔	2.5	3.0	3.5	4.1	4.7	5.3
西班牙裔	12.6	15.5	17.8	20.1	22.3	24.4
非西班牙裔白人	69.4	65.1	61.3	57.5	53.7	50.1

资料来源：U. S. Census Bureau, 2004, "U. S. Interim Projections by Age, Sex, Race, and Hispanic Origin", http://www. census. gov/ipc/www/usinterim-proj, 2019 年 11 月 10 日下载。

除了代际和种族，政党认同在选民里的分布也可以帮助我们了解两党实力的走向。图 8—4 反映的是 1972 年以来美国选民政党认同的变迁趋势。我们可以发现政党认同变迁可以分为两个阶段：70—80 年代，90 年代至今。第一个阶段以民主党选民的显著减少，共和党选民的明显增加，独立选民一直保持在10%的水平为特征。在这个阶段里，民主党认同者从1972年的60%下降到1990年的46%。共和党的认同者则从1972年的30%提高到1990年的43%。在1990年，民主党选民和共和党选民几乎达到同等水平。这是共和党在这个阶段里能主导白宫的重要原因。第二个阶段以民主党选民的基本不变，共和党选民的显著下降（跌幅为10%），独立选民的显著增长（涨幅为10%）为特征。在这个阶段里民主党具有一定的优势，但大选获胜主要取决于独立选民的投票方向。独立选民的摇摆是导致两党周期性更替，分裂政府不断出现的重要原因。

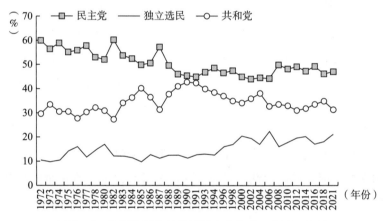

图8—4 美国选民政党认同的变化趋势：1972—2021

资料来源：GSS，1972–2021。

现在，虽然民主党在选民的政党认同上存在优势，但这种优势要转化为大选优势仍需要一定的条件。民主党认同者里有比较多的少数族裔，他们的投票率往往低于白人，而且这个群体里还有相当一部分人并不具有选举权。因此，实际参加投票的民主党选民比例要低于美国民众中民主党认同者的比例。于是，民主党选民和共和党选民的差额可能低于10%，而非图8—4所呈现出来的15%。此外，图上显示的独立选民是没有任何政党偏向的、

"纯粹"的独立选民。① 截至 2021 年，这个群体的比例已达到
21%。由于这个群体会随着选情而转向，他们倒向任何一个党都
有可能助推该党获胜。20% 左右的独立选民既会阻碍政党主导局
面的出现，亦会导致两党频繁的更替。因为这些选民可能在大选
中把票投给一个党，却在中期国会选举中把选票投给另外一个
党。随着独立选民的摇摆，美国的政治也会出现波动。笔者还想
指出的是民主党内部的异质化程度要明显高于共和党。民主党内
既有温和派，也有激进派；既有人数上占主导地位的白人，也有
数量可观的少数族裔。民主党的内部分化不利于它把人数的优势
转化为政治的优势。②

　　综上我们可以看到，代际更替、种族结构的变迁和政党认同
的变化均会影响到两党的执政前景。美国社会的变迁对两党来说
既有机遇，也有挑战。美国社会的老龄化有助于扩大共和党的选
民基础，而民主党的医改政策也可能吸引更多老龄选民的支持。
美国社会的少数族裔化有助于扩大民主党的选民基础。但是随着
天主教的转向以及拉美国家的新教化，共和党如果采取适当的移
民政策也有机会吸引西班牙裔选民。但是从政党认同来看，由于
两党均不能形成压倒性的多数，预计未来政党主导的局面将难以
形成。美国选举仍将以两党的频繁更替和分裂政府为核心特征。

---

　　① 笔者已把偏向民主党的独立选民归为民主党选民，把偏向共和党的独立选民
归为共和党选民。

　　② 2020 年，民主党有 20 位候选人参与到党内的初选。这从一个侧面反映了民
主党的碎片化。民主党的精英在诸多核心议题上存在重大分歧。例如，在公立大学学
费议题上，桑德斯和沃伦支持学费全免，拜登支持减免部分学费，而哈里斯则反对免
费入学。在医改方面，哈里斯和桑德斯等支持政府提供全民医疗，拜登等则反对这个
计划。在枪支管理上，白思豪等支持政府全面购回民众手上的枪支，而拜登和桑德斯
等则支持部分购回。就意识形态的激进程度而言，拜登和哈里斯是温和派，而桑德斯
和沃伦则属于激进派。桑德斯甚至还被媒体看成是社会主义者。如何有效地把多元的
选民整合起来，并寻找出一个能让激进派与温和派都能够接受的政纲，这些是摆在民
主党面前的核心挑战。

结　语

本书选取了密歇根大学美国选举研究等抽样调查数据，建构了两个社会群体投票模型——阶级投票模型与种族/宗教投票模型，采取了历史分析和个案比较的研究方法，从竞选过程、投票模式和选举地理等方面分析了战后美国选举政治变迁的方向、原因和影响。

笔者不仅对美国选举研究的文献做了一个系统的梳理，还对美国选举政治的历史演变以及 21 世纪以来的三次总统选举做了一个细致的分析。本书通过对历史分析和个案比较，推进了学界有关战后美国选举政治变迁的研究。在结语部分，笔者将先总结本书的核心发现，并以此回应学界有关政治再结盟、选民极化和主导因素变迁的争论。接着，笔者将讨论根据美国经验概括出来的文化战争模式在全球范围内所具有的解释力。最后，笔者将就世俗时代的政党政治、多元社会的和谐共存、宪政制度的有效运作等美国选举引申出来的现实问题做进一步的讨论。

一　核心发现

笔者发现，二战以降，阶级因素影响力的显著下降，种族与宗教等认同因素的影响力的持续上升是美国选举政治变迁一个基本的趋势。这与工人阶级的下降和福音派的转向有很大的关系。与阶级因素相比，种族和宗教因素越来越成为社会分裂、议题分野和政党差异的主要来源。这促成了保守信徒与共和党的结盟，制造了红蓝州的对峙，并导致了美国政治的极化。经济的波动，贫富差距的加大使得阶级政治有所升温，但新政时代仍未复兴。未来的选举政治的走向将主要取决于阶级、种族和宗教因素的互动。

尽管 2000 年、2004 年和 2008 年的大选在经济、战争形势、在任总统状况、候选人状况和突出议题方面均存在较大的不同，但是选民的投票模式和选举地理并没有发生显著的改变。种族/宗教投票模型比阶级投票模型能更好地解释这三次选举的投票模式和选举地理状况。

笔者发现，战后美国的社会，民主、共和两党的政策与形象，以及选举地理与投票模式方面均发生了显著的变化。首先，美国社会在阶层、种族和文化方面已变得日益多元化。战后工业社会向信息社会的转型一方面加大了贫富分化，改变了原有的阶层结构；另一方面则加大了两党在政府税收和福利政策方面的分歧。1964 年《公民权利法案》的通过，1965 年《选举权利法案》和《移民与国籍法》的颁布，使得少数族裔选民的比例迅速提高，而共和党的南方战略和奥巴马的当选，使得种族投票日益显著。世俗化趋势的推进，由美国公民自由联盟推动的女权运动和同性恋运动，由保守宗教（主要由福音派、保守天主教和摩门教等宗派组成）联合而成的新宗教右翼的形成，以及由这个联盟发起的对抗性运动，导致人们逐渐分化成自由与保守两大阵营，并使堕胎、同性恋等社会议题成为选举的关键议题。

其次，社会的变迁也推动了政党的调适，使两党在政策与形象方面均出现了显著变化。民主党逐渐变成一个增税、增支（主要是福利性支出）、在婚姻家庭方面推动自由化的政党，共和党则变成减税、减支（主要是福利性支出）、在婚姻家庭方面维护传统观念的政党。两党的主要区别更多不是替富人代言还是为穷人伸张，而是倡导自由的议程还是维护保守的价值。

再次，社会变迁与政党调适也推动了选举政治的变迁。这既体现在选民的投票模式上，也体现在美国的政治地理上。在投票模式上，民主党赢得了少数族裔、主流教派、世俗主义者、单身女性、年轻人、工人和专业人士、教育水平最低和最高的民众的支持，共和党则赢得了多数白人、福音派及其他保守教派、中产阶级和大企业主、中老年人、已婚人士、教育程度居中等水平的民众的支持，出现了一个人们更多依照身份认同和价值理念而非物质利益和社会地位投票的趋势，笔者把它概括为从阶级冲突到文化战争。在选举地理方面，一统河山的格局已被红蓝对峙的局面所替代，获胜的候选人往往只能赢得半数左右的州。除了获胜格局的变化，区域的政党忠诚也发生了转向。东北部逐步由共和党的大本营转为民主党的票仓，南部则由民主党的票仓转变成共和党的根据地。

最后，战后美国选举政治的变迁也产生了一系列的社会、政治影响。政治极化加剧了原有的社会分化，围绕着阶层、种族和宗教分界线而成的不同群体间的张力不断增大，暴力冲突事件的数量急速上升。在政治极化的影响下，昔日以一党长期主导和两党合作为特点的政治态势已被两党频繁更换和两党对抗的态势所取代。两党对抗使政府常常陷入僵局，两党频繁更替则使政策经常变动。美国内政与外交的不稳定性日益加增，中美关系的波动性与对抗性也随之加大。政治极化使得两党政治家均按照党派立场行动，这使得执政的政党难以凝聚足够的支持去解决单个政党所无法解决的问题。历史上，威尔逊因两党对抗而无法通过他的"十四点计划"，这极大限制了美国在一战后所扮演的角色。胡佛总统也因政治极化而没有赢得民主党的支持。这耽误了美国政府对20世纪30年代的大萧条的应对。直到罗斯福上台之后，两党合作才被重启。这为美国经济的复苏奠定了政治基础。2020年当新冠肺炎疫情席卷美国，威胁着亿万民众的生命财产时，因为两党在特朗普任内变得更加极化，而白宫和众议院分别为共和党与民主党所掌握，这阻碍美国快速通过两党都支持的疫情应对和救援方案，使得美国陷入危机之中。可以说，政治极化不仅会导致政治僵局，恶化美国国内的政治生态，加深美国社会的裂痕；还会削弱西方国家之间的联盟，加速美国的衰落，推动全球政治格局的转换。

让我们回到本书一开始指出的美国选举研究的几大争论，即主导因素变迁争论、政治极化争论和再结盟争论。对于美国是否存在一场文化战，阶级的影响力是否已经下降并被其他因素所取代？我们的答案是肯定的。战后，工人阶级比例的下降，工会组织的衰落，以及底层白人的部分转向均使得阶级影响下降。取代阶级冲突的是以种族和宗教为核心推动力的文化战争。美国是否存在政治极化？极化的程度在最近的选举中减少了还是增加了？我们的答案是美国存在政治极化，而且政治极化的程度正日益加大。政治极化不仅存在于政治精英之间，也存在民众之间。从民主、共和两党选民在广泛议题上截然不同的判断，从候选人在竞选时采取的极端立场，从红蓝州泾渭分明的对峙中，我们都可以清晰地看到政治极化的迹象。尽管克林顿作出有关修复美国社会的裂痕承诺，小布什倡导富有同情心的保守主义，以及奥巴马亦主张建立一个不分肤色与政见的统一的合众国，但是美国社会极化的程度没有因此而减少，反而日益加剧。这既有结构性的原因，也有候选人的原因。政治极化的程度随着负面竞选的展开，分裂性政策的强推（如医改、同性婚姻合法化和强行驱逐非法移民），以及好斗的特朗普上台而不断增大。

20世纪60年代末以来，美国是否经历了一场政治的再结盟？参照政治再结盟的几个指标——新议题出现，新选民被纳入政治体系里，政党的选民基础出现重组，地区忠诚发生转移，主导政党的改变，笔者认为答案是肯定的。第一，60年代末以来，美国大选出现了新的议题。堕胎、同性婚姻的合法化等社会文化议题开始成为影响竞选的重要议题。第二，西班牙裔选民的快速增长，可以看作是新选民被纳入政治体系里。这改变了昔日白人和非裔主导美国选民的局面。第三，两党的选民基础也发生了重组。底层白人和天主教徒开始转向共和党，高学历的专业人士则转向民主党。意识形态而非阶级地位越发成为选民分化的关键因素。第四，两党的地区忠诚也发生了转移。南方各州由民主党的稳固基础转变成共和党的基地。第五，有关主导政党改变这个指标，我们需要分阶段来看。笔者发现60年代以来的大选基本上可以划分为两个阶段：共和党主导白宫的时代（1968—1992年）和两党轮流坐庄的时代（1992年至今）。在第一个阶段里，尼克松靠着南方战略，里根凭借保守主义革命，确立了共和党在白宫长达20年之久的主导地位。在选举地理上，共和党的候选人（特别是连任的时候）常常能在大选里赢得大多数州，形成一统河山的格局。这得益于新政联盟的削弱，底层白人的转向，以及保守宗教团体的支持。新政联盟的动摇和保守主义联盟的兴起是共和党能够主导白宫的核心原因。尼克松借助种族议题，通过南方战略，大大动摇了罗斯福建立的新政联盟。里根通过构建宗教右翼和政治右翼的结盟，又进一步从宗教上削弱了新政联盟。稳固南方的丧失，底层白人和天主教徒因种族和宗教原因而发生的转向，推动了一次政治再结盟。这使得以进步主义为核心的民主党主导的新政时代，逐步让位给一个兴起中的保守主义时代，选举政治也逐步从阶级政治转向认同政治。但是由于缺乏全国性的危机，共和党虽多次赢得选举，却仍未能建立压倒性的多数。于是，虽然共和党能赢得白宫，国会却常常为民主党所主导，导致了政府的分裂、两党均势对峙的局面。在第二个阶段，因着经济的波动，民主党多次在经济衰退时凭着变革的口号击败执政的共和党。这个阶段除了延续昔日分裂政府、两党对峙的局面，还出现了以红蓝州对峙、白宫和国会频繁易主的新特征。在这个阶段里，新政联盟已被大大地削弱，里根的保守主义联盟也发生了动摇，美国进入了两党均势阶段。从1992年到2020年的8次大选里，共和党赢得了3次，民主党赢得了5次。但是，无论是民主党还是共和党赢得大选，获胜的党最多只能主导两届白宫，而且往往会在中期选举时失去国会。

我们可以看到 20 世纪 60 年代以来的政治再结盟，不同于美国历史上以关键选年为标志、以主导政府为特征的再结盟。这是一次一般性的再结盟，选民基础的重组不是在一个选年里便一蹴而就，而是经过一系列选举才完成的。选民的重组始于尼克松，在里根任内有重大转向（保守选民大范围转入共和党），在特朗普任内也有新的变化（底层白人的部分转向）。1992 年至今，虽然民主党多次赢得白宫，并对战后政治再结盟所确立的共和党的执政地位提出了挑战，但这并不意味着美国已发生了新的政治再结盟，或者已进入了一个去结盟的阶段。选民没有发生显著的政治转向，地区也没有发生较大的忠诚转移。至于未来美国是否会出现一次新的再结盟，这取决于是否具有一个全国性的危机，是否存在地区性的转向，以及新分裂性议题的出现。新冠肺炎疫情是否会推动政治再结盟的形成，仍有待进一步的观察。美国选举政治的走向取决于民主、共和两党进一步的博弈，取决于新政联盟与保守主义联盟的力量对比。

以上便是本书的核心发现。在接下来的讨论部分，笔者将重点讨论一下本书所引出的一些学术问题。战后美国选举政治的变迁对学界提出了一系列理论和现实问题。例如，宗教的公共化将对美国的政教分离制度提出何种挑战？种族冲突的加剧将对美国这个移民国家带来何种冲击？随着阶层、种族和宗教的多元化，美国这个合众国能否在既有的制度框架下保持多元一体（E pluribus unum）？在政治极化、两党对抗、红蓝对峙的条件下，美国以三权分立为核心特征的宪政民主制度能否有效运作？鉴于文化战在全球范围内均存在，那么有关美国选举政治变迁的基本结论对于我们理解这些有着不同文明基础和制度框架、处于不同发展阶段国家的政治变迁有何帮助？笔者将尝试简要回答这些问题，并把论述的重点放在了现代化、社会分裂和政治秩序这个政治学的核心议题上。具体而言，也就是在一个国家的现代化进程中（特别是由工业社会转向后工业社会的阶段），新旧社会分裂（以阶级利益为基础的分裂和以认同为基础的分裂）会如何变迁？民主国家中的政党制度会如何回应这种变迁？这又将对既有的政治制度带来何种冲击？美国选举政治变迁分析成为了一扇观看现代化与政治变迁辩证关系的窗口。

二　全球范围内的文化战

从全球来看，从阶级冲突到文化战争的转向不仅出现在美国，亦广泛存在于其他西方国家。例如，因着苏东剧变，波兰的阶级冲突已显著下降，取而代之的是一场有关波兰人生活方式的文化战争。围绕着何种生活方式（自由的还是传统的）应得到法律的支持与制约，波兰出现了自由主义者和保守天主教徒之间的分化。与美国类似，中产阶级的兴起、工人阶级比例的减少和工会组织的衰落是西方社会阶级冲突下降的重要原因。除此之外，西方左翼政党调整了政纲，尝试超越左右，走第三条道路也是阶级冲突下降的另一个重要原因。[①] 虽然除了波兰、罗马尼亚和意大利等天主教国家有比较强的宗教组织，大部分西方国家均经历着显著的世俗化进程，宗教动员并不明显，文化战也不以宗教划界。但是缺乏强势的宗教，并不意味着文化战争便不存在。在这些地方文化战依然存在，只是它的基础并不是宗教，而是代际和种族；主要议题也不是堕胎和同性恋，而是环保和移民。以环境保护为核心关注的绿党和以排斥移民为重点主张的极右翼政党在欧洲的崛起，便是这种认同政治兴起的反映。从阶级冲突到文化战争的转向也可以从世界价值观调查得到印证。英格哈特等人的世界价值观变迁的研究发现战后世界经历了一个从以物质利

---

① ［英］安东尼·吉登斯：《第三条道路　社会民主主义的复兴》，郑戈译，北京大学出版社 2000 年版。

益为基础的价值观向后物质主义价值观的转向。①

事实上，文化战争并不局限于欧美等西方国家。在世界上的其他地方，我们也能找到文化战的身影。在印度，这种文化战争的焦点在于如何界定印度的身份——印度应被界定为一个以印度教为核心的国家，还是一个以世俗、多元和民主等宪政理念为基础的国家。② 在伊朗和沙特阿拉伯等保守的中东国家，文化战主要表现为如何界定妇女的角色，世俗法律与宗教法律（沙利亚）的关系。

对文化战争的研究有助于我们理解冷战后型塑世界格局的社会、政治动力。冷战结束后，政治学界曾出现两种分析世界走向的观点。一种是福山的历史终结论，另一种是亨廷顿的文明冲突论。福山认为随着苏东剧变、冷战结束，市场经济和民主政治将成为人类意识形态发展的历史终点。③ 现实上，我们看到尽管共产主义曾在 20 世纪 80 年代末遭受重大挫折，但是历史并没有走向终结。相反，第三波民主化浪潮之后，我们看到的是民主的退潮，新自由主义经济政策也引发许多问题。某种意义上，北京共识已经成为跟华盛顿共识并驾齐驱的发展模式。因此，历史终结论并不是一种理解全球政治变迁的有效理论。至于文明冲突论，笔者认为它虽把握到冷战后世界政治变迁的重要层面，但仍具有较多理论漏洞。亨廷顿认为冷战之后原有的共产主义与资本主义之间的意识形态冲突已经被以宗教为基础的各大文明间的冲突所

---

① 罗纳德·英格哈特是价值观变迁理论的主要倡导者，相关论述参见 Ronald Inglehart, *The Silent Revolution: Changing Values and Political Styles among Western Publics*, Princeton: Princeton University Press, 1977; Ronald Inglehart, *Modernization and Postmodernization: Cultural, Economic, and Political Change in 43 Societies*, Princeton: Princeton University Press, 1997; Ronald Inglehart, *Culture Shift in Advanced Industrial Society*, Princeton: Princeton University Press, 1990。

② 有关印度教与世俗主义的争论参见邱永辉《印度世俗化研究》，巴蜀书社 2003 年版，第 401—432 页。

③ ［美］弗朗西斯·福山：《历史的终结及最后之人》，黄胜强等译，中国社会科学出版社 2003 年版。

取代。① 亨廷顿意识到后冷战时期宗教等身份认同因素对国际政治重要性的提高，这是值得肯定的。然而，他把文明看成是铁板一块，并预言它们间必然发生冲突则是很成问题的。事实上，我们经常看到的不是文明间的冲突，而是文明内的冲突。文化战争理论某种程度上是一种分析文明内冲突的理论。随着苏联这个共同挑战者的解体，我们不仅看到西方文明内部不同国家之间的张力开始增大，也看到一国内不同意识形态朝向的群体之间的对抗性也开始加大。与文明冲突论相比，文化战理论能更好地把握这些政治现象。

三　世俗化下的政党政治

战后，美国社会已开启了一个明显的世俗化进程。美国人的宗教参与水平正不断下降，没有宗教隶属的人正快速地增长，基督教组织也出现了衰落的迹象。这些均迫使学者意识到美国不再是世俗化的例外。② 但是，世俗化并不必然导致宗教公共影响力的下降。2008 年与 2004 年相比，福音派组织虽然已开始衰落，其宗教动员也大幅度减弱，但是我们看到宗教对 2008 年大选的影响力并没有随之下降。从更长的历史变迁来看，宗教的公共影响除了跟宗教的数量有关，还取决于宗教能否成为一个制造政治分化的因素。过去很长一段时间里，由于宗教不是一个像南北战争时期那样突出的分裂因素（南北双方均从基督教里寻找出维护和废除奴隶制的依据），虽然信众和宗教组织数量众多，但宗教对政治的影响力反而不如阶级因素明显。但是，这种状态却因战后的世俗化而发生了改变。同性恋运动和女权运动等世俗主

① ［美］塞缪尔·亨廷顿：《文明的冲突与世界秩序的重建》，周琪等译，新华出版社 2002 年版。

② David Voas and Mark Chaves, "Is the United States a Counterexample to the Secularization Thesis?" *American Journal of Sociology*, Vol. 121, 2016, pp. 1517 – 1556.

义运动，① 迫使保守的宗教团体进入公共空间。为了维护传统价值与社会结构，保守宗教团体进行了积极的政治动员以抗衡这些世俗运动。同性恋和堕胎逐渐成为了竞选的核心议题，大选也围绕着宗教与世俗发生了裂变——民主党成为世俗主义的旗手，而共和党则成为了保守宗教的代言人。保守的信徒往往会选择共和党，而世俗的选民会更倾向于民主党。由于宗教再次成为了政治分化的因素，宗教的政治动员水平也有了显著的提高，宗教的公共影响力也因此增加。于是，我们看到了一个吊诡的模式：美国社会的世俗化反而带来了宗教公共影响的增加。

宗教因素也有助于我们理解在共和党占优势的保守主义时代里，卡特、克林顿和奥巴马等民主党候选人为何能赢回白宫。传统的解释主要强调经济形势，认为经济状况恶化时选民会投民主党的票以惩罚执政的共和党。这种解释有一定的道理，但并不能完全解释民主党候选人的获胜。虽然 2004 年大选时经济已经恶化，但小布什靠着保守宗教团体的支持依然可以成功连任。事实上，卡特、克林顿和奥巴马的胜出也得益于宗教团体的支持。具有较强的宗教性，能较好地吸引宗教团体是他们三人获胜的共同之处。卡特是首位在竞选时公开宣称自己是个"重生基督徒"的总统候选人。卡特和克林顿均来自南部保守的宗教团体，这种组织纽带使他们能较好地吸引保守信徒的支持。奥巴马来自黑人新教，这个群体强烈的宗教情感和对社会公正的积极推动也为他赢得了不少白人信徒的支持。

四　多元社会的和谐共存

分析完社会变迁与政治变迁这个理论性问题之后，让我们再

---

① 这一波的女权运动除了男女平权的层面，还有一个更重要的方面便是女性对自我身体主张的维度。堕胎运动和最近正沸沸扬扬的"我也是"运动强调的便是女性身体的自主。这些运动强调女性的身体不被权力所侵蚀，无论这来自男人还是国家；女性可以自主地选择对自己的身体采取堕胎等行动。

看看多元社会的和谐共存与民主宪政的有效运作等现实问题。首先是多元社会的和谐共存。多元一体是现代社会倡导的价值，但是要从多元达致一体需要有效的政治建构。现实中，我们更多看到的是分裂社会的出现，政治也因之变得碎片化和巴尔干化。这严重威胁到世界的和平与稳定。移民的涌入、后工业化和反文化运动的发展，使得美国社会在种族、阶层和文化上变得多元化。传统的增税增支虽能够缓和劳资双方的阶级冲突，但因为少数族裔的快速增长，福利更多地流向少数族裔群体，这反而加剧了工人阶级里白人与少数族裔的冲突。民主党不仅因种族原因激怒了底层白人，还因为堕胎、同性恋等道德议题疏远了保守白人。共和党也因为富人减税，为保守教派代言而疏远了不少选民。在一党主导联邦三个分支并长期执政的情况下，美国的政党能较好地整合社会并产生温和的政策。然而，在分裂政府、两党频繁更替的情况下，两党竞争的选举制度不仅没有弥合冲突的利益，反而加剧了社会的裂痕。

通过独立战争、南北战争与民权运动，美国脱离了大英帝国的管治，废除了奴隶制与种族隔离制度，在一块存在多元种族、地域文化和经济形态（如庄园经济和大工业）的大陆上建构出一个以宪政民主制度为基础的政治共同体。然而，2017 年 8 月在美国弗吉尼亚州夏洛茨维尔发生的白人骚乱，美国公民自由联盟和基督教新右翼围绕着堕胎、同性婚姻合法化等社会议题所进行的旷日持久的对抗，民主、共和两党的极化以及红蓝州的对峙都似乎在显示美国已逐渐从一个多元一体的合众国变成一个分裂的社会。面对社会的裂变，很多学者开始用沙拉盘（salad bowl）而非熔炉（melting pot）来形容美国社会。① 在当下的政治生态下，要在既有的制度框架下，把一个分裂的社会重新建构成一个

---

① 熔炉代表的是一个移民归化的现象，而色拉盘或者亨廷顿所言的"西红柿汤"代表的是在文化多元主义影响下，美国已不再具有一个统一的身份认同。具体参见 Samuel Huntington, *Who Are We? The Challenges to America's National Identity*, New York: Simon & Schuster, 2004。

统一的共同体，需要一些具有高超政治智慧和远见的政治家。

其次是宪政制度的有效运作。美国的宪政制度是以政教分离，以及权力的分立（州与联邦之间，以及白宫、国会和最高法院之间分权）与制衡为基本原则。这种宪政制度的有效运作需要基本的共识，需要国家与宗教的相互宽容（twin tolerance），① 以及两党的妥协与合作。之前，南方邦联（Confederacy）与联邦曾因奴隶制的存废陷入内战，犹他州亦因多妻制去留与联邦发生了军事冲突。这些冲突虽有社会根源，往往因政党的更替、政策的改弦更张而激化。最为典型的便是林肯的当选与南北战争的爆发。以前在一党主导、长期执政的情况下，作为多数派的政党拥有执政优势，也能借着连任保持政策的延续性；作为少数派的政党为求生存也会妥协合作。政党为赢得选举也会争取大多数居中选民的支持。这些均会促成共识性民主的出现。例如，从 1932 年罗斯福当选到 1964 年约翰逊当选这三十多年间，虽然美国的政坛基本上被民主党主导，但这也是两党合作（bipartisan）特征最为突出的三十年。罗纳德·布朗斯坦把这个阶段概括为博弈的时代（the age of bargaining）。② 因为主导的政党想通过与在野党的合作增强政策的合法性，而在野的政党也希望通过与执政党的合作谋求生存，所以一党主导反而推动了两党合作。此外，执政的民主党内部存在自由的北部分支和保守的南部分支的分化，在野的共和党也存在保守与中庸的派别。这种内部的多元性也为两党合作创造了条件。然而，在政治极化的情况下，两党合作变得更加困难。因为政治极化源于意识形态的分野，两党都强调意识形态的纯洁性，把妥协看成是对本党宗旨的背叛。两党内部变得更加同质，中庸的声音日益被边缘化。由于两党不仅泾渭分明（deeply divided），还势均力敌（closely divided），这使得两党的竞争异常

---

① Alfred Stepan, "Religion, Democracy, and the 'Twin Tolerations'", *Journal of Democracy*, Vol. 11, 2000, pp. 37–57.

② Ronald Brownstein, *The Second Civil War: How Extreme Partisanship Has Paralyzed Washington and Polarized America*, New York: Penguin, 2007, pp. 57–92.

激烈。两党均以对方为敌，每次竞选常常变成生死博弈。获胜的政党会强力推进其议程，而在野的政党则会想方设法阻拦议案的通过。每次政党更替都会带来改弦更张，推翻前任成为了政治常态。例如，奥巴马以"改变"为竞选口号，上台之后就大改前任的外交政策（特别是中东政策与反恐政策），并不遗余力地推进存在重大分歧的同性恋议题和医改政策。尽管小布什的以单边主义为底色的外交政策遭受国内外的极大诟病，伊拉克战争和阿富汗战争也的确让美国陷入泥潭；但是，在伊拉克政局未定时便大规模撤兵，在 2011 年阿拉伯之春引发中东政治动荡后却进一步从中东撤出，显然不是一种周全的外交战略。这给"伊斯兰国"提供了喘息的机会，使得它能够利用权力的真空迅速坐大，演化成对全球安全与稳定有重大威胁的恐怖主义组织。特朗普上台以后也重复了这种推翻前任政策的做法。他竞选的时候便以推翻奥巴马的医改政策为自己的核心承诺。特朗普上台之后，也在外交上改弦更张，利用贸易战与中国直接对碰，退出克林顿政府于 1987 年与俄罗斯签订的《苏联和美国消除两国中程和中短程导弹条约》，以及奥巴马政府于 2014 年与伊朗政府签订的"联合全面行动计划"（简称伊朗核协议）。其中，与中国大打贸易战极大地危害到全球经济的发展，单方面退出伊朗核协议也使中东地区安全局势再度恶化。以诋毁对方为特征的消极竞选日益成为主流的竞选策略，消极党派性（因不喜欢别人的政党而选择了自己的政党）也成为政党认同的重要特征。小布什不仅因执政能力欠缺而备受质疑，还被谴责为宗教狂热分子。作为黑人新教徒的奥巴马不仅因非裔的身份而被人们议论纷纷，还被人们诟病为伊斯兰教徒、无神论者和苏维埃主义者。特朗普竞选时便被奥巴马政府的联邦调查局调查。作为反击，特朗普也扬言要把民主党的总统候选人希拉里投入监狱，上任后他也启动了对"通俄门"调查的反调查。我们看到，政治极化使得政党间的妥协和两党合作变得困难，文明、理性的辩论渐渐被粗野、火爆的对抗所取代。这会恶化政治生态，削弱人们对制度的信心，最终导致民主政治的退变。① 政治极化不仅削弱了政策的稳定性，还让政府常常陷入僵局。里根、克林顿、小布什、奥巴马和特朗普任内均出现了政府关门的现象，这极大地影响了联邦政府的有效运作。政治极化也不利于司法的独立。在极化的情况下，最高法院大法官的任命也成为了两党对抗的战场。两党都竭力任命与本党意识形态一致的法官，都极力阻挠对方提名的法官。这使得法官成为两党的棋子，难以超越党派意志进行独立、理性的司法裁决。

种族与宗教因素的凸显也提出了一个制度稳定性的问题。20世纪60年代末以来，随着《移民法》的修改和民权运动的发展，种族也开始成为一个影响到美国政治走向的重要变量。昔日，由于种族隔离制度的限制和政治权利的缺失，少数族裔并不是一个对美国政治有重大影响的群体。然而，随着《公民权利法案》和《选举权利法案》的颁布，随着少数族裔数量的增加，这个群体越来越成为一股重要的政治力量。过去，这些法案的颁布曾点燃了民权运动的火焰，并引起了大规模的社会骚乱。最近，奥巴马的当选也刺激了白人至上主义者的神经，引发了弗格森骚乱和夏洛茨维尔骚乱等大规模的种族冲突事件。能否有效纳入这些新的政治群体，并让他们的政治参与制度化、有序化，关系到变动社会政治秩序的稳定。②

与种族因素同步，宗教因素亦在60年代开始升温。宗教虽然一直存在，但是宗教团体大规模进行政治动员是60年代末以来的事情。③ 之前，基要派曾因30年代的猴子审判退出了公共舞台。保守宗教团体的政治化对美国的政教分离制度带来了挑战。在历史上，宗教团体曾因奴隶制的去留而陷入分裂，教会的分裂

---

① Steven Levitsky and Daniel Ziblatt, *How Democracies Die*, New York: Crown, 2018.

② ［美］塞缪尔·P. 亨廷顿:《变动社会的政治秩序》，张岱云等译，上海译文出版社1989年版。

③ Monica Duffy Toft, Daniel Philpott and Timothy Samuel Shah, *God's Century: Resurgent Religion and Global Politics*, New York: W. W. Norton, 2011, pp. 74 - 79.

也导致了国家的分裂。① 民权运动期间，宗教间的敌意也激化了社会的冲突，本应促进"共同善"形成的美国宗教也退变成加剧社会分裂的"不文明的宗教"（uncivil religion）。② 美国第一宪法修正案所确立的政教分离原则限制国家介入宗教纷争，有助于减少政教冲突和宗教间的敌意。但是，宗教的过度政治化则可能引发政教冲突和教派冲突。过去，政教的和谐得到了宪法以及约翰逊法案等法律的保障。③ 但是，特朗普上台之后宣称要废除约翰逊修正案。该修正案一旦被废除，防止宗教过度政治化的缰绳将会被砍断，政教分离制度可能会被极大地削弱。这不利于宪政制度的有效运作，因为这有赖于国家与宗教的相互宽容。

　　我们看到现代化并不必然地带来政治发展。相反，因为现代化破坏了传统的社会结构，催生出新的群体和议题，反而对原有的社会共识与既有的政治制度带来挑战。很多国家因制度僵化或过载而陷入政治衰败。④ 在这样的背景下，一些制度设计的问题凸显出来：美国社会能容纳多大程度的多元而不致因着阶层、种族和文化的分化而分崩离析？以两党竞争为核心的选举制度能否整合多元社会的不同诉求，并形成能为大多数民众所接纳的政策？政教分离制度能否有效纳入公共化的宗教？福利国家的扩张能否在化解劳资冲突的同时缓解白人与少数族裔之间的种族冲突？以权力分离与制衡为核心的宪政民主制度能承受多大程度的政治极化？共同体的延续、民主的有效运作是否只需建立一种利益博弈的框架，还是在此之前需要价值共识的支撑？这些是美国

---

①　C. C. Goen, *Broken Churches, Broken Nation*, Macon, GA: Mercer University Press, 1997.

②　Robert N. Bellah and Frederick E. Greenspahn, *Uncivil Religion: Interreligious Hostility in America*, New York: Crossroad, 1987, pp. 219 – 231.

③　约翰逊修正案由时为参议员、后当选为美国总统的林登·约翰逊所提出。这个修正案为宗教团体的政治参与划定了界线，规定宗教团体不得直接支持特定的候选人，否则将会失去免税地位。

④　［美］弗朗西斯·福山：《政治秩序与政治衰败：从工业革命到民主全球化》，毛俊杰译，广西师范大学出版社 2015 年版。

选举政治变迁所凸显的问题。对于这些问题的回答有赖进一步的研究。但至少对美国选举政治变迁的研究让我们能够明白制度设计难以一蹴而就，以权力分离与制衡为框架、以两党竞争为更新机制的宪政民主制度并非完美无瑕。制度需要不断地修补与更新，方能适应社会的变迁，最终促进了人类社会的和平与发展。

参考文献

中文文献

白丰绩：《当代美国新基督教右翼运动兴起的原因》，《郑州大学学报》2006 年第 2 期。

［比］费边·鲍文斯：《社会裂隙、政党与利益群体——基于美、德、日三国的研究》，社会科学文献出版社 2018 年版。

陈迹：《当代美国政治的"种族化"现象探析》，《美国研究》2019 年第 4 期。

刁大明：《"特朗普时代"的美国政治：延续、变化与走向》，《美国问题研究》2017 年第 2 期。

董江阳：《迁就与限制：美国政教关系研究》，生活·读书·新知三联书店 2017 年版。

董小川：《美国政教分离制度的历史思考》，《历史研究》1998 年第 4 期。

董小川：《20 世纪美国宗教与政治》，人民出版社 2002 年版。

房宁：《"政治正确性"之争 2016 年美国总统大选研究报告》，中国社会科学出版社 2017 年版。

房宁、王文：《2012 美国大选观摩日记》，中国社会科学出版社 2013 年版。

房宁、丰俊功：《2016 年美国总统选举中的技术革命与选民行为控制》，《比较政治学研究》2017 年第 2 期。

冯春凤：《美国宗教与政治关系现状》，《世界宗教研究》

2000 年第 3 期。

［美］弗朗西斯·福山：《历史的终结及最后之人》，黄胜强等译，中国社会科学出版社 2003 年版。

［美］弗朗西斯·福山：《政治秩序与政治衰败：从工业革命到民主全球化》，毛俊杰译，广西师范大学出版社 2015 年版。

付随鑫：《从“里根联盟”到“特朗普联盟”：美国共和党的兴盛与危机》，《当代世界》2018 年第 12 期。

［美］杰克·A. 戈德斯通主编：《国家、政党与社会运动》，章廷杰译，上海人民出版社 2009 年版。

［美］戈斯内尔、斯莫尔卡：《美国政党和选举》，复旦大学国际政治系译，上海译文出版社 1980 年版。

何维保：《美国两党党纲中的对华政策论析》，《美国研究》2019 年第 6 期。

黄纪主编：《台湾选举与民主化调查（TEDS）方法论之回顾与前瞻》，五南 2013 年版。

黄平、郑秉文主编：《2016 年大选与美国内外政策走向》，中国社会科学出版社 2017 年版。

黄湘：《美国裂变：大历史转折点上的总统大选》，中信出版社 2016 年版。

［美］塞缪尔·亨廷顿：《变动社会的政治秩序》，张岱云等译，上海译文出版社 1989 年版。

［美］塞缪尔·亨廷顿：《文明的冲突与世界秩序的重建》，周琪等译，新华出版社 2002 年版。

［英］霍布斯：《利维坦》，黎思复等译，商务印书馆 1996 年版。

［英］安东尼·吉登斯：《第三条道路 社会民主主义的复兴》，郑戈译，北京大学出版社 2000 年版。

［美］爱德华·拉森：《众神之夏——“猴子审判”以及科学与宗教的论战》，语桥等译，江西教育出版社 2001 年版。

雷飞龙：《二千年美国总统选举及其缺失析述》，《选举研究》2001 年第 1 期。

［美］李帕特：《选举制度与政党制度 1945—1990 年 27 个国家的实证研究》，谢岳译，上海人民出版社 2009 年版。

［美］西摩·马丁·李普塞特：《政治人 政治的社会基础》，上海人民出版社 2011 年版。

李庆四：《布什竞选连任的宗教因素及对美国外交决策的影响》，《教学与研究》2005 年第 2 期。

李庆四：《美国国会与美国外交》，人民出版社 2007 年版。

李少文：《美国两党建立初选制度的原因、过程与效果》，《当代世界与社会主义》2018 年第 1 期。

林宏宇：《白宫的诱惑：美国总统选举政治研究（1952—2004）》，天津人民出版社 2006 年版。

林宏宇：《美国总统选举政治研究》，天津人民出版社 2017 年版。

刘璐编著：《美国大选谁获胜》，经济管理出版社 2004 年版。

刘澎：《宗教对美国社会政治的影响》，《瞭望》1996 年第 5 期。

刘澎：《宗教右翼与美国政治》，《美国研究》1997 年第 4 期。

刘澎：《美国的政教关系》，《美国研究》2001 年第 3 期。

刘澎：《当代美国宗教》，社会科学文献出版社 2001 年版。

刘澎：《国家·宗教·法律》，社会科学文献出版社 2006 年版。

刘亚琼：《美国大选中的政治宣传研究》，经济科学出版社 2017 年版。

刘正山：《2008 年总统大选竞选期间政党支持者选择性接触媒体倾向的分析》，《选举研究》2009 年第 1 期。

［法］让－雅克·卢梭：《社会契约论》，何兆武译，商务印书馆 2003 年版。

［英］约翰·洛克：《政府论》，叶启芳等译，商务印书馆

1997 年版。

　　［美］David R. Mayhew：《事关选举：美国国会的政治解读》，蒋昌建译，复旦大学出版社 2001 年版。

　　梅嘉：《美国宗教右翼的崛起及其影响》，《当代世界》1995年第 10 期。

　　［美］米克尔思韦特、伍尔德里奇：《右翼美国：美国保守派的实力》，王传兴译，上海人民出版社 2008 年版。

　　［美］罗伯特·K. 默顿：《社会理论和社会结构》，唐少杰等译，译林出版社 2008 年版。

　　［美］布鲁斯·埃·纽曼：《营销总统：选战中的政治营销》，张哲馨译，上海人民出版社 2007 年版。

　　［美］塔尔科特·帕森斯：《社会行动的结构》，张明德等译，译林出版社 2003 年版。

　　潘亚玲：《从熔炉到战场：美国政党重组中的族裔角色》，《国际关系研究》2016 年第 6 期。

　　强舸：《"奥巴马选民" VS "特朗普选民"：关键性选举与美国政党选民联盟重组》，《复旦大学学报》2018 年第 1 期。

　　邱永辉：《印度世俗化研究》，巴蜀书社 2003 年版。

　　［意］G. 萨托利：《政党与政党体制》，王明进译，商务印书馆 2006 年版。

　　孙兴杰：《美国总统是怎么选出来的》，江西人民出版社 2013 年版。

　　［美］安东尼·唐斯：《民主的经济理论》，姚洋等译，上海人民出版社 2005 年版。

　　田新文：《从总统选举看美国政治发展的新动向》，《江汉论坛》2015 年第 6 期。

　　涂怡超：《当代美国基督教福音派与美国人权外交》，《美国问题研究》2009 年第 1 期。

　　涂怡超：《美国基督教福音派及其对国际关系的影响——以葛培理为中心的考察》，上海人民出版社 2010 年版。

涂怡超、赵可金：《宗教外交及其运行机制》，《世界经济与政治》2009 年第 2 期。

［法］托克维尔：《论美国的民主》，董果良译，商务印书馆 2009 年版。

王冲：《选票的背后：透视美国大选和美国政治文化》，当代中国出版社 2008 年版。

王鼎铭、侯萱莹：《美国国会选举政治献金的探究：政治行动委员会的 Tobit 分析》，《选举研究》2006 年第 2 期。

王宏忠、刘兆隆：《施政表现、种族因素与市长满意度：以卡崔娜飓风前后之纽奥良市为例》，《选举研究》2018 年第 2 期。

王帅：《驴象之争 200 年：美国总统选举制深度透视》，经济日报出版社 2001 年版。

王希：《2000 年美国总统大选述评》，《美国研究》2001 年第 1 期。

王希：《序言》，载 ［美］ L. 桑迪·梅塞尔著，陆赟译，《美国政党与选举》，译林出版社 2017 年版，第 1—16 页。

王希：《 “特朗普何以当选——关于 2016 年美国总统大选的历史反思”》，《美国研究》2017 年第 3 期。

王希：《两党制与美国总统选举的 “无选择困境”》，《史学理论研究》2018 年第 2 期。

［美］肯尼斯·D. 沃尔德、阿利森·卡尔洪 – 布朗：《宗教和政治行动》，章志萍译，《宗教与美国社会》2018 年第十六辑。

武建强：《难以妥协的政治——不断加深的美国政党极化现象分析》，《东岳论丛》2016 年第 3 期。

肖唐镖：《多维视角中的村民直选：对 15 个村委会选举的观察研究》，中国社会科学出版社 2001 年版。

谢韬：《从大选看美国的历史周期、政党重组和区域主义》，《美国研究》2012 年第 4 期。

徐理响：《竞争型政治：美国政治极化的呈现与思考》，《社会科学研究》2019 年第 6 期。

徐勇：《乡村治理与中国政治》，中国社会科学出版社 2003 年版。

徐以骅：《美国宗教的"路线图"》，《美国问题研究》2004 年第三辑。

徐以骅：《试析 2004 年美国总统选举中的宗教因素》，《美国问题研究》2005 年第 4 期。

徐以骅：《宗教在当前美国政治与外交中的影响》，《国际问题研究》2009 年第 2 期。

徐以骅：《后冷战时期的宗教与美国政治和外交》，上海人民出版社 2014 年版。

薛勇：《右翼帝国的生成——总统大选与美国政治的走向》，广西师范大学出版社 2004 年版。

余万里：《美国政治风向标：2008 总统大选现场观察》，新世界出版社 2008 年版。

俞振华：《从州议会到国会：探索美国州议会专业化对议员政治生涯的影响》，《选举研究》2010 年第 1 期。

袁野、姚亿博：《美国民主党的重振及未来前景》，《当代世界》2017 年第 9 期。

张宝树：《美国政党与选举制度：以一九八四年美国大选为实例》，商务印书馆 1986 年版。

臧秀玲、王磊：《战后美国政党政治的新变化》，《国外社会科学》2014 年第 2 期。

张惠玲：《新基督教右翼与当代美国政治》，上海人民出版社 2017 年版。

张家栋：《美国政治再结盟及其实现条件》，《美国问题研究》2008 年第 1 期。

张立平：《美国政党与选举政治》，中国社会科学出版社 2002 年版。

张敏谦：《大觉醒：美国宗教与社会关系研究》，时事出版社 2001 年版。

张文宗：《美国"铁锈带"及其政治影响》，《美国研究》
2018 年第 6 期。

赵鼎新：《社会与政治运动讲义》，清华大学出版社 2006
年版。

赵心树：《选举的困境》，四川人民出版社 2008 年版。

周淑真、郭馨怡：《美国总统选举中"摇摆州"的两党争
斗——以威斯康星州为例》，《当代世界与社会主义》2019 年第
6 期。

周鑫宇、邹虹瑾：《特朗普当选的冲击与美国共和党的内外
政策转型》，《美国问题研究》2017 年第 2 期。

外文文献

Abraham Lincoln, "A House Divided Against Itself Cannot
Stand", 1958 (http://www. nationalcenter. org/HouseDivided. html).

Alan I. Abramowitz, *The Great Alignment: Race, Party Transformation, and the Rise of Donald Trump*, New Haven: Yale University Press, 2018.

Alan I. Abramowitz and Kyle L. Saunders, "Is Polarization a Myth?" *The Journal of Politics*, Vol. 70, 2008.

Alan M. Dershowitz, *Supreme Injustice: How the High Court Hijacked Election 2000*, New York: Oxford University Press, 2003.

Alan Ware, "Divided Government in the United States", in Robert Elgie, ed. , *Divided Government in Comparative Perspective*, Oxford: Oxford University Press, 2001.

Alan Wolfe, *One Nation, After All: What the Middle – class Americans Really Think about: God, Country, Family, Racism, Welfare, Immigration, Homosexuality, Work, the Right, the Left, and Each Other*, New York: Viking, 1998.

Alfred Stepan, "Religion, Democracy, and the Twin Tolerations", *Journal of Democracy*, Vol. 11, 2000.

Alvin Ward Gouldner, *The Future of Intellectuals and the Rise of the New Class: A Frame of Reference, Theses, Conjectures, Arguments, and an Historical Perspective on the Role of Intellectuals and Intelligentsia in the International Class Contest of the Modern Era*, New York: Seabury, 1979.

Andrew Gelman, *Red State, Blue State, Rich State, Poor State: Why Americans Vote the Way They Do*, Princeton: Princeton University Press, 2008.

Andrew Kohut, John C. Green, Robert C. Toth and Scott Keeter, *The Diminishing Divide: Religion's Changing Role in American Politics*, Washington, D. C. : Brookings Institution Press, 2000.

Angus Campbell, Philip E. Converse, Warren E. Miller and Donald E. Stokes, *The American Voter*, New York: John Wiley & Sons, 1960.

Angus Campbell, Philip E. Converse, Warren E. Miller and Donald E. Stokes, *Elections and the Political Order*, New York: John Wiley and Sons, 1966.

Ann N. Crigler, Marion R. Just and Edward J. McCaffery, *Rethinking the Vote: The Politics and Prospects of American Election Reform*, New York: Oxford University Press, 2004.

Anna Greenberg, "The Marriage Gap", *Blueprint Magazine*, July 12, 2001.

Anna Greenberg, "Moving Beyond the Gender Gap", in Matthew R. Kerbel, ed. , *Get This Party Started: How Progressives Can Fight Back and Win*, New York: Rowman & Littlefield, 2006.

Arthur M. Schlesinger, *The Cycles of American History*, Boston: Houghton Mifflin, 1986.

Barack Obama, *The Audacity of Hope: Thoughts on Reclaiming the American Dream*, New York: Crown Publishers, 2006.

Barbara Norrander, "The End Game in Post – Reform Presidential Nominations", *The Journal of Politics*, Vol. 62, 2000.

Benjamin I. Page and Calvin C. Jones, "Reciprocal Effects of Policy Preferences, Party Loyalties and the Vote", *American Political Science Review*, Vol. 73, 1979.

Bernard Berelson, Paul F. Lazarsfeld and William N. McPhee, *Voting: A Study of Opinion Formation in a Presidential Campaign*, Chicago: University of Chicago Press, 1954.

Byron E. Shafer, ed. , *The End of Realignment? Interpreting American Electoral Eras*, Wisconsin: Wisconsin University Press, 1991.

Byron E. Shafer, "The Mid – Term Election of 1994: Upheaval in Search of A Framework", in Dean McSweeney and John E. Owens, eds. , *The Republican Takeover of Congress*, New York: Saint Martin's Press, 1998.

C. C. Goen, *Broken Churches, Broken Nation*, Macon, GA: Mercer University Press, 1997.

Charles Hickman Titus, *Voting Behavior in the United States: A Statistical Study*, Berkeley: University of California Press, 1935.

Christopher H. Achen and T. Y. Wang, *The Taiwan Voter*, Ann Arbor: University of Michigan Press, 2017.

Corwin Smidt, ed. , *The Oxford Handbook of Religion and American Politics*, New York: Oxford University Press, 2009.

Corwin Smidt, Kevin den Dulk, Bryan Froehle, James Penning, Stephen Monsma, and Douglas Koopman, *The Disappearing God Gap? Religion in the 2008 Presidential Election*, New York: Oxford University Press, 2010.

D. Gilbert, *The American Class Structure in an Age of Growing Inequality*, Washington, D. C. : Pine Forge Press, 2008.

David A. Horowitz, *America's Political Class under Fire: The Twentieth Century's Great Culture War*, New York: Routledge, 2003.

David Butler and Donald Stokes, *Political Change in Britain*: *Forces Shaping Electoral Choice*, New York: St. Martin's Press, 1969.

David G. Lawrence, *The Collapse of the Democratic Presidential Majority*: *Realignment, Dealignment, and Electoral Change*: *From Franklin Roosevelt to Bill Clinton*, Boulder: Westview Press, 1996.

David Martin, *Tongues of Fire*: *The Explosion of Protestantism in Latin America*, London: Wiley – Blackwell, 1993.

David Plotke, *Building a Democratic Political Order*: *Reshaping American Liberalism in the 1930s and 1940s*, New York: Cambridge University Press, 1996.

David Scott Domke, *The God Strategy*: *How Religion Became a Political Weapon in America*, New York: Oxford University Press, 2008.

David Voas and Mark Chaves, "Is the United States a Counter-example to the Secularization Thesis?" *American Journal of Sociology*, Vol. 121, 2016.

Demetrios James Caraley, "Three Trends over Eight Presidential Elections, 1980 – 2008: Toward the Emergence of a Democratic Majority Alignment?" *Poetical Science Quarterly*, Vol. 124, 2009.

Diana L. Eck, A *New Religious America*: *How a "Christian Country" Has Become the World's Most Religiously Diverse Nation*, New York: HarperOne, 2002.

Donald E. Stokes, "Spatial Models of Party Competition", *American Political Science Review*, Vol. 57, 1963.

Duncan Black, "On the Rationale of Group Decision – making", *Journal of Political Economy*, Vol. 56, 1948.

Elmo Roper, *You and Your Leaders*, New York: William Morrow, 1957.

Eric Kaufmann, *Shall the Religious Inherit the Earth? Demography and Politics in the Twenty – First Century*, London: Profile Book,

2011.

Eric R. A. N. Smith, *The Unchanging American Voter*, Berkeley: University of California Press, 1989.

Everett C. Ladd, *Transformations of the American Party System: Political Coalitions from the New Deal to the 1970s*, New York: Norton, 1975.

Everett C. Ladd, "Like Waiting for Godot: The Uselessness of Realignment for Understanding Change in Contemporary American Politics", in Byron E. Shafer, ed. , *The End of Realignment? Interpreting American Electoral Eras*, Wisconsin: Wisconsin University Press, 1991.

Everett C. Ladd, Alexander P. Lamis, William Schneider, Philip Meyer and John K. White, "Symposium on the Work of Samuel Lubell", *PS: Political Science and Politics*, Vol. 23, 1990.

Gary C. Jacobson, *The Electoral Origins of Divided Government: Competition in US House Elections*, 1946 – 1988, Boulder, Colo. : Westview Press, 1990.

Gary C. Jacobson, "Divided Government and the 1994 Elections", in Peter F. Galderisi, Roberta Q. Herzberg and Peter McNamara, eds. , *Divided Government: Change, Uncertainty, and the Constitutional Order*, Lanham, New York: Rowman & Littlefield, 1996.

Gary C. Jacobson, "Party Polarization in National Politics: The Electoral Connection", In Jon Bond and Richard Fleisher, eds. , *Polarized Politics: Congress and the President in a Partisan Era*, Washington: Congressional Quarterly Press, 2000.

Gary C. Jacobson, "Polarized Politics and the 2004 Congressional and Presidential Elections", *Political Science Quarterly*, Vol. 120, 2005.

Geoffrey Brennan and Loren Lomasky, *Democracy and Decision*, Cambridge: Cambridge University Press, 1993.

Geoffrey C. Layman, *The Great Divide: Religious and Cultural Conflict in American Party Politics*, New York: Columbia University Press, 2001.

Geoffrey C. Layman and Thomas M. Carsey, "Party Polarization and 'Conflict Extension' in the American Electorate", *American Journal of Political Science*, Vol. 46, 2002.

Geoffrey C. Layman, Thomas M. Carsey and J. M. Horowitz, "Party Polarization in American Politics: Characteristics, Causes, and Consequences", *Annual Review of Political Science*, Vol. 9, 2006.

Geoffrey Evans, ed. , *The End of Class Politics? Class Voting in Comparative Context*, New York: Oxford University Press, 1999.

Gerald H. Kramer, "Short – term Fluctuations in U. S. Voting Behavior, 1896 – 1964", *American Political Science Review*, Vol. 65, 1971.

Gerald M. Pomper, "The 2000 Presidential Election: Why Gore Lost", *Political Science Quarterly*, Vol. 116, 2001.

Gerhard E. Lenski, *Power and Privilege: A Theory of Social Stratificaion*, New York: McGraw – Hill, 1966.

Giorgio Galli and Alfonso Prandi, *Patterns of Political Participation in Italy*, New Haven: Yale University Press, 1970.

Gregory B. Markus and Philip E. Converse, "A Dynamic Simultaneous Equation Model of Electoral Choice", *American Political Science Review*, Vol. 73, 1979.

Harold F. Gosnell, *Why Europe Vote*, Chicago: The University of Chicago Press, 1930.

Harold F. Gosnell, *Champion Campaigner: Franklin D. Roosevelt*, New York: Macmillan, 1952.

Harold Meyerson, "A Real Realignment", *Washington Post*, November 17, 2018, A19.

Irwin Ross, *The Loneliest Campaign: The Truman Victory of*

1948, New York: The New American Library, 1968.

James Ceaser, W. Andrew Busch and John J. Pitney, *Epic Journey: The 2008 Elections and American Politics*, New York: Rowman & Littlefield Publishers, 2010.

James Davison Hunter, *Culture Wars: The Struggle to Control the Family, Art, Education, Law, and Politics in America*, New York: Basic Books, 1992.

James Davison Hunterand Alan Wolfe, *Is There a Culture War? A Dialogue on Values and American Public Life*, Washington, D. C. : Brookings Institution Press, 2006.

James E. Campbell, *Polarized: Making Sense of a Divided America*, Princeton: Princeton University Press, 2016.

James G. Gimpel and Kimberly A. Karnes, "The Rural Side of the Urban – Rural Gap", *PS: Political Science and Politics*, Vol. 39, 2006.

James K. Pollock and Samuel J. Eldersveld, *Michigan Politics in Transition: An Areal Study of Voting Trends in the Last Decade*, Ann Arbor: University of Michigan Press, 1942.

Janet M. Box – Steffensmeier, Suzanna De Boef and Tse – Min Lin, "The Dynamics of the Partisan Gender Gap", *American Political Science Review*, Vol. 98, 2004.

Jeffrey C. Alexander, "Barack Obama Meets Celebrity Metaphor", *Society*, Vol. 47, 2010.

Jeffrey M. Stonecash, "The Income Gap", *Political Science*, Vol. 39, 2006.

Jerald C. Brauer, ed. , *The Lively Experiment Continued*, Macon, Ga. : Mercer University Press, 1987.

Jocelyn A. J. Evans, *Voters and Voting: An Introduction*, Thousand Oaks, Calif. : SAGE, 2004.

John C. Green and Mark Silk, "Gendering the Religion Gap",

Religion in the News, Vol. 7, 2004.

John C. Green, *The Faith Factor: How Religion Influences American Elections*, Westport, Conn. : Praeger Publishers, 2007.

John C. Green, Mark J. Rozell and Clyde Wilcox, eds. , *The Christian Right in American Politics: Marching to the Millennium*, Washington, D. C. : Georgetown University Press, 2003.

John C. Green, Mark J. Rozell and Clyde Wilcox, eds. , *The Values Campaign? The Christian Right and the 2004 Elections*, Washington, D. C. : Georgetown University Press, 2006.

John Kenneth White, *Values Divide: American Politics and Culture in Transition*, New York: Chatham House Publishers/Seven Bridges Press, 2003.

John Kenneth White, *Barack Obama's America: How New Conceptions of Race, Family, and Religion Ended the Reagan Era*, Ann Arbor: University of Michigan Press, 2009.

John Samples and Michael P. McDonald, eds. , *The Marketplace of Democracy Electoral Competition and American Politics*, Washington, D. C. : Brookings Institution Press and Cato Institute, 2006.

Karen M. Kaufman, "The Gender Gap", *PS: Political Science and Politics*, Vol. 39, 2006.

Karen Orren and Stephen Skowronek, "Regimes and Regime Building in American Government: A Review of Literature on the 1940s", *Political Science Quarterly*, Vol. 113, 1998.

Kate Kenski, Bruce W. Hardy and Kathleen Hall Jamieson, *The Obama Victory: How Media, Money, and Message Shaped the 2008 Election*, New York: Oxford University Press, 2010.

Kathleen Hall Jamieson, ed. , *Electing the President, 2008: The Insiders' View*, Philadelphia: University of Pennsylvania Press, 2009.

Kenneth D. Wald and Allison Calhoun – Brown, *Religion and Politics in the United States*, New York: Rowman & Littlefield Publishers, 2018.

Kevin J. O. Brien and Suisheng Zhao, eds. , *Grassroots Elections in China*, London: Routledge, 2010.

Kevin P. Phillips, *The Emerging Republican Majority*, New Rochelle, N. Y. : Arlington House, 1969.

Kingsley Davis and Wilbert E. Moore, "Some Principles of Stratification", *American Sociological Review*, Vol. 10, 1945.

L. Beeghley, *The Structure of Social Stratification in the United States*, Boston, MA: Pearson, Allyn & Bacon, 2004.

Laurence R. Iannaccone, "Why Strict Churches Are Strong", *The American Journal of Sociology*, Vol. 99, 1994.

Lewis L. Gould, *1968: The Election That Changed America*, Chicago: Ivan R. Dee Publisher, 1993.

Louis Hyman Bean, *How America Votes in Presidential Elections*, Metuchen: Scarecrow Press, 1968.

M. Franklin, *The Decline of Class Voting in Britain: Changes in the Basis of Electoral Choice, 1964 – 1983*, Oxford: Oxford University Press, 1985.

Mark Chaves, *Congregations in America*, Cambridge: Harvard University Press, 2004.

Mark D. Brewer and Jeffrey M. Stonecash, *Split: Class and Cultural Divides in American Politics*, Washington, D. C. : CQ Press, 2006.

Mark D. Brewer and Jeffrey M. Stonecash, *Dynamics of American Political Parties*, New York: Cambridge University Press, 2010.

Mark P. Jones, "Electoral Institutions, Social Cleavages, and Candidate Competition in Presidential Elections", *Electoral Studies*, Vol. 23, 2004.

Marsilius of Padua, *The Defender of Peace*, New York: Cambridge University Press, 2005.

Martin P. Wattenberg, *The Decline of American Political Parties 1952 – 1994*, Cambridge, Mass. : Harvard University Press, 1998.

Maurice Duverger, *Political Parties, Their Organization and Activity in the Modern State*, New York: Wiley, 1954.

Max Visser, "The Psychology of Voting Action: On the Psychological Origins of Electoral Research, 1939 – 1964", *Journal of the History of the Behavioral Sciences*, Vol. 30, 1994.

Michael Hout, Clem Brooks and Jeff Manza, "The Persistence of Classes in Post – Industrial Societies", *International Sociology*, Vol. 8, 1993.

Michael Hout, Clem Brooks and Jeff Manza, "The Democratic Class Struggle in the United States, 1948 – 1992", *American Sociological Review*, Vol. 60, 1995.

Michael Nelson, ed. , *The Elections of 2004*, New York: Sage, 2005.

Michael S. Lewis – Beck, Helmut Norpoth, William G. Jacoby and Herbert F. Weisberg, *The American Voter Revisited*, Ann Arbor: University of Michigan Press, 2008.

Monica Duffy Toft, Daniel Philpott and Timothy Samuel Shah, *God's Century: Resurgent Religion and Global Politics*, New York: W. W. Norton, 2011.

Morris P. Fiorina, *Retrospective Voting in American National Elections*, New Haven: Yale University Press, 1981.

Morris P. Fiorina, "Coalition Governments, Divided Governments, and Electoral Theory", *Governance*, Vol. 4, 1991.

Morris P. Fiorina, *Divided Government*, 2nd edition, Needham Heights, Mass. : Simon and Schuster, 1996.

Morris P. Fiorina and Samuel J. Abrams, "Political Polarization in the American Public", *Annual Review of Political Science*, Vol. 11, 2008.

Morris P. Fiorina and Samuel J. Abrams, *Disconnect: The Breakdown of Representation in American Politics*, Norman: University of Oklahoma Press, 2009.

Morris P. Fiorina, Samuel J. Abrams and Jeremy C. Pope, *Culture War? The Myth of a Polarized America*, 2nd edition, New York: Pearson Longman, 2006.

Neil Howe and William Strauss, *Millennials Rising: The Next Great Generation*, New York: Random House, 2000.

Norman H. Nie, Sidney Verba and John R. Petrocik, *The Changing American Voter*, Cambridge, Mass. : Harvard University Press, 1976.

P. Dunleavy, "The Political Implications of Sectional Cleavages and the Growth of State Employment", *Political Studies*, Vol. 28, 1980.

P. Saunders, *Social Theory and the Urban Question*, London: Hutchinson, 1981.

Patricia Conley, "The Presidential Race of 2004: Strategy, Outcome, and Mandate", in William J. Crotty, ed. , *A Defining Moment: The Presidential Election of 2004*, New York: Routledge, 2005.

Paul Felix Lazarsfeld, Bernard Berelson and Hazel Gaudet, *The People's Choice: How the Voter Makes Up His Mind in a Presidential Campaign*, New York: Columbia University Press, 1948.

Paul R. Abramson, John H. Aldrich and David W. Rohde, *Change and Continuity in the 2000 Elections*, Washington, D. C. : CQ Press, 2003.

Paul R. Abramson, John H. Aldrich and David W. Rohde, *Change and Continuity in the 2004 and 2006 Elections*, Washington, D. C. : CQ Press, 2007.

Paul R. Abramson, John H. Aldrich and David W. Rohde,

Change and Continuity in the 2008 Elections, Washington, D. C. : CQ Press, 2010.

Peter H. Odegard and E. Allen Helms, *American Politics: A Study in Political Dynamics*, New York: Harper and Brothers, 1938.

Peter L. Berger, "The Desecularization of the World: A Global Overview", in Peter L. Berger, ed. , *The Desecularization of the World: Resurgent Religion and World Politics*, Grand Rapids: William B. Eerdmans Publishing Company, 1999.

Philip E. Converse and Gregory B. Markus, "Plus ça change …: The New CPS Election Study Panel", *American Political Science Review*, Vol. 73, 1979.

Pierre Bourdieu, *Homo Academicus*, Trans, Peter Collier, Stanford: Stanford University Press, 1988.

R. J. Dalton, *Citizen Politics: Public Opinion and Political Parties in Advanced Industrial Democracies*, Chatham, N. J. : Chatham House, 1996.

R. Andrew Chesnut, *Born Again in Brazil: The Pentecostal Boom and the Pathogens of Poverty*, New Brunswick, N. J. : Rutgers University Press, 1997.

R. Huckfeldt and C. W. Kohfeld, *Race and the Decline of Class in American Politics*, Champaign: University of Illinois Press, 1989.

R. Lawrence Butler, "Momentum in the 2008 Presidential Contests", *Polity*, Vol. 41, 2009.

Ralf Dahrendorf, *Class and Class Conflict in Industrial Society*, Stanford: Stanford University Press, 1959.

Randall E. Adkins and Andrew J. Dowdle, "How Important are Iowa and New Hampshire to Winning Post – Reform Presidential Nominations?" *Political Research Quarterly*, Vol. 54, 2001: 431 – 444.

Richard A. Posner, *Breaking the Deadlock: The 2000 Election, the Constitution, and the Courts*, Princeton, N. J. : Princeton University, 2001.

Richard Alleyne, "Gordon Brown: It's the Economy, Stupid!" *The Daily Telegraph*, May 23, 2008.

Richard G. Niemi and Herbert F. Weisberg, "Dealignment and Realignment in Current Period", in Richard G. Niemi and Herbert F. Weisberg, eds. , *Controversies in Voting Behavior*, Washington, D. C. : CQ Press, 2010.

Richard G. Niemi and Herbert F. Weisberg, *Controversies in Voting Behaviour*, 5th edition, Washington, D. C. : CQ Press, 2010.

Richard Hofstadter, *Anti – Intellectualism in American Life*, New York, Knopf, 1963.

Richard Johnston and Emily Thorson, "*Coalitions in Presidential Campaigns, 2000 – 2008: Structure and Dynamics*", Paper Presented to the 2009 Annual Meeting of the Midwest Political Science Association, Maryland, 2009.

Richard P. Coleman, Lee Rainwater and Kent A. McClelland, *Social Standing in America: New Dimensions of Class*, New York: Basic Books, 1978.

Richard R. Lau and David P. Redlawsk, *How Voters Decide*, New York: Cambridge University Press, 2006.

Richard R. Lau, David Andersen, Hannah Holden and Kevin Worrall, "Changing Patterns of the Presidential Vote Choice, 1980 – 2004: A Structural Equations Analysis", Paper Prepared for Delivery at the 102nd Annual Meeting of the American Political Science Association, Philadelphia, 2006.

Robert E. Denton, Jr. , ed. , *The 2008 Presidential Campaign: A Communication Perspective*, New York: Rowman & Littlefield Publishers, 2009.

Robert Elgie, "What is *Divided Government*?" in Robert Elgie, ed. , *Divided Government in Comparative Perspective*, Oxford: Oxford

University Press, 2001.

Robert N. Bellah and Frederick E. Greenspahn, *Uncivil Religion*: *Interreligious Hostility in America*, New York: Crossroad, 1987.

Robert T. Bower, "Opinion Research and Historical Interpretation of Elections", *Public Opinion Quarterly*, Vol. 12, 1948.

Robert Wuthnow, *The Restructuring of American Religion*, Princeton: Princeton University Press, 1988.

Roberto Suro, Richard Fry and Jeffrey Passel, "Hispanics and the 2004 Election", Pew Hispanic Center, 2005 (http://pewhispanic. org/reports/report. php? ReportID = 48).

Roger Finke and Rodney Stark, *The Churching of America 1776 – 1990*, New Brunswick, N. J. : Rutgers University Press, 1992.

Ronald Brownstein, *The Second Civil War*: *How Extreme Partisanship Has Paralyzed Washington and Polarized America*, New York: Penguin, 2007.

Ronald Inglehart, *The Silent Revolution*: *Changing Values and Political Styles among Western Publics*, Princeton: Princeton University Press, 1977.

Ronald Inglehart, *Culture Shift in Advanced Industrial Society*, Princeton: Princeton University Press, 1990.

Ronald Inglehart, *Modernization and Postmodernization*: *Cultural, Economic, and Political Change in 43 Societies*, Princeton: Princeton University Press, 1997.

Ruy Teixeira, ed. , *Red*, *Blue*, *and Purple America*: *The Future of Election Demographics*, Washington, D. C. : Brookings Institution Press, 2008.

Samuel Lubell, *The Future of American Politics.* New York, Harper, 1952.

Samuel P. Huntington, *Who Are We*: *The Challenges to America's National Identity*, New York: Simon & Schuster, 2004.

Sean Q. Kelly, "Punctuated Change and the Era of Divided Government", in Lawrence C. Dodd and Calvin Jillson, eds. , *New Perspectives on American Politics*, Washington, D. C. : Congressional Quarterly Press, 1994.

Sean Wilentz, *The Age of Reagan: A History, 1974 – 2008*, New York: Harper Collins, 2008.

Seymour Martin Lipset, eds. , *The Breakdown of Class Politics: A Debate on Post – Industrial Stratification*, Washington D. C. : The Johns Hopkins University Press, 2001.

Seymour Martin Lipset and Stein Rokkan, *Party Systems and Voter Alignments*, New York: Free Press, 1967.

Sidney E. Mead, *The Lively Experiment: The Shaping of Christianity in America*, New York: Harper & Row, 1976.

Stan Hok – Wui Wong, *Electoral Politics in Post – 1997 Hong Kong: Protest, Patronage, and the Media*, London: Springer, 2015.

Stanley B. Greenberg, *The Two Americas: Our Current Political Deadlock and How to Break It*, New York: St. Martin's, 2005.

Steve Bruce, *The Rise and Fall of the New Christian Right: Conservative Protestant Politics in America, 1978 – 1988*, New York: Oxford University Press, 1990.

Steve Bruce, *Politics and Religion*, Malden, MA: Blackwell, 2003.

Steven F. Hayward, *The Age of Reagan: The Fall of the Old Liberal Order, 1964 – 1980*, New York: Crown Forum, 2001.

Steven F. Hayward, *The Age of Reagan: The Conservative Counterrevolution, 1980 – 1989*, New York: Crown Forum, 2009.

Steven G. Brint, "New Class' and Cumulative Trend Explanations of the Liberal Attitudes of Professionals", *American Journal of Sociology*, Vol. 90, 1984.

Steven Levitsky and Daniel Ziblatt, *How Democracies Die*, New

York: Crown, 2018.

Terry N. Clark and Seymour Martin Lipset, "Are Social Classes Dying?", *International Sociology*, Vol. 6, 1991.

Terry N. Clark and Seymour Martin Lipset, eds. , *The Breakdown of Class Politics: A Debate on Post – Industrial Stratification*, Washington D. C. : The Johns Hopkins University Press, 2001.

Terry N. Clark, Seymour Martin Lipset and Michael Rempel, "The Declining Political Significance of Social Class", *International Sociology*, Vol. 8, 1993.

Theodore Rosenof, *Realignment: The Theory That Changed the Way We Think about American Politics*, Lanham, Md. : Rowman & Littlefield Publishers, 2003.

Thomas Frank, *What's the Matter with Kansas? How Conservatives Won the Heart of America*, New York: Metropolitan Books, 2004.

V. O. Key, "A Theory of Critical Elections", *Journal of Politics*, Vol. 17, 1955.

V. O. Key, "Secular Realignment and the Party System", *Journal of Politics*, Vol. 21, 1959.

V. O. Key, *The Responsible Electorate: Rationality in Presidential Voting, 1936 – 1960*, Cambridge: Belknap Press of Harvard University Press, 1966.

Virginia Garrard – Burnett, *Protestantism in Guatemala: Living in the New Jerusalem*, Huston: University of Texas Press, 1998.

Wade Clark Roof, *A Generation of Seekers*, San Francisco: Harper San Francisco, 1993.

Walter Dean Burnham, *Critical Elections and the Mainsprings of American Politics*, New York: W. W. Norton & Company, 1970.

Walter Dean Burnham, "Pattern Recognition and ‘Doing’ Political History: Art, Science, or Bootless Enterprise", in Lawrence C. Dodd and Calvin Jillson, eds. , *The Dynamics of American Politics:*

Approaches and Interpretation, Boulder: Westview Press, 1994.

Walter Dean Burnham, "Realignment Lives: The 1994 Earthquake and Its Implications", in Colin Campbell and Bert A. Rockman, eds. , *The Clinton Presidency: First Appraisals*, Chatham, N. J. : Chatham House, 1996.

Warren E. Miller and J. Merrill Shanks, *The New American Voter*, Cambridge: Harvard University Press, 1996.

Wayne P. Steger, Andrew Dowdle and Randall E. Atkins, "The New Hampshire Effect in Presidential Nominations", *Political Research Quarterly*, Vol. 57, 2004.

William J. Crotty, ed. , *A Defining Moment: The Presidential Election of 2004*, New York: Routledge, 2005.

William G. Mayer, "Changes in Elections and the Party System: 1992 in Historical Perspective", in Bryan D. Jones, ed. , *The New American Politics: Reflections on Political Change and the Clinton Administration*, Boulder: Westview Press, 1995.

William G. Mayer, *The Divided Democrats: Ideological Unity, Party Reform, and Presidential Elections*, Boulder, CO: Westview Press, 1996.

W. Thompson and J. Hickey, *Society in Focus*, Boston, MA: Pearson, Allyn & Bacon, 2005.

后　记

　　本书是笔者在中国人民大学政治学系的博士学位论文基础上修改而成。本书始于笔者在贝勒大学政教关系研究所的学习。通过两年的系统学习，笔者发现随着宗教在全球的复兴和转变，政教关系对于理解战后的政治变迁变得重要。深处美国的圣经地带，经历了 2008 年的大选，笔者清楚地感受到宗教因素对美国的社会和政治的影响力。但是宗教的积极参政，美国政治的极化也引起了很多的争论。当下大选态势的历史源头是什么？宗教的复兴、政治的极化将如何影响美国民主制度的走向？这些问题一直困惑着笔者。2008 年 5 月，笔者在加尔文学院参加了政教关系的研讨会，有幸与美国宗教和选举研究的权威学者交流。之后笔者决定通过一个博士学位论文研究来解决笔者的困惑。这便是本书的缘起。

　　博士答辩通过之后，笔者一直忙于其他研究而无暇修改这篇论文。随后，美国又经历了两次大选，一些新的大选数据也陆续出现。考虑到选举的演进，笔者也扩大了分析的范围。现在的书稿把分析范围从 2008 年的大选延伸到 2022 年的中期选举，并尝试对 2024 年的总统大选做初步的展望。除了纳入新近文献、更新数据和扩大分析范围，在分析框架和主要观点方面，笔者也做了一些细微的调整。本书稿原来的主标题是"从阶级的冲突到文化的战争？"这个主标题有一个问号，因为那时美国的选举正处于一个变动状态，笔者难以仅靠 2000—2008 年三次大选的个案分析便得出一个确定性的答案。但随着后来选举政治的进一步演进，从阶级冲突到文化战争的趋势更为明显，于是笔者做出更为肯定的判断，并把主标题改为"大转向"以突出这种变迁的显著性。在更多数据的支持下，笔者更确信美国的选举政治已发生重要变迁，种族和宗教等身份认同因素的崛起是推动这种变迁的重要动力。此外，在原有的分析里，笔者虽然也关注到种族因素的影响，并且发现种族差距的加大和种族因素影响力的提高，但在原有的分析框架里，为了集中对比阶级和宗教两大因素，并没有把种族作为重点分析的因素。但随着奥巴马的执政和特朗普的上台，笔者发现应该把种族因素放在跟宗教因素同等重要的位置。纳入种族因素也使得文化战争有了更丰富的内涵。可以说，从阶级冲突到文化战争某种程度上是一种从利益政治（或阶级政治）到身份政治（或认同政治）的转变，而宗教和种族作为身份认同的重要来源是推动这种转变的关键因素。笔者也对图表进行了增删和提炼，并对一些重点的图表进行了更深入详尽的分析。

十年前，当笔者写作这篇论文时对美国的历史和当下的政治知之甚少。在过去十年里，笔者通过长期关注《纽约时报》、英国广播电视台（BBC）和美国公共电视网络（PBS）的时事新闻加深了对美国的了解。笔者也系统地观看了美国公共电视网络有关美国总统的纪录片以加深对他们获胜、执政和落败历史的了解。当然，这些了解仍是非常初步的。但希望这些多元的信息渠道能使我这个局外人能更近距离地观看美国大选，从而为战后美国大选政治的变迁提供一个更加准确而深入的叙述。

本书得以完成得益于许多师长、友人的帮助和学术机构的支持。这里我需要首先感谢的是笔者的导师张小劲教授和景跃进教授，他们一直在生活和学术上给我以帮助和指导，使得本书得以顺利完成。读者可以从研究方法和图表论证中看出这样的影响。贝勒大学道森政教研究所前所长马世凯教授和比尔·米切尔教授把笔者领进全球政教关系这个重要而有趣的研究领域。加尔文学院亨利研究所前所长柯文·斯密特教授的研究，以及他在中国人民大学所做的系列讲座，大大加深了笔者对美国政教关系的理解。中国人民大学的魏德东教授、宋新宁教授、金灿荣教授和孙龙教授，清华大学的史志钦教授、孙哲教授和苏毓松教授，中国社会科学院的罗云力研究员、李少军研究员和史卫民研究员，在本书的写作和修改过程也给了很多宝贵的建议。

除了这些师长的引领，众多学术机构的支持也是本书得以面世的重要原因。贝勒大学政教关系研究所给笔者写作本书创造了一个宽松的学术环境。佛教与宗教学理论研究所提供的友好研究环境使得笔者得以对本书进行系统的修改，而中国人民大学哲学院的大力资助则使得本书得以出版。

我还想特别感谢中国社会科学出版社的赵丽老师。本书的出版经历了复杂而漫长的过程。赵丽老师为之付出大量的心血，使本书最终可以顺利出版。

除了师长的引领和机构的支持，亲友们的支持也是本书得以完成的重要后盾。这里首先需要感谢的是我的父母。在一个农村的家庭里把三个孩子培养成大学生，他们所付出的辛劳是难以想象的，我的感谢之情也是难以言表的。两个妹妹对父母的照顾，使我能在千里之外的北京和万里之外的美国完成学业。我也特别感谢我的妻子，她付出很多时间和精力照顾两个孩子，使我能有时间去修改书稿。对她的感谢之情和愧疚之感是难以述说的。在人民大学十年寒窗下师长和同学们的提醒、鼓励和帮助，同道们的守望与扶持，在茫茫人海中有名和无名市民们的关怀和资助，均使得一个农村的小孩得以成为一个象牙塔的书生。感恩之情、敬佩之心又岂能尽说？我只能通过一种生命的践履、一种知识的探索去回报这个时代对我们的滋养，并以一种永不止息的努力去回应这个时代对我们的期待。

十年匆匆过去。之前，因着新研究领域的探索，家庭的建立，其他事务的干扰，笔者难有整段时间对这篇尘封已久的博士学位论文进行系统修改。新冠肺炎疫情给笔者修改论文提供了一段宁静的时光。希望这个修改后的书稿不辜负师长、朋友们的期望，能挽回匆匆逝去的十年所留下的一些遗憾。